中國政變大陰謀

作者／王淨文 季達

I0128670

目錄

第一章

十九大官方
提六虎政變罪名

十九大前夕，中共政治局委員孫政才被「雙開」，官方通報措辭罕見嚴厲；習當局還將孫政才與周永康、薄熙來、徐才厚、郭伯雄、令計劃這五個「大老虎」相提並論，影射其政變罪行。

與此同時，習近平緊急召開高層內部會議，下令全面一級戰備，對內嚴防兵變和政變。中共十九大江派政變陰雲再起。

2017 年 9 月 25 日，周永康、薄熙來、郭伯雄、徐才厚、令計劃、孫政才六人被同框出鏡，江派政變集團擴展為「六人幫」。（新紀元合成圖）

第一節

十九大前習拋出「六人幫」

十九大前夕，孫政才 9 月 29 日被宣布「雙開」並移交司法。官方通報孫政才的罪行罕見嚴厲。（Getty Images）

孫政才雙開通報措辭嚴厲 旋即修改

中共十九大召開前夕，政治局委員、前重慶市委書記孫政才 2017 年 9 月 29 日被宣布「雙開」，並移交司法。

在最初版本的官方通報中，孫政才被指控「毫無理想信念」、「喪失政治立場」、「嚴重踐踏黨的政治紀律和政治規矩」、「嚴重違反中央八項規定」、講排場搞特權、選人用人唯親唯利、洩露組織祕密。

此外，孫政才又被指本人或夥同特定關係人收受巨額財物、為親屬經營活動謀取巨額利益、收受貴重禮品；官僚主義嚴重、慵懶無為；腐化墮落、搞權色交易。

孫政才的罪行被外界認為罕見嚴重。在中共的話語系統中，「違反政治紀律和政治規矩」，犯了「政治錯誤」，都是很嚴重

的政治罪名，暗指的是政治路線錯誤、分裂與奪權等陰謀行徑。這類字眼在以前官方定性薄熙來、周永康等「新四人幫」的表述中頻頻出現。相比較而言，官方通報孫政才的錯誤和罪狀的措辭比此前落馬的周永康、令計劃、薄熙來等江派大員更為嚴厲。

比如，周永康、令計劃等人是「嚴重違反」政治紀律，薄熙來是「嚴重違反黨的紀律」，孫政才是「嚴重踐踏」政治紀律；令計劃比周永康多了「政治規矩」，而孫政才同樣違反了政治規矩。

但三個小時後，中共官媒新華社發出改稿訊息，將最初通報中的孫政才「毫無理想信念」改為「動搖理想信念」，「嚴重踐踏黨的政治紀律和政治規矩」也改成「嚴重違反黨的政治紀律和政治規矩」，措辭稍緩，同周永康、薄熙來的指控同級，但整體上依然非常嚴厲。

外界分析，這些信息顯示，孫政才的錯誤和罪狀比外界想像得更大、更嚴重，與被判處無期徒刑的周永康和令計劃相比，也是有過之而無不及。

前中共黨校副總編鄧聿文認為，通報改稿應該是中共中央的指示，這次事件也顯示中共黨內派系鬥爭仍然嚴重。

習拋「六人幫」 消除重大政治隱患

北京當局從 2017 年 9 月 25 日起推出宣傳習近平執政五年的「大型成就展」，其中一塊壁板上，周永康、薄熙來、郭伯雄、徐才厚、孫政才、令計劃六人同框出鏡；圖說指，嚴肅查處這六宗嚴重違紀案件，懲治政治問題和經濟問題交織的腐敗分子，消

除重大政治隱患。

孫政才已被列入「大老虎」行列，而「重大政治隱患」在中共黨文化的特定語境中，往往暗示有涉及政權的意味。

2012 年 2 月，王立軍出逃美領館事件後，江派血債幫因殘酷迫害法輪功恐懼遭到清算，而企圖發動政變的陰謀曝光。周永康、薄熙來、徐才厚、令計劃被稱為「新四人幫」，被指結成政治聯盟，密謀政變、廢黜習近平。

2016 年，王岐山曾將周永康、薄熙來、徐才厚、郭伯雄、令計劃這五人定性為陰謀家與野心家。習近平也多次提及黨內「陰謀家」、「野心家」的問題。習近平還點名指周永康、薄熙來、郭伯雄、徐才厚、令計劃等人不僅在經濟上存在嚴重問題，而且在政治上也存在嚴重問題。

孫政才落馬後，習當局將其與周永康、薄熙來、徐才厚、郭伯雄、令計劃五個「大老虎」同框，並在官方通報中暗示其政變罪行。江派政變集團已由最初的「新四人幫」不斷擴展為「五人幫」、「六人幫」。

2015 年 9 月香港有軍方背景的《環球新聞時訊》雜誌披露，周永康、薄熙來、徐才厚、令計劃「新四人幫」其實依附著一個共同的「老闆」江澤民。

傳孫政才帶頭對習近平投反對票

與之相呼應，孫政才落馬後，其直接對抗習近平的內幕也被披露。

香港《動向》雜誌 2017 年 8 月號爆料，原中共重慶市委書

記孫政才倒台的主要原因，是他不想「死得罪」前一任重慶市委書記薄熙來的勢力。

據報，在孫政才落馬前，曾經有隱祕消息傳出，指中共高層內部在 2017 年 5 月份搞「模擬選舉」，其結果對外高度保密，原因是在這次模擬投票中，全體現任中央政治局成員對下屆中共總書記進行模擬投票時，以江派常委「兩張一劉」為首的幾人對習投了棄權票，而孫政才和張春賢兩人則直接投了反對票。

該報導稱，在模擬投票後的所謂「思想交流會」上，據傳孫對「核心」的表態相當冷淡，稱所謂的「民主集中制」更重要。此外，張春賢和孫政才還公開抨擊習近平「破壞黨章」云云。

孫與江澤民家族關係匪淺 是江派長期栽培的接班人

2017 年 7 月 15 日，中共官媒突然對外宣布：中共中央決定孫政才不再兼任中共重慶市委書記、常委、委員職務；7 月 24 日，孫政才被宣布立案審查。

孫政才落馬後，各方披露的消息顯示，孫政才至少與四名江派現任或離任常委關係密切。

首先，孫政才曾是前北京市委書記、政協主席賈慶林的大祕。

其次，孫政才與現任江派常委張德江有很大關聯。孫政才 2009 年至 2012 年任吉林省委書記，而吉林省是張德江為首的「吉林幫」的老巢。隨後，2012 年 11 月，孫政才任政治局委員，並接替張德江任重慶市委書記。

第三，有消息稱，孫政才進入政治局，成為重慶市委書記，則是曾慶紅在幕後操作。江澤民當政時期，曾慶紅曾長期分管

組織人事工作，不難判斷孫政才仕途早期的提拔就有曾慶紅的因素。

第四，孫政才與江澤民家族關係匪淺。當年孫政才在北京農林科學院任職常務副院長的時候，江澤民的堂妹江澤慧是中國林科院院長，江澤慧把孫推薦給江澤民。在江澤民派系的栽培下，孫政才不斷獲得提拔重用。

至此，孫政才當年先受江澤民堂妹江澤慧提拔，後受江派大老賈慶林、劉淇、曾慶紅等長期栽培，並被立為接班人選的政治仕途軌跡已很明朗。期間，孫政才不僅深涉劉淇針對王岐山的打擊活動，主政吉林、重慶時積極執行江派殘酷迫害法輪功的政策，並在薄熙來、周永康等人落馬後，仍舊對抗習近平中央。

傳習下令一級戰備 嚴防政變兵變

2017 年 7 月 24 日傍晚，習近平當局通報孫政才被立案審查。當晚臨近午夜時，中共官媒新華社與《人民日報》分別就孫政才落馬發表評論員文章。這兩篇文章都突出反腐要抓好「關鍵少數」；強調反腐零容忍，絕不允許存在「特殊黨員」等，再度釋放繼續反腐、「打虎上不封頂」的信號。

十九大前夕，9 月 29 日，海外中文媒體援引消息人士透露，原本應該在軍委「入常」的房峰輝至今「下落不明」，加上習近平十九大前突然拿下「準接班人」孫政才，種種跡象表明，習近平非常擔心「兵變」甚至「政變」的「不定時炸彈」，隨時會「引爆」。

知情者指，習近平 2017 年 9 月底緊急召開了一次高層內部

會議，嚴令各軍種、各兵種和各警種一定要「枕戈待旦」，全面進入「一級戰備」狀態；習明確要求對外「積極備戰」，對內「嚴防兵變和政變」！

十九大江派圖窮匕見 習嚴防四大政變

習陣營的嚴防政變，體現在四方面：提前洗牌軍委高層，升級金融監管，清洗文宣系統，加強地方「維穩」，全方位防範軍事政變、經濟政變、文宣政變以及社會動亂等另類政變企圖。

中共十八大前後至今，江澤民集團針對胡錦濤、習近平的各種政變陰謀，已被曝光的有：十八大前夕因王立軍出逃美領館而曝光的薄熙來、周永康政變企圖；以 2015 年股災為代表的江澤民利益集團的「經濟政變」；以 2016 年新疆無界新聞網「倒習公開信」事件為標誌的「文宣政變」；以及以各種重大安全事故激發社會動亂為特徵的「另類政變」企圖。

過去五年來，習近平、王岐山大力清洗江澤民集團在黨政軍中的勢力，江派大勢已去。然而，十九大換屆之際，江澤民集團海外勢力拚死圍攻王岐山、朱鎔基等習陣營高層人物，乃至習本人；與江澤民集團關係密切的朝鮮金正恩政權核恐嚇隨著十九大進程而不斷升級。江澤民集團垂死反撲的徵兆已很明顯。

房峰輝、張陽落馬 習清除軍事政變隱患

2017 年 8 月以來，中共軍隊陸、空、火箭軍司令和軍委各主官接連更換。港媒 9 月 24 日報導，中共十九大新軍委降為七人，

仍維持兩名副主席，但軍委委員由八人減為四人，包括國防部長、軍委聯參部參謀長、軍委政工部主任、軍委紀委書記四人，軍兵種司令不再進軍委。

若港媒消息屬實，則顯示軍委構成徹底打破四總部格局，同時提升了軍委紀委的地位。新一屆軍委名單將由習近平、許其亮、張又俠、魏鳳和、李作成、苗華、張升民七人組成。兩名軍委副主席與四名軍委委員都是習近平的親信將領。

十九大前夕，習近平火速提拔親信卡位軍隊要職的同時，大力清洗江派高級將領。

2017 年 9 月初，現役上將、中共前總參謀長房峰輝和政治工作部主任張陽卸職的同時，傳出被調查的消息。政工部副主任杜恆岩上將據稱一同落馬受查。三人被曝與郭伯雄或徐才厚關係密切。另外，江澤民的心腹大祕賈廷安等多名退役上將也傳出被查的消息。

有傳言指，房峰輝和張陽對習近平軍改削權心懷不滿，曾密謀軍事政變。沒想到機密洩露，習近平果斷下手抓捕了兩人，粉碎了這場軍事陰謀。

軍隊在中共高層博弈中至關重要。十九大前夕，習提前安排親信全面接管軍委高層要職，不僅消除了江派政變陰謀的潛在可能性，也為習主導十九大人事，回擊江派的任何反撲企圖，提供了武力保障。

加強金融監管 清剿金融大鱷 防範經濟政變

隨著十九大臨近，習近平對金融領域也展開更深層次的清

洗、整頓。2017 年 9 月 23 日，中紀委公布了對保監會原主席項俊波的處置進展。項俊波被雙開，其涉嫌受賄犯罪被移送司法。

9 月 25 日，親習陣營的財新網發長文起底項俊波，指其任內濫用審批和監管權，導致民營資本大舉進入保險業，而肖建華、吳小暉、許家印等資本、地產大佬進入保險業，攪得資本市場「腥風血雨」。

彭博新聞社 9 月 15 日報導，中國證監會要求各地證券期貨經營機構負責人十九大期間不得休假、出境，以維持資本市場穩健運行。同時，進一步清剿金融大鱷，排查風險。

習近平 7 月份在經濟工作會議上，已經下令要把重點放在「金融安全」上。

十九大前夕，習當局在升級金融監管的同時，拋出項俊波案，並公開其與一批金融大鱷的關聯性，震懾意味明顯，意在防範 2015 年金融政變重演。

文宣政變疑雲再起 習加速清洗江派媒體

2017 年北戴河會議前夕，7 月 19 日，香港英文《南華早報》刊登該報專欄作家任美貞撰寫的文章，影射習近平的大內總管、中央辦公廳主任栗戰書的家人斂財。

專欄刊登後翌日，7 月 20 日，《南華早報》撤下相關報導，並刊登聲明指文章的影射及暗示未經證實，將有關文章抽起及致歉。一個月後，8 月 24 日，該報專欄作家突然離職。

整個事件峰迴路轉、波詭雲譎，江派操控文宣系統攪局十九大高層人事的企圖再現，雙方博弈跡象明顯。

期間，8月16日，國務院僑務辦公室所屬中國新聞社原黨委書記、社長劉北憲落馬。劉北憲作為江派常委李長春、劉雲山先後主管的中共文宣系統的要員，其仕途發跡與江澤民有關，主管的事務與江派二號人物曾慶紅操控的海外統戰系統關聯密切，還曾大肆吹捧過薄熙來，是薄周政變圈中人物。

北戴河會議剛結束，具有江派色彩的劉北憲落馬，對江派及其操控的文宣系統的震懾信號明顯。

9月12日，距離中共十九大僅月餘，總部設在香港的鳳凰衛視，其三大節目《鏘鏘三人行》、《震海聽風錄》及《時事辯論會》突然被停播。新浪微博更將「鏘鏘三人行」列為敏感詞不能搜索。

鳳凰傳媒總裁劉長樂與江澤民、曾慶紅關係密切。鳳凰衛視內部消息指，事件可能涉及劉長樂捲入中共高層權鬥。劉長樂過去和薄熙來關係密切，如今又被人到北京「告御狀」，指鳳凰衛視在報導朝鮮核試等議題上，未有緊跟習中央路線，所以在十九大前被藉勢整頓。

習親信舊部立軍令狀 嚴防江派另類政變

近年來，每到中國政局敏感時刻，大陸各種恐怖襲擊活動、重大安全事故等詭異密集爆發。據悉，大陸不斷發生的多次恐怖襲擊，很多是由曾慶紅在背後策劃，進行另類政變，靠殺戮百姓的方式，製造動亂，鼓動民意，逼迫當權者習近平下台。

中共十九大召開進入倒數計時之際，兩首童謠在中國大陸民間不斷流傳。第一首是：「水工不倒，核心不保」。水工指的是江澤民，如其不倒，「習核心」就處在危險之中。

第二首是：「慶父不死，陸難未已」。「慶父」代指江派二號人物曾慶紅。意指如果習近平不抓曾慶紅，在曾的不斷攪局下，十九大難以順利召開。

敏感時刻，北京、重慶、廣東等省市的「一把手」均出來表態，確保十九大順利進行。

9月11日，習近平的浙江舊部、北京市委書記蔡奇召開十九大「維穩安保動員大會」，立下「軍令狀」，不惜代價鎮壓內部的不穩定因素。

9月15日，廣東書記胡春華召開了安保布署大會，確保十九大重大公共安全事件「四個不發生」。

習的另一浙江舊部、重慶市委書記陳敏爾，在8月3日也召開「確保中共十九大安全穩定工作會議」。陳敏爾說，確保十九大順利召開是「當前重大的政治責任」，要求重慶官員與「習近平核心」保持高度一致。

地方大員尤其是習的親信紛紛表態，應該是聽令習中央的統一布署，嚴防江派勢力在十九大敏感期製造社會動亂、攪局、反撲。

十九大前夕，習當局密集布署，嚴密防範江澤民集團在多個領域的潛在可能的政變企圖。這折射十九大敏感期中國時局凶險異常，同時也為中國政局可能有重大變動埋下伏筆。

在習當局的周密布署與強力震懾之下，江澤民集團十九大翻盤的可能性幾乎沒有。一旦十九大平穩換屆，江澤民集團的一些檯面人物幾乎全數出局；習江最後對決將進入新的階段。十九大前後，隨著時局突變，江澤民、曾慶紅等江派大老虎隨時可能面臨被清算的下場。

第二節

十九大提「陰謀篡黨奪權」

中共十九大官方首次公開承認薄熙來、周永康等人陰謀篡黨奪權。習近平十九大開幕日與胡錦濤握手言謝，感謝他破了江派主導的陰謀。（Getty Images）

2017 年 10 月 25 日，中共 19 屆新常委出爐：習近平、李克強、栗戰書、汪洋、王滬寧、趙樂際、韓正。

相比五年前王立軍事件後全球關注的十八大換人，這次十九大不牽扯最高領導人換位，而且習近平通過各種領導小組基本上把各方面權力掌控在手，特別是軍改後在六中全會確立了「習核心」。外界一直預測十九大會完全按照習的意願確定新的常委，不過等十九大一中全會開完後，人們發現，對新常委的預測，幾乎所有媒體幾年來都有所偏差。

究其原因，《新紀元》周刊獲悉，「這次內鬥得很激烈」，主要體現在常委名單上，不過也不排除習近平順勢而為，借力打力的將計就計，最後結果還是對習有利。

換人比例大 政治老人現身

中共十九大主席團共由 243 人組成，跟十八大（2012 年）的主席團名單（共 247 人）相比，十八大留在十九大主席團的只有 117 人，接近一半的人被替換掉。

主席團常務委員會由習近平等 42 人組成，分別包括 24 名現任政治局委員、15 名前任委員，以及 3 名中央書記處書記。其中新人有 12 人，約占常務委員會的三成。而新上來的 12 人，是替代了落馬被查的高官，可見最高層落馬比例很高。

人們注意到在主席團常務委員會名單中，江澤民的排名明顯有變化，十八大時已退休的江澤民的排名僅次於未卸任的胡錦濤，而這次習近平將其排在了 24 名現任政治局委員之後。

十九大開幕當天，中共「政治老人」們傾巢而出，出現在主席台上。很多評論認為，這是習近平讓這些老人替自己的權威背書，他們的到場表達了對習的支持，為習站台。也有分析說，這可能是習無法擺脫「政治老人」的影響，由於各派的壓力，不得不讓他們傾巢出動。

時事評論員陳破空分析說，還有第三種可能性是為了掩蓋共產黨的大危機——分裂的危機。但是從十八大以來，中共已經整體分裂了，「政治老人」和現任領導集體進行殊死搏鬥，各派惡鬥，尤其是習派和江派的殊死鬥爭，這在過去五年看得很清楚。陳破空說，十八大時，郭伯雄、徐才厚離秦城監獄只有半步的距離，還出現在主席台上。所以十九大後，不能排除現在出現在主席台上的人，有多少會被送進秦城監獄。

有意思的是，一直與中共叫板，並被預測會在十九大期間攪

局的朝鮮金正恩，在 10 月 18 日居然發來了賀電，稱讚中共取得的「成就」，並表示對十九大開幕感到「極度欣喜」，還「誠摯地祝願」大會「成功」。儘管賀電中未如以往提及中共最高黨魁的名字，但金正恩沒有發射飛毛腿導彈，這令北京大大鬆了一口氣，因為中共沒有韓國薩德那樣的反導彈防禦系統，這次還把美國航母雷根號請到了黃海，名為與韓國舉行軍事演習，實則是為了護衛十九大。

有評論認為，金正恩背後有江派人馬的攬局，這次金正恩的「退讓」，是否也與習近平對江派人馬的妥協有關聯呢？

劉士余提「陰謀篡黨奪權」

王岐山離開中紀委後，打虎會如何進行呢？2017 年 10 月 19 日上午，在十九大的貴州分組會上，習近平稱，反腐永遠在路上，不能有差不多了、該鬆口氣、歇歇腳的想法，不能有打好一仗就一勞永逸的想法，不能有初見成效就見好就收的想法。

同一天，中紀委副書記楊曉渡在十九大的第一場記者招待會上，承認過去存在「寬軟鬆」時期。他稱：「確實曾經出現過一段『寬鬆軟』的時期，讓孫政才、蘇榮、王珉、周本順這樣的腐敗分子，這樣偽裝的『兩面人』有了可乘之機。」

楊曉渡稱，十八大以來，立案審查省軍級以上黨員幹部及其他中管幹部有 440 人，包括中央委員、候補委員 43 人、中央紀委委員 9 人。過去五年來，被立案調查的個案有 154.5 萬宗，被處理的人達 153.7 萬，其中 5.8 萬人被移送法辦。

江澤民在位期間，把中共內部的腐敗發展成為制度性、系統

性以及公開性的腐敗。習近平上任後，反腐查處的腐敗省部級高官，比中共建政後前四代領導人查獲的總和還要多。也就是，只要江澤民這個「腐敗總教練」不被抓，反腐永遠在路上。

江派這些人不光貪腐，他們還搞政變，「陰謀篡黨奪權」。

這是習近平的另一心腹、證監會主席劉士余在十九大中央金融系統代表團小組會上的說法。他首次披露落馬的周永康、薄熙來、徐才厚、郭伯雄、令計劃、孫政才等六人既巨貪又巨腐，他們牽涉的案件是「陰謀篡黨奪權」。這是薄、周、令、孫等人首次被中共官員冠以「陰謀篡黨奪權」字眼。

江派死黨為何要搞政變推翻習近平呢？一方面是掩蓋他們的貪腐，不過在無官不貪的中共看來，這不是主要罪行，江派最想阻止胡錦濤、習近平幹的，就是清算江澤民集團對上億修煉「真、善、忍」的法輪功群眾所實施的血腥迫害。江澤民曾下令對法輪功要「名義上搞臭，經濟上搞垮，肉體上消滅」，還活摘法輪功學員器官，所犯下的反人類罪行，比希特勒還嚴重。

因此國內國外都在呼籲後來的當權者，清算江澤民的罪行。面對這樣的譴責，江派血債幫哪怕搞政變也要拚死搶奪權力，以圖阻止對江澤民的審判。

第三節

劉士余怒批強盜收購內幕

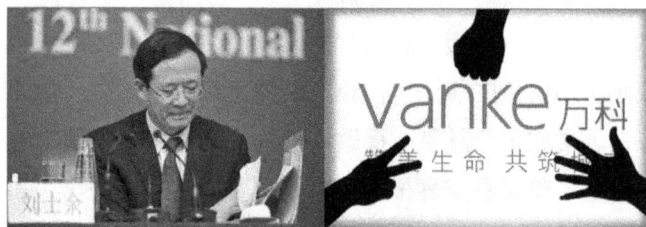

2016 年底，中國資本市場發生了一系列不太正常的現象，舉牌、槓桿收購。中國證監會主席劉士余脫稿強烈譴責，保住龍頭房企萬科的股權。（大紀元資料室）

劉士余是何人？其為官作風如何？可從 2016 年的一件事，看出他與王岐山關係密切。

主席一席話 基金經理都驚呆

據陸媒報導，中國證監會主席劉士余 2016 年 12 月 3 日，於中國證券投資基金業協會第二屆第一次會員代表大會上演講時表示，希望資產管理人，不要當奢淫無度的土豪、不做興風作浪的妖精、不做坑民害民的害人精。

那段時間，資本市場發生了一系列不太正常的現象，舉牌、槓桿收購。

劉士余說：「但是你用來路不正的錢，從門口的野蠻人變成了行業的強盜，這是不可以的。你在挑戰法律法規的底線，挑戰

做人的底線，這是人性不道德的體現，根本不是金融創新。」

　　「有的人集土豪、妖精及害人精於一身，拿著持牌的金融牌照，進入金融市場，用大眾的資金從事所謂的槓桿收購……現在在金融市場，直接發展一些產品，實際上最終承受風險的不是發展產品的機構，而是廣大投資者。」

　　「槓桿質量在哪裡？做人的底線在哪裡？這是從陌生人變成了野蠻人，野蠻人變成了強盜。你挑戰現行的金融監管的《民商法》，當你挑戰《刑法》的時候，等待你的就是開啟的牢獄大門。」

　　據鳳凰財經報導，目擊者說，劉士余一席話，整個會場的基金經理們瞬間都驚呆了。

　　《中國經營報》報導稱，證監會主席用如此嚴厲的措辭，在整個證監會監管歷史上也甚罕見。

保險公司野蠻收購實業

　　在大陸股市，近幾年經常出現這樣一個場景：某家發展得很好的實業企業上市後，其股票不斷被一些保險公司或保險公司支持的公司舉牌收購。舉牌是指收購上市公司股權的行為，當投資者持有或者與他人共同持有一個上市公司已發行股份達到5％時，向證券監管機構和證券交易所作出書面報告，通知該上市公司，並予以公告，這個過程被稱為「舉牌」。

　　但這些保險業公司並不是真正想發展這個實業，而是在不斷炒作中大量購買，最後成為第一股東，把持董事會，把原來的企業家趕出門，再利用股市炒作，高價賣出這個股票。

　　門外陌生人最後成了公司的主人，這就叫野蠻收購。比如寶

能公司收購南玻集團。創立 32 年的玻璃製造業，在寶能取得控股權後，元老級的管理層慘遭「滅門」。再如格力集團，資產龐大、流動資金豐沛，在寶能還沒取得 5％股份之前，原董事長董明珠即遭免除集團所有職務。

2016 年大陸的保險資金大手筆舉牌收購。從寶能萬科股權之爭開始，「野蠻人」一詞經常見諸報端，保險資金大舉舉牌收購上市公司股票。

2016 年以來至今，多家保險機構已經買入滬深兩市多家上市公司共計 762 億 3600 萬股的股份。比如，以保險為主要資金的寶能系，在 2015 年大舉收購萬科股份之後，2016 年 7 月在萬科復牌後再次耗資 14 億 9000 萬元人民幣收購萬科 A 股 7529 萬股。

同時，寶能系又大規模收購玻璃製造商南玻集團的股份，並已經持股超過 25％，成為第一大股東，並正式接管董事會。目前寶能系持有東阿阿膠、南玻等超過 40 家上市公司的股份。

再如，安邦系耗資 200 億元人民幣收購中國建築 30 億股普通股，占普通股總股本的 10％。恆大人壽已經被保監會約談，不支持保險資金短期大量頻繁炒作股票。

保監會叫板劉士余 領悟後閉嘴

人們對證監會主席劉士余的那番話感到震驚，除了內容震驚外，也詫異這番話為何不是中國保險監督管理委員會（保監會）來說，而是證監會來出面呢？

劉士余發飆的第二天，2016 年 12 月 4 日，微信圈傳出一份被稱為「保監會官員對飆劉士余」的內部錄音，隨後被刪除。

有保險業內人士證實，錄音中的發言者是保監會保險資金運用監管部副主任賈飆。賈飆說：「對於劉主席提到的問題，到目前為止還沒有經過系統的數據分析，只是下意識的做了結論。」

「當然這個背後原因很複雜，我們保監會馬上會出台一個比較嚴格的制度來約束一些保險公司的行為，但是在我們這個政策沒有出台之前，還處在靜默期。你作為證監會的主席來表這個態，其實我個人感覺，這是不應該的。」

後來這個錄音很快被刪除了。

保監會主席項俊波在 2016 年 7 月召開的保險業發展與監管專題培訓班上指出：少數公司進入保險業後，在經營中漠視行業規矩、無視金融規律、規避保險監管，將保險作為低成本的融資工具，以高風險方式做大業務規模，實現資產迅速膨脹，完全脫離保險保障的主業，蛻變成人皆側目的「暴發戶」、「野蠻人」。

然而保監會一直沒有採取行動，直到證監會搶了先。據說保監會方面第一時間是不滿劉「撈過界」發言，待「領悟」他的部分說話頗具王岐山風格後，才急起直追。保監會初步的反應，不只是庸政懶政的問題，套句李克強會議常用語，「這裡有內鬼」。

劉士余在「野蠻人」講話中，最具王氏風格的，是他以「奢淫無度的土豪」、「興風作浪的妖精」、「坑民害民的害人精」形容某些資產管理人及財團收購者，並稱他們用「來路不正的錢從事槓桿收購」，這無異於「強盜的行徑，是挑戰法律的底線，是人性和道德的淪喪」。

雖然有人想不明白，當下 A 股常見的舉牌、公開收購等行為怎麼就成了涉及私領域的「奢淫無度」，但業內熱議劉士余「有的放矢」，指的就是寶能系及其 A 股舉牌手前海人壽。

中國政變大陰謀

26

第二章

薄熙來、周永康聯手政變內幕

儘管官方僅以貪腐治罪周永康和薄熙來,「薄周政變」早被外界廣傳。「極具野心」的薄熙來倚仗其父薄一波掌握江澤民致命把柄,與江澤民互相利用,妄圖對中共十八大人事變動進行操控和布局,導致 2012 年至今所有中國政局的巨變。

中共江澤民集團要員薄熙來(右)、周永康(左)打著「毛左」幌子密謀政變。
(新紀元合成圖)

第一節

江澤民的安排
與薄熙來的野心一拍即合

薄一波包庇江澤民，隱瞞其漢奸身分。圖為 2007 年 1 月 18 日，薄熙來站在薄一波的靈堂前，後有江澤民送來的花籃。（Getty Images）

江澤民與薄一波的政治交易

江澤民在 1989 年「六四」時期掌權，由於當時鄧小平的權勢依然很大，江在 89 年之後相當長一段時間內沒有實權，這也是催生江當年與薄一波政治交易的原因之一。

《江澤民其人》一書稱，江澤民被提到北京，時任北京市委書記陳希同心裡不平衡，也看不起江。1995 年初，陳希同曾聯合省級官員，給鄧小平寫聯名信舉報江澤民，但是鄧卻把這封信交給了薄一波，讓薄看看他推薦的江澤民是個什麼貨色。薄一波看到陳希同這封檢舉信後，不但沒有往下追究江澤民的問題，還利用這事要挾江，為兒子薄熙來和親信等加官晉爵。

2011 年 7 月 13 日台灣《旺報》也有過類似的報導。報導說，江澤民一直在暗中幫助薄熙來。至於江澤民為什麼這樣大力助薄，報導說，是因為江澤民欠薄一波一個人情。當年，北京市委書記陳希同在給鄧小平的信中，舉報江澤民父親是漢奸的祕密。江澤民為此而跪求薄一波幫助，致使鄧小平在薄一波的勸說下，放了江澤民一馬。

2012 年 9 月 20 日 BBC 中文網發表署名張傑的文章稱，1989年「六四」過後，江澤民和當時在政治鬥爭中取得上風的薄一波建立聯繫。經過各方的角力和一番討價還價，江澤民成為鄧小平的接班人，而作為政治交易，江澤民則默許薄一波的兒子薄熙來在未來「強勢崛起」。

2013 年網路流傳的一篇網文《我所知道的薄熙來案內幕》提到：「薄熙來原來是準備從商務部當副總理，然後接任總理，這是江澤民給薄一波的承諾，因為 1992 年江澤民差一點被鄧小平拿下，是薄一波等政治老人說了好話，江澤民欠了薄家的人情。」

這一傳聞在 2013 年 8 月薄案庭審第五天，薄熙來做最後的總結陳述時也得到間接證實。當時薄熙來當庭翻供，幾乎否認了所有的指控。薄熙來在陳述中稱：「說我有做總理之心，這完全是不實的。眾所周知，十七大以後，中央的人選其實已經確定，李克強任總理已經是確定的事情。」這時，薄熙來的發言被法官打斷。

在最後的辯詞中，薄熙來也再次提及這些內幕，「有人說我想做中國的普京」。隨後薄熙來繼續當庭否認：「這完全是不實之詞。」

薄熙來的這些話，證實了在中共內部也有這樣的說法流傳。

江澤民與薄熙來互相利用

1999 年 8 月 16 日，江澤民攜全家老小去了大連見時任大連市長薄熙來。薄熙來為討江澤民歡心，在大連鬧市區豎起了江澤民的巨幅畫像和題字。江對此大為高興，即時下令中共中組部換大連書記，由薄接任。江在大連一住五天，並在此為自己慶生。

8 月 17 日是江澤民的生日，早前的報導稱，江澤民在大連的慶生，薄熙來一家三口與江「把臂同遊，入房唱 K」；江還與薄谷開來一起「深情對唱」。據悉，所唱正是江最喜歡的意大利民歌《我的太陽》。網路上流傳的一張照片還記載著這段歷史。照片中，江澤民一手拿著話筒，一手摀著肚子，旁邊的薄谷開來也拿著話筒。

據悉，江澤民當時去大連，另一個目的是為選擇試點，將其迫害法輪功的命令推行下去。報導稱，1999 年 7 月，江澤民對法輪功發起文革式的鎮壓，當時在中共政治局七個常委中，只有江澤民一人堅持要鎮壓法輪功，其他六人最初反對，只是迫於江澤民的獨斷專行，才被迫同意。

從前《文匯報》記者姜維平的言論中，也可以看出薄熙來和江澤民之間的互相利用。

姜維平透露，1999 年江澤民下令打擊法輪功時，大連市長薄熙來最賣力，他不僅親自到達市政府北門，現場指揮警察驅散一度聚集在政府辦公樓的 1000 多名法輪功學員，薄熙來還對公安局與國安局的有關人員下達指令：「對法輪功給我往死裡狠狠地整！」

姜維平提到：「記得 1999 年曾在一次閒聊中問過薄熙來最

信任的司機——大連市政府機關小車班班長王某某：為什麼他（薄熙來）做為一個受過高等教育的人，卻殘酷鎮壓法輪功？甚至我還舉出一些黑龍江省的事例，說明有些官員消極抵抗上面指令的辦法，問王某某，薄熙來為何不借鑑？」

據薄熙來最信任的司機王某某透露，江澤民非常明確地對薄熙來表示：「你對待法輪功應表現強硬，才能有上升的資本。」

薄熙來在法輪功問題上對江澤民的積極效忠，得到江的歡心。1999 年 10 月，薄熙來升為大連市委書記。2000 到 2001 年，薄熙來當上了遼寧省委副書記、代省長，2002 年成為省長。

薄熙來當上遼寧代省長後，新建擴建了瀋陽馬三家勞教所、龍山教養院等，很多新建的勞教所專門關押法輪功學員，那時中國各地因為不報姓名而無法遣返的法輪功學員都被薄熙來接納，祕密關押在薄掌控的監獄中。中共對法輪功學員活體摘取器官的罪惡於焉開始。

薄任商務部長期間 胡錦濤拿下陳良宇

2004 年，薄熙來當上了中共商務部部長。薄熙來在商務部期間，發生了上海市委書記陳良宇落馬的事件。

早前《大紀元》報導，陳良宇仗著有江澤民作後台，經常與胡、溫叫板。那時的江澤民、黃菊與陳良宇被稱為上海幫的「鐵三角」。據報，當年的中共政治局常委黃菊和上海市委書記陳良宇等「上海幫」提到胡錦濤時，都稱其為「那個人」，大家心照不宣，都知道指的是誰，根本不把胡錦濤放在眼裡，對抗意圖明顯。

中共十六大後，江澤民有意將陳良宇作為接班人來接替胡錦濤。胡錦濤在任十年，曾三次險遭江澤民暗殺。2006 年起的幾次暗殺事件令胡錦濤憤怒不已，隨後連出幾個大動作從江澤民手中奪取軍權，並拿下江的心腹陳良宇，甚至挖到時任政治局常委黃菊。

為了拿下陳良宇，胡錦濤當時借助經濟案件，派出大量可靠人員祕密進入上海，深入基層暗中查訪。時任中辦主任令計劃與中紀委副書記何勇是這項祕密計畫的指揮人。

通過對上海「周正毅案」、「劉金寶案」和「上海社保基金案」，這三案的調查取證，胡錦濤獲得了陳良宇的大量犯罪事實。2006 年 7 月，胡以社保案作為發力點，江面對確鑿證據，只得棄陳自保。

另一個角度看 2004 年「上海車牌風波」

2004 年，發生了一起「上海車牌風波」。當年 5 月 25 日，央視《經濟信息聯播》稱，針對目前個別地方存在的私車牌照拍賣行為，中共商務部部長助理黃海明確表示，私車牌照拍賣違反了當年 5 月 1 日起實施的《道路交通安全法》。黃海還點名稱，希望上海方面能夠按照新的道路安全法規，對這個行為再進行一次認真的研究。

上海市政府新聞發言人焦揚在 5 月 26 日回應說，目前還沒有改變原有政策的說法。但是，她也強調，上海市會「嚴格遵守國家的法律規定」。

2014 年 12 月 26 新浪博客自稱張炎夏教授的博文《陳更華先

生二三事》，給外界提供了另外一個角度看待「上海車牌風波」中薄熙來和陳良宇的關係。張炎夏網上資料顯示是上海大學教授，從文中看，與陳良宇一家關係較近。

博文中說，2005 年的時候，陳良宇開完中共 16 屆 5 中全會回到上海時，對他（張炎夏）提到外地都對上海不滿的事。陳良宇特別列舉了薄熙來在商務部公開指責上海剛剛開始搞的車牌拍賣是非法的，讓上海極為被動，進退不得。陳良宇表示，為什麼不能事前和他們溝通一下？每個地方的交通都有自己地方的特殊性，「不知道他後面是誰的意思。」

文中還提到：「令計劃終於被抓，陳（良宇）案的總策劃就是他；總管是薄熙來，他就是搞倒了陳以後升任政治局委員的。」

在陳良宇倒台後，此前有報導稱，薄熙來一度成為中共江澤民集團中在十八大最有競爭力的候選人。2007 年，薄熙來如願成為了中共政治局委員。

第二節

十七大前
習近平成「接班人」的背後

中共十七大由於江系手裡沒有接班人選，習近平被江、胡雙方接受。習近平上台只是江、曾的權宜之計。（AFP）

事情出現變化 薄熙來在中共內部得分很差

2013 年日本《朝日新聞》報導指，2007 年 6 月 25 日，也就是中共十七大前夕，400 多名中共高官在北京舉行了一次非公開的信任投票，目的是考察將來有可能進入中共最高決策層、年齡在 63 歲以下官員的能力。

報導援引一名中共體制內人士的話透露，當時投票引發了一場風波。江派看好的時任商務部部長薄熙來的得票情況非常差，特別是軍隊內的軍官對其評價甚低，而習近平得票則位於前列。

據稱，這一結果讓江澤民十分心慌，最終選擇習近平成為胡錦濤的接班人。

在此之前，2007 年 1 月，在中共十七大召開前幾個月，99

歲的薄一波嘛了氣，更讓薄熙來仕途暗淡。

薄熙來被下放重慶

當年，薄熙來迫不急待想當中共副總理，性格過於張揚，在商務部已不算祕密。有報導引用消息人士的話說，薄熙來任商務部長期間，對商務部人事安排做了較大變動，吳儀在任商務部前身「對外經貿部」部長時期的親信被薄熙來以種種理由替換，薄的高調行事風格也使吳儀不滿。薄還動輒向上級謊報商情，挑撥吳儀與國務院主要官員的關係，試圖取而代之。特別是在外事場合喧賓奪主，口吐狂言，因此與吳儀關係不好。

有報導稱，吳儀曾這樣評價薄熙來：不甘於當下屬，只想當第一把手；不能與人合作，為爭權奪利不惜一切手段，給工作造成損失。而對薄熙來因迫害法輪功而在國際被起訴，吳儀多次強調薄熙來讓中國「太丟臉」，是「國恥」。

而多方報導稱，吳儀 2007 年全退只有一個條件，就是讓薄熙來下放重慶。姜維平也曾披露，一位商務部高級官員曾對他說，薄與吳不睦是其被踢到重慶的主要原因之一。

也有說法稱，是溫家寶力主將薄熙來下放到重慶。

江澤民選擇習近平只是過渡

自 1999 年江澤民開始發動鎮壓法輪功後，江澤民集團迫害法輪功的元凶被世界數十個國家及地區以「群體滅絕罪」、「反人類罪」、「酷刑罪」等重罪起訴。江澤民惶恐失去核心權力後

一旦無法維持迫害將遭到清算。因此,在中共十六大退下前,江就開始布局以後的人事安排,以逃避清算。

《真實的江澤民》一書中提到,江一直對胡錦濤不放心,其中原因之一是後上來的胡不願意替江背鎮壓法輪功的黑鍋,這讓江一直在尋找可以接替胡的心腹人選。

陳良宇被拿下,江不得不另做人選,太子黨薄熙來因在當地鎮壓法輪功積極被看好,但江最緊急的是在 2007 年阻止胡看好的李克強上台。由於江系自己手裡沒有人選可以在 2007 年起到阻擊作用,作為緩兵之計,習近平被江、胡雙方接受。習近平對江澤民來說,最大問題就是沒有手握迫害法輪功的血債,因此無法得到江最終的信任。

書中說,習近平上台只是江、曾的權宜之計。江、曾的算盤是先在 2007 年阻止胡錦濤的接班人上台,在 2007 年到 2012 年期間內,讓江、曾真正的接班人薄熙來鍛鍊成熟、取得威望和權勢,在 2012 年的中共十八大上至少得到常委和中央政法委書記的位置。

江、曾預計在中共十八大後再經過二年左右的時間,利用時任重慶市委書記薄熙來在全國通過「唱紅打黑」取得的對全國的挾持和操控,把「重慶模式」推向全國,再利用薄熙來掌控的全國政法委、武警部隊,以及全國眾多被薄熙來掌握的軍隊人緣、江澤民在軍中的力量等,罷免甚至逮捕習近平等人,到時候中國又是江、曾的天下。

報導稱,實施這個政變計畫,主要靠的就是當時已經是中共中央政法委書記的周永康和時任重慶市委書記薄熙來。周永康被曾慶紅和江澤民所提拔,一直被認為是江澤民的親信。

第三節

薄熙來發起「唱紅打黑」的實質

周、薄打著「毛左」的幌子，實則密謀政變。圖為 2010 年，周永康和薄熙來在重慶一起唱紅歌。（新紀元合成圖）

薄熙來去重慶後，掀起了文革式的「唱紅打黑」運動。

據《南華早報》報導，薄熙來抵達重慶後，很快邀請了一些當地各界的知名人士來為城市發展建言「獻策」。但是其中有一名被邀請的商界人士很快發現薄熙來只想專注於那些可能產生快速回報和大範圍影響的事情。

報導引述重慶商界人士的話說，他所追求的僅僅是快速成功，所以他在重慶所做的事情都是為了能更快的回到北京爬到更高的位置上。「重慶就是他的跳板。」

很多重慶有名望的商人在「打黑」運動中遭到迫害。重慶涪陵的商人陳貴學在 2012 年回憶起當地警方對他的拷問，「他們問我，你知不知道我們的薄書記以後就是薄主席了，而我們的王

局長以後就是王部長。」

　　一直以來有說法認為，薄熙來用「唱紅」來籠絡人心，迎合了部分對現狀不滿的人的心願。

　　海外學者高新稱，薄熙來倒台之前，外界關於他在重慶大搞「打黑唱紅」的目的是要為自己躋身十八大政治局常委拚政績的說法，真的是小看了薄熙來了。事實上當時薄熙來的奮鬥目標並不是進常委就行，而是「天將降大任於斯人」。

　　民間評論更是一針見血，薄熙來「左」的目的不是「左」，「左」是手段、是工具。只要看看薄熙來在唱紅最盛的時候，其子薄瓜瓜卻在國外留學就知道了。

　　對於薄熙來的「打黑」，有說法認為是「唱紅」的延伸。

　　美國「中美法律交流協會」會長高光俊律師認為，薄熙來搞的「打黑」實際是「黑打」。是藉「打黑」清除異己，把政敵幹掉，換成自己的人馬。

薄熙來的「唱紅」和周永康的作用

　　薄熙來最引人矚目的一場大型紅歌會在 2011 年 6 月開幕。當時，薄邀請了來自各地的 108 個演唱團體，超過 10 萬人一同匯聚在重慶奧體中心，揮舞血旗，唱誦「革命」歌曲。美國前國務卿基辛格親臨現場，並為紅歌會致辭。

　　2010 年 11 月，周永康造訪重慶，不但盛讚「打黑除惡」的「專項行動」，而且還在 12 日晚，觀看了「唱讀講傳」演出。周永康還說：「這台演出太令人感動了。」「全國政法戰線也要開展這項活動。」

2011年6月9日，新華社以《周永康重慶調研：加快民生改善實現社會和諧穩定》為題報導了周永康在重慶的又一次調研。

據《重慶日報》報導，2011年11月10日，成都軍區國動委第六次全會實兵演練在渝舉行。觀摩者有重慶市委書記薄熙來；中央軍委委員、國務委員兼國防部長梁光烈；成都軍區司令員李世明等多個軍方巨頭。11月10日，胡錦濤到夏威夷開APEC會議，並不在中國。

《重慶大劇院》官網稱，2011年11月10日，薄熙來、梁光烈、李世明、黃奇帆以及出席成都軍區國動委第六次全會的與會人員，在重慶大劇院觀看了「唱讀講傳」文藝晚會。

之後，這場演習和「紅歌晚會」飽受關注，認為這些都是薄熙來拉攏人心、搞政變的間接證據。參與這次演習的前國防部長梁光烈、前成都軍區司令李世明，港媒都稱已經遭到調查，李世明最後退休免責，梁光烈還無是否要被抓的定論。時任西藏軍區的司令楊金山已經被抓，並在四中全會上做了公布。

社科院在薄熙來主政重慶時候可謂是集體出動，從時任院長陳奎元，到常務副院長王偉光，副院長朱佳木、李慎明，高層傾巢而出跑到山城對薄獻媚，並且獲得巨額課題費。

2010年，重慶啟動「中國特色社會主義在重慶的實踐」系列研究工程，還在京城高調召開課題組專家座談會。這一工程共分為12項課題，社科院一家就拿到五項課題，除了時任副院長王偉光（現任社科院院長）、李慎明，學部委員李崇富、馬克思主義研究院院長程恩富，社會學研究所所長李培林也分得「一杯羹」。

2011年6月，由中國社科院主辦的「共同富裕與中國特色社

會主義理論研討會」在重慶召開，為薄熙來造勢。王偉光就是這場研討會的操盤手。他發表《共同富裕是第二個戰略問題》的論文，將薄熙來的說法上升為理論。

有報導引用北京公安部消息人士的話稱，自 2008 年，「烏有之鄉」等毛左團體被薄熙來正式「收編」。2008 年開始，「烏有之鄉」舉辦各類活動，資金來源明顯大大增加，其針對的主要矛頭則從原來鄧小平、江澤民、朱鎔基，轉變為溫家寶和目前一批當權者，而且開始全面吹捧重慶模式，稱薄熙來是「當代共產黨的旗幟」。

在這個轉變的背後，周永康的作用十分明顯。因為如果沒有周永康的協助，在中共國保警察的日夜監視之下，「烏有之鄉」不可能在國內大規模串聯，並在當時掀起「送瘟神」的倒溫家寶運動。

薄熙來下台之前，有一篇題目為《回歸毛澤東，是人心所向，黨心所向，大勢所趨，時代潮流》的「毛左」網文總結說：由薄熙來創立的以「唱紅打黑」、「共同富裕」為特點的重慶模式，「在 2011 年日臻完善，受到了中央領導人的肯定、廣大中國人民的支持和世界的關注。」

「打黑」的背後是周永康

2009 年 6 月，在薄熙來的布署和時任重慶市公安局局長王立軍的主持下，重慶市展開「打黑除惡專項鬥爭」，截至當年 10 月 25 日，累計抓獲涉案人員 2915 人，刑事拘留 384 人，逮捕 1567 人，其中重慶市各級檢察院批准逮捕的「涉黑涉惡犯罪嫌

人」700 人。

重慶「打黑除惡」開始一個多月後，中央政法委就於 7 月 29 日發布消息，要求各地區、各部門繼續抓好「專項鬥爭」各項工作。

2009 年 10 月 26 日，重慶市委向社會各級通報重慶「打黑」相關工作時稱，這一行動是為了貫徹落實中央政法委「打黑除惡」的要求，推進「平安重慶」建設。

目前尚無公開資料或報導顯示，中央政法委為何要求重慶開展此項行動，以及為何迅速將重慶「打黑除惡」的「經驗」向全國鋪開。但從後續反映來看，周永康對此相當滿意。

根據當時重慶市對外通報，2009 年 9 月 25 日，周永康曾對重慶「打黑」專門做出批示，稱讚「打黑」是「見到了明顯效果」。

2010 年 3 月的中共兩會期間，周永康還來到重慶代表團，同代表們一起審議中共最高法院、最高檢察院工作報告。主持當天審議的就是薄熙來。他在開場白中說，周永康對重慶的工作「非常熟悉、十分關心」，「他對我市『打黑除惡』工作，及時做出重要批示，給予鼓勵和支持」。

除在「兩會」期間接見重慶團外，周永康還在 2010 年 11 月到重慶調研，並為薄熙來的重慶模式捧場。

薄熙來的「打黑」打掉了誰？

有報導稱，薄熙來在執政重慶期間，大幅收集政敵、前任汪洋和賀國強等人的黑材料，以備在十八大上位政治局常委之用。

薄熙來主政重慶後高調開展「打黑」，實際上將前重慶市

委書記賀國強過去在重慶倚重的人馬、前公安局副局長文強列為「黑社會頭號保護傘」，還打擊賀國強的祕書重慶副市長凌月明，同時對前任汪洋的人馬展開了清洗。

據港媒報導，當時賀國強為其舊部文強，與薄熙來私下協商過，薄熙來給文強死緩，賀國強會讓王益（薄一波的祕書、原國家開發銀行副行長）死緩。2010 年 4 月，北京中級法院以王益犯受賄罪，判處死緩。當賀國強兌現承諾後，薄熙來卻不守約定，文強最終在 2010 年 7 月 7 日被執行死刑（注射針劑）。

薄熙來為了十八大能進入中共政治局常委，不斷蒐集政敵的「黑材料」，並著重蒐集前任書記汪洋、賀國強等人在當地的「腐敗」行為，並跳過中紀委，直接將相關「黑材料」遞交給胡錦濤。有消息稱，薄熙來的這些行為使得賀國強「極為憤怒」。

香港《明報》稱，薄熙來主政重慶期間，多名在汪洋主政時期得到重用的重慶官員都被貶到閒職，取而代之的則是薄的親信，招來不少官員的不滿。時任重慶政法委書記劉光磊因為公安局長一職被王立軍取代，曾上京申訴。

在汪洋治下、年僅 47 歲的張季已經當上南岸區委書記。薄入主重慶後，張被調到市委農工委任書記，實際被擱置閒職；薄熙來的親信夏澤良入主南岸區。薄熙來下台後，張季談及當年這一突然調動的原因時，笑稱：「老實說，我也不知道。」

另一名被薄貶的官員，是在汪洋主政重慶時期受重用的范照兵。范在 2005 年開始出任重慶市委常委兼市委祕書長，薄熙來入主兩年後，他被調任相對不太重要的統戰部長。接任市委祕書長的，則是在商務部期間曾追隨薄三年的徐鳴，徐鳴隨後也躋身市委常委，扮演薄的總管和文膽重要角色。

除此之外，薄熙來到重慶後，繼續延續江澤民迫害法輪功的滅絕政策，重慶又成為迫害最嚴重的地區之一。薄熙來下密令對法輪功學員抓捕、酷刑虐待、非法判刑，造成眾多法輪功學員的死傷。據悉，薄熙來對中共中央保證，把所謂的「2010 至 2012 年轉化攻堅與鞏固整體仗」這個所謂「三年計畫」改為兩年，策劃要在兩年之內對重慶地區的法輪功學員進行搜捕、洗腦，加劇迫害，以撈取政治資本，繼續討江澤民的歡心。

《鳳凰周刊》承認「薄周政變」的存在

2015 年 1 月 13 日，香港鳳凰網報導，最新一期《鳳凰周刊》刊發封面報導《周永康六大罪狀解析》，對周永康「六大罪狀」作出解讀。因為《鳳凰周刊》可以在中國大陸訂閱，被視為是半官方的雜誌。

文章稱，周永康串通薄熙來結黨營私。據悉，周永康曾在重慶與現已在秦城監獄服刑的原中央政治局委員、重慶市委書記薄熙來有過一次密談。談話主要內容是徹底否定鄧小平的「改革開放理論與實踐」。兩人甚至認為，毛澤東晚年提出的關於中國社會的主要矛盾「仍然是無產階級和資產階級、社會主義道路和資本主義道路的矛盾」的論述和實踐依然是正確的，鄧小平的「改革開放路線」需要調整。薄熙來說，這個問題他已思考了很久。周薄兩人政治立場、價值觀念一拍即合，表示要「大幹一場」。

周永康回京後對身邊的「鐵桿們」說：「我們要幹成『大事』，像薄這樣的人應該利用，他可以幫我們衝一衝。」

《鳳凰周刊》的報導也印證了周、薄打著「毛左」的幌子，

實際密謀政變的事實。

海外中文媒體報導稱，周永康和薄熙來在北京、重慶和成都進行了五次會面，策劃薄熙來晉升政法委書記，並在上位兩年內強迫習近平下台。為此，周永康協助薄熙來和王立軍從德國購買最先進的竊聽設備，對九常委和祕書、家人的機密信息及很多談話進行監聽。

更驚人的內幕：周永康想做中共全國人大委員長

在王立軍 2012 年 2 月逃入美領館後，有關「薄周政變」的內幕也越來也多。海外多家中文媒體報導，薄熙來原先有望進入政治局常委並接手周永康的政法委書記職務。

自由亞洲電台的文章稱，薄熙來在濟南中院發表的受審演說中「非常誠懇」地檢討自己「治家無方」，顯然是與他自己的「治國有術」相比較而言。其有「示範意義」的無非就是重慶模式中的「唱紅」和「打黑」。假如薄熙來已經躋身 18 屆中央政治局常委同時接替了周永康政法委書記和綜治委主任兩項兼職，「打黑」運動肯定會被他迅速推向全國。與之同理，如果薄熙來能夠如願在 18 屆中央政治局「唱紅」，同時推廣至全國範圍，即可假他一人之手直接實現。

《鳳凰周刊》更是爆出驚人內幕：中共十八大前，周永康的權力欲望膨脹到了極致，甚至不滿足於對地方或系統人事布署的操控。時年 69 歲的中共常委周永康在十八大理應退休，他卻拉幫結派，密謀操控，試圖繼續留任，甚至企圖升任中共全國人大委員長，當某些勢力的後台老闆。

第四節

胡錦濤與薄熙來的決裂

2012 年 3 月 9 日薄熙來（中）落馬前六天於中共兩會上經過溫家寶、胡錦濤座位。（AFP）

2009 年「毛左」會議引發胡錦濤警覺

很多人評價胡錦濤的政治立場是中間偏左，也有報導稱胡錦濤是中共原教旨主義奉行者，希望中共能回到七、八十年代甚至更早時期的狀態。

有說法稱，2007 年薄熙來被溫家寶、吳儀貶到重慶後，為了「東山再起」，薄熙來收買胡身邊的人，打聽胡平時在家都喜歡幹什麼。回報說胡喜歡唱歌，唱「革命歌曲」，於是薄熙來投其所好，開始在重慶搞「唱紅打黑」。

薄熙來去了重慶後，2008 年開始「唱紅打黑」，並得到胡錦濤的默認。有知情人士透露，薄熙來每次去北京，都要與胡錦濤密談數小時。據說，胡錦濤很不喜歡薄熙來的為人，但對薄的那

套左派東西還是默許的。而溫家寶反對「文革遺毒」，所以胡溫時代，胡錦濤和溫家寶的政治觀點並不完全相同。

自從 2008 年開始，「烏有之鄉」舉辦各類活動，資金來源明顯大大增加，其批判的主要矛頭則從原來鄧小平、江澤民、朱鎔基，轉變為溫家寶和目前一批當權者，而且開始全面吹捧重慶模式。

2009 年中，「毛左」也曾經在武漢召開「人民勞動黨」建黨籌備會議，「黨中央」選定在重慶。該會議在武漢舉行，中國多名知名的左派人物到場參加。吳永文作為主管政法和國內政保的湖北省政法委書記，接受周永康的指令，對會議沒有進行任何干預。

「勞動黨」籌建會的主要成員，會後順長江去重慶，在路上被全數截獲問話。但該批人物只被警告不得再討論建黨的事情，不但沒有受到任何政治追究，反而受到了鼓勵。隨後由於受到有關官員的人力和資金的大力支持，「毛左」活動日趨活躍和強硬，以至 2012 年初，「毛左」在北京市召開了 2000 多人的「誓師大會」，被視為中國大陸「毛左」代表人物、中央民族大學成教學院教授的張宏良做「政治報告」要全面對「帝修反資」算總帳。

作為一個要推翻中共政府和反對主要官員（比如發起全國「送瘟神運動」）的國內黨派，在中國活躍長達五年，是一個十分罕見的現象。其原因是背後周永康政法系統的默許，當然也是薄熙來全面支持的結果。

2009 年，一批「毛左」要去重慶成立一個「毛派共產黨」或是「真正共產黨」，以對抗目前中國的「鄧派共產黨」或「假共產黨」，結果有關人士全部被國保警察扣留。但這個「非法組黨」

活動卻沒有受到周永康控制的政法委的追究。

在薄熙來倒台前，支持薄熙來的「毛左」曾多次在武漢召開全國聯絡會議，討論中國政局演變及如何促成薄熙來上台。會議中「毛左」多次提出和毛澤東文革類似的政治綱領，提出「殺50萬人」的目標，甚至列出了黨政軍接班人的名單。

同時，薄、周為了製造輿論，暗中收買了百度搜尋引擎，以趕走谷歌為誘餌，讓百度幫忙釋放攻擊習近平、胡錦濤的文章。

報導稱，這些引發了胡錦濤等當權者的警覺。

涉薄周政變組閣名單曾被曝光

2012年重慶王立軍出逃美領館事件，令江澤民集團薄熙來、周永康等政變密謀破產，隨後，政變參與者名單被曝光。

2012年海外多家媒體曝光了涉「薄周政變」組閣的一份名單，包括中共高層人員名單及職務。其中：

薄熙來：原政治局委員、原重慶市委書記，將出任中共總書記、國家主席和中央軍委主席。目前，已被判無期徒刑。

劉雲山：原宣傳部部長、現任中共常委，將出任中共常委、中紀委書記。

梁光烈：原軍委委員、國防部長、解放軍上將，將出任政治局委員、軍委副主席。

黃奇帆：現任重慶市委副書記、重慶市長，將出任政治局常委、國務院總理。

蔣潔敏：原中石油老總、國資委主任，將出任國務院副總理。現已被捕。

周本順：原政法委祕書長、現任河北省委書記，將出任最高法院院長。

羅志軍：現任江蘇省委書記，將出任公安部長。

趙本山：演員，將出任文化部部長。

司馬南：時事評論員，將出任中宣部長。

孔慶東：現任北京大學教授，將出任教育部長。

吳法天：現任中國政法大學副教授，將出任中央政法委委員。

張宏良：現任中央民族大學成教學院教授，將在中央擔任重要職務。

薄瓜瓜（薄熙來子）：負責洗錢及協調海外媒體。港媒稱薄熙來期望其子此後當選「民選總統」。

……

傳胡錦濤要調查薄熙來 引發王立軍逃美領館

據報導，雖然胡錦濤默認薄熙來的「唱紅」，但等到了 2009 年，當發現薄熙來有圖謀政變的跡象後，胡對重慶「唱紅打黑」的立場就發生了轉變。那時國安部門也發現，薄熙來安排王立軍的下屬監聽胡錦濤、溫家寶等中央常委的電話。這種偷聽在中共官場是非常大的忌諱。

江澤民、曾慶紅等密謀十八大將薄熙來塞進政治局常委的計畫，胡錦濤一方也早有防備。早在 2011 年，中共高層內部已經有人在主導調查薄熙來和王立軍的一些罪行。

有報導稱，2012 年元旦前，中紀委在找到時任重慶市委書記薄熙來的馬仔王立軍以權謀私的確鑿證據後，祕密和他約談，王

立軍感到自己大事不妙。而主使中紀委調查王立軍的人中，據稱有令計劃在內。

據悉，當時中紀委給王的口頭承諾讓他看到了一線希望，這個口頭的祕密協議就是讓他交代為薄熙來工作期間的所有談話與會議紀錄等。王立軍答應配合，但隨即被洩密，薄熙來收到通風報信，說王立軍已經不可信，並「在背後收集黑材料」。

王立軍發現薄熙來要對其下手後，2012 年 2 月 6 日攜帶資料隻身闖美國駐成都領事館，並要求政治避難。

薄熙來倒台前 周永康護送「最後一程」

2012 年中共兩會之前，王立軍夜逃美領事館，引爆中共政壇地震。

《華盛頓時報》在 2012 年 2 月中旬發表的戈茨報導援引美國官員的話說，王立軍向美國方面提供了中共高層腐敗的材料，其中包括有關重慶市委書記薄熙來的材料。其中一名官員說，王立軍掌握的中共高層權力鬥爭的情況極其珍貴，涉及政治局常委周永康還有薄熙來這些強硬派如何想整垮習近平，不讓他順利接班的祕密。

隨後，在 2012 年「兩會」期間的 3 月 8 日，中共喉舌央視新聞播出了周永康中午參加重慶代表團審議的消息，並表示周永康「肯定重慶的成績」，「希望認真貫徹中央精神」。

3 月 9 日，薄熙來在兩會上稱，重慶的「這個打黑實際上絕不是公安一家，是公（安）、檢（察）、法（院）、司（法）、（國家）安全，再加上紀委，是多家共同努力的結果，是由政法委協調的，

並不是王立軍一個人的事情。」

3月9日的記者會上，獲得周永康力挺的薄熙來對媒體還表示，「相信」時任中共最高領導人胡錦濤最終會去重慶視察。當時就有分析人士稱：「這是在逼宮嗎？」

接下來的3月14日總理記者會上，溫家寶將重慶模式歸結為重返「文革」，被外界認為是在暗示，薄熙來事件正被定性為「路線鬥爭」。第二天薄熙來被宣布去職重慶市委書記。

當時港媒引用消息稱，中共已成立專案組，調查提拔重用王立軍的薄熙來。中共政治局九名常委，只有一人對立案查薄態度勉強，而此人正是周永康。

而周永康也在護送薄熙來「最後一程」之後，在2014年7月29日被當局宣布落馬。

中共因迫害法輪功而面臨被解體

1999年7月20日，江澤民發起了對法輪功團體的殘酷迫害。在江澤民的直接命令下，法輪功學員遭受了「名譽上搞臭、經濟上搞垮、肉體上消滅」、「打死算白死」、「不查身源、直接火化」的迫害政策，迫害手段集古今邪惡之大全，甚至出現了活摘法輪功學員器官這個星球上從未出現的邪惡迫害。

江澤民、羅干、周永康、薄熙來等一些迫害法輪功的元凶被以「群體滅絕罪」、「酷刑罪」和「反人類罪」在海外被告上法庭，不少國家法庭按照「普遍管轄原則」受理了法輪功學員的控告，其中西班牙國家法庭和阿根廷聯邦法院經過幾年的調查取證後，前者於2009年11月正式起訴江澤民、羅干、薄熙來等五名嫌犯，

後者於 2009 年 12 月對江澤民、羅干兩被告發出國際逮捕令。中共也因迫害法輪功而面臨被解體。

多年來，圍繞著奪取中共最高權力的驚心動魄的生死搏擊都是因為迫害法輪功欠下的血債所引發，而中共的這場持續十多年之久的混戰，目前也已隨著真相不斷被揭開而大白於世走入尾聲。

第三章

股災背後的政變

2015 年 6、7 月份的股災被當局定為江派發動的「經濟政變」，其背後涉及的官員層級之高史無前例。牽頭救市的證監會與中信證券勾結，聯手外資洗劫中國股市。分析認為證監會和中信證券高層落馬，乃習近平逼迫金融界的江派人馬重新站隊。

2015 年 6、7 月份的股災，毀掉了中國幾十萬個中產階層。其背後牽涉的內幕之深，官員層級之高，史無前例。當局將這次股災定為「經濟政變」。（AFP）

第一節

中信證券的惡行

2015 年 6、7 月的股災之後，作為救市先鋒的中信證券，從 8 月開始陸續爆出高管被查的消息。（大紀元資料室）

中信證券王東明退休

中信證券股份有限公司 2015 年 11 月 17 日上午召開黨委會，宣布了最新人事變動，中信集團公司董事長、黨委書記常振明擔任中信證券黨委書記，原中信證券董事長、黨委書記王東明退休。

預計王東明將在中信證券董事會上卸任中信證券董事長職務，並由張佑君接任中信證券董事長一職。

中信證券，這家中國最大的券商遭遇成立以來最嚴重的危機。

6、7 月的股災之後，作為救市先鋒的中信證券，從 8 月開始陸續爆出高管被查的消息。8 月 25 日，中信證券徐某等八人因涉嫌違法從事證券交易活動，被公安機關帶走要求協助調查。後經報導，被帶走的八人中，包括董事總經理徐剛、劉威和葛小波。

董事長王東明的祕書梁鈞也被要求協助調查。

9 月 15 日晚中信證券發布公告稱，公司總經理程博明、經紀業務發展與管理委員會運營管理部負責人于新利、信息技術中心汪錦嶺等人，因涉嫌內幕交易、洩露內幕信息被公安機關依法要求接受調查。

至此，中信證券公開已有 12 名骨幹被帶走調查。

在 2015 年 7 月份救市之時，王東明被賦以「救市隊長」之名，帶領 21 家券商赴證監會共商救市大計，中信證券也成為擔當大任的「救市主力」。

當時，王東明給人印象最深的是兩句話。第一句是「救市就是救自己」；第二句話是王東明 7 月份對證監會主席肖鋼的表態：「肖主席，你說怎麼辦，我們就怎麼做。」

王東明本人是太子黨，其父是原外交部副部長王炳南。

與王東明一起高呼口號的還有中信證券總經理程博明。

在接受《財經》雜誌記者採訪的時候，程博明也說，對於證券公司來說，「救市場就是救自己」，中信證券「成立了應對市場變化小組，有效調動內部資源，把保護投資者利益作為重中之重，並積極向監管部門獻計獻策」。

回頭來看，這些言論都變得相當諷刺。

程博明與令完成聯手賺錢

程博明被抓後，大陸的財經網站都刊登了一篇「A 股君」的起底文章。這篇文章說，在程博明的公開簡歷之外，需要梳理的是他在 2009 年前後曾擔任中信證券子公司金石投資和孫公司中

信聯創（全稱深圳市中信聯合創業投資有限公司）的董事長，而中信聯創正是司度貿易的設立者之一。

司度貿易是 7 月 31 日被證監會勒令停止交易的 24 個帳戶中唯一外資帳戶，背後是國際對沖基金巨頭 Citadel。司度貿易由中信證券孫子輩公司中信聯創與 Citadel 於 2010 年 2 月共同設立的，註冊地在上海靜安區恆隆廣場。

中信證券 8 月 2 日公告回應，中信聯創於 2010 年出資 100 萬美元投資司度，占 20％股權。但該股權已轉讓，並於 2014 年 11 月辦理了工商變更登記，目前中信聯創並未持有司度公司股權。

文章說：「在程博明擔任金石投資董事長期間，公司在 2009 年與匯金立方同時精準入股了神州泰岳，而匯金立方的董事長正是某被查高官之子（被封怕了，就不說名字了，A 粉自己查吧）。兩者入股後僅五個月，神州泰岳即上市成功，並神奇地竄升至創業板第一支百元股的王位，股價最高達到 240 元（細思極恐，那可是 2009 年的 240 元）。」

這個投資就讓金石賺了 1800％。

匯金立方投資管理有限公司成立於 2008 年，註冊資金 5000 萬元。匯金立方的董事長化名王誠，真實名字是令完成，55 歲，山西令氏家族五兄弟之末，其兄令政策、令計劃均為高官。

2014 年 12 月 1 日，證監會網站公布，證監會投資者保護局原局長李量接受調查。財新記者調查發現，被查處的山西令氏家族中的令完成與其控制的私募股權基金匯金立方，後者投資的七家公司均很快在 A 股上市，六家都在創業板，其中包括近視頻網站樂視網。

這篇報導在當時被認為已經在暗示，李量被查與令計劃家族

有關。

《第一財經日報》報導，令完成投資企業上市六年賺了 14
億元，僅投樂視就賺了 3 億元。

「A 股君」的文章還提到程博明金石投資的又一「傑作」。
2010 年，金石投資又在另一「妖股」暴風科技潛伏成功，暴風科
技則在年中幾乎完美複製了神州泰岳的瘋狂走勢。2010 年，暴風
科技引入華為投資、金石投資等國內資本，開始籌謀在國內上市，
當時金石投資的「話事人」仍然是程博明。

「A 股君」說，「在程博明掌舵期間，金石投資成為『嗜血
投資』的典型。金石投資 2009 年實現淨利 1.3 億元。而到 2014
年底，其利潤總額已經增長到 20.24 億元」。

上述經歷對程博明的意義可以說非常重要，正是在其擔任中
信證券常務副總經理及金石投資董事長的幾年時間內，中信證券
談成不少項目，業務突飛猛進，「成績」突出，因此程在 2010
年才被正式任命為中信證券總經理。

傳中信證券與外資聯手做空

《時代周報》採訪的多個基金、證券人士均認為，假如境外
基金與中信證券有聯繫，最大的可能是這些券商通過私人關係，
洩露相關的信息給基金獲利。由於中信證券對市場交易數據的掌
握，是這類機構最好的聯繫對象，私人關係及商業關係都可能構
成了他們的聯繫，從而利用已經掌握的數據進行共謀。

2015 年 8 月 2 日，因存在重大異常交易行為，證監會限制 A
股交易的 34 個問題帳戶，中信證券旗下公司也涉其中，所以坊

間傳中信證券聯手國際對沖基金做空股市，這些被限制 A 股交易的帳戶被認為是 A 股暴跌的「內鬼」。其中最為扎眼的是具有對沖基金 Citadel 背景的司度貿易公司的帳戶。

另一國際對沖基金英仕曼集團（Man Group）也一度被牽涉其中。8 月 31 日晚間，彭博稱英仕曼集團中國區主席李亦非被中國警方帶走協助調查，李亦非本人也一度失聯。

中信證券救市中露出馬腳？

在 2015 年 7 月份當局救市的行動中，中信證券一直是券商「領頭羊」。中信證券四家營業部——北京總部營業部、北京望京營業部、北京金融大街營業部、呼家樓營業部，動用千億資金充當「救市主力」。

然而，中信證券在救市期間買入的部分個股讓人「看不懂」，這讓中信證券露出了馬腳。

中信證券北京總部營業部買入金額前三名除藍籌股中國石油、平安銀行外，美邦服飾也列其中，涉及金額 21 億元。

業內人士分析稱，如果買入中石油、銀行、券商這些大藍籌股用以穩定股指是可以理解的，那麼中信證券北京總部營業部三天耗資 21 億買美邦服飾；北京金融大街營業部花 12.8 億元買江蘇三友、8.5 億元買良信電器；呼家樓營業部花 14 億元買長盈精密，就讓外界看不太懂了。

《時代周報》對中信證券事件的長篇報導中提到，「一些股票業績不好，基本面也沒有改善，可國家隊在救市過程中還是買了這麼多，放了這麼大量，感覺不正常，比如美邦服飾，有些貓

膩在裡面。」

網路上流出的《一則流傳甚廣的關於私募一哥徐翔的謠言》一文說，這幾天，公安部調查的初步結果實際已經出來，整個天朝的金融證券業的鋤奸風暴正在進行中，事情的突破口是 002269 美邦服飾。7 月初，宣布國家隊救市後，國家隊莫名其妙買入 002269 美邦服飾的總數已經接近了其總流通盤的 15％，但是上市公司一直沒有任何公告。6 月股災後，7 月總理衙門責成公安和證監徹底調查，公安派出的是副總捕頭孟慶豐，隨即副總捕頭率領大隊人馬趕赴上海。

孟慶豐來到上海，第一個抓的是澤熙的總操盤手。澤熙操盤沒到五分鐘統統全招，全招以後大徐和他的神祕後台就全暴露在了公安的眼前。

說到「澤熙」，文章就點到了私募一哥徐翔。人稱大徐的徐翔，草根出身，高中畢業，是中國證券業的風雲人物，十年多間資產以幾何級數暴漲。其澤熙系列基金的收益一直高居中國大陸私募基金排名的前三名。

文章介紹說，大徐做盤，做一個套一個，但是最後都有神祕資金在高位接走了籌碼，讓大徐一次次盈利出局。對此，業內的置疑聲一直不斷，前幾年已經多次出現軒然大波，但是大徐一次次安然無恙。其實他做的每一個大項目，老鼠倉都是著名的官二代紅二代，買進，拉高幾倍，叫大基金或者券商高位接盤。其實這次股災，這些「漢奸」安排得很巧妙，凡是官的或者自己的人的資金買澤熙基金，澤熙是避風港，整波股災下來，只有澤熙依然是高盈利的，但是偏偏出了一點點問題，而為了補救這一點點的問題，出現了愚蠢的錯誤。

　　這個事的起因很簡單，上海某位著名的官二代跟著大徐買了002269美邦服飾，卻在6月的股災中自作自受套住了。國家隊宣布進場後，大徐直接電話給中信負責救市操作的高層，然後就有了國家隊資金狂買002269……

　　文章說，孟慶豐考慮過直接拿下大徐，但是大徐的後台出面保人，牽涉到高層，孟也只能給面子，但是突破口已現，也不用先急著拿下大徐了。很快地，中信、海通、君安、銀河等等國內著名的大券商都受到了調查。而中信由於大徐那個電話鐵證如山，是第一個被突破的，整個中信證券負責救市操作的中高層，據說到目前一共九位，全部被拿下。非但如此，還查出以中信為首的國內多家一線機構勾結海外六家著名的對沖基金，主動引狼入室，做空中國股市。

　　文章還表示，涉及到的一些高層及紅二代、官二代，可能也就是警告一下，什麼罪也不會有，為的是核心層的勢力平衡。而澤熙在被公安、證監查個底朝天，查出20多名部級以上幹部的家屬大量持有澤熙基金的情況下，同樣可能什麼事也沒有，甚至澤熙一而再再而三地公開否認接受過調查。

　　這篇文章雖然透露了許多內幕細節，但是對於最後的結果預料並不準確。

　　2015年11月1日，當局公布，澤熙投資管理有限公司法定代表人、總經理徐翔等人已被公安抓捕。

　　時事評論員石久天說，文中提到的上海著名官二代，很可能涉及江澤民家族。原上海副市長艾寶俊落馬，據說其妻子也牽涉到了操縱股市；徐翔也扎根在上海。看來，上海是中國金融界的一個黑窩。

第二節

姚剛、張育軍落馬

張育軍（右）在 2015 年大陸股災期間
充當「救市隊長」，實則和姚剛（左）
以及救市主力中信證券等聯手做空大
陸股市，賊喊捉賊。（新紀元合成圖）

證監會副主席姚剛落馬前有徵兆

2015 年 11 月 13 日，中紀委網站宣布，證監會副主席姚剛正
接受調查。自此，姚剛成為中紀委巡視組在 10 月底入駐證監會
後，落馬的首位官員。

資料顯示，姚剛自 2002 年離開國泰君安重返證監會後，就
任發行監管部主任這一要職，2008 年升任證監會副主席後，依然
分管發行監管部。姚剛掌控中國 A 股市場 IPO 發審大權長達 13
年之久，一度被業內戲稱為「發審皇帝」。據《第一財經日報》
了解，姚剛在證監會任職期間，一直掌握審批大權，分管發行部、
創業板多年。

2014 年 12 月 1 日，姚剛的下屬李量被中紀委調查。李量於
2009 年就任證監會創業板發行監管部副主任，此前則在證監會發

行監管部任職，參與創業板發行法規規則制定及發行審核工作。一位投行人士透露，李量一直跟隨在姚剛身後，在姚剛升任副主席後，李量被調去負責創業板發行，在擬上市公司高管以及券商投行人士心目中的地位「如日中天」。

李量落馬被外界視為姚剛「出事」的前兆，關於姚剛被查的傳言開始不脛而走。

2015 年 8 月 25 日，公開報導稱，中國證監會工作人員劉某及離職人員歐陽某涉嫌內幕交易、偽造公文印章，已被公安機關要求協助調查。

根據媒體調查，證監會工作人員劉書帆從 2014 年 4 月證監會內部輪崗後擔任發行部三處處長，該處主要負責創業板企業發行的法律審核工作。

他曾擔任證監會副主席姚剛上一任祕書。

離職人員歐陽某為原證監會處罰委主任歐陽健生。2011 年底歐陽健生被任命為稽查總隊副總隊長，負責常務工作。

姚剛落馬或涉多個原因

據鳳凰財經 2015 年 11 月 13 日報導，姚剛落馬兩周前，香港媒體就已經曝光姚剛落馬原因涉及做空中國股市。

港媒此前指，有比張育軍更大的「股奸」將落馬，此人已被控制。港媒還稱，有證監會高官在救市期間，違規把巨額資金轉移到香港和新加坡，參與做空中國股市；而負責轉移資金的人，已被從香港「勸回」大陸自首。

報導引述《證券日報》副總編輯董少鵬的話說，2015 年 6 月，

有四股惡意做空中國股市的力量「合流」，才造成了大陸股市的嚴重暴跌。這四股力量中，其中一種是潛藏在大陸一些大學、研究院、研究中心甚至政府機關裡的官員和學者。

陸媒也公開報導姚剛與北大方正李友存在利益輸送。李友已經因為涉及令計劃案而被帶走調查。

報導指，北大方正高管曾借錢給姚剛的兒子姚亮，用於購入北大方正證券 3000 萬股股票，然後通過他們控制的成都華鼎公司，借錢予證監會投資者保護局前局長、2014 年 12 月受查的李量用於購買北大醫藥 2000 萬股股票，而透過購入這些股票，姚亮及李量均從中獲取巨額利益。

陸媒報導還指，落馬的證監會發行三處處長劉書帆（姚剛前祕書）供述，2014 年下半年，他利用職務便利，幫助某上市公司定向增發事項順利通過證監部門發審會，並幫助該公司股票價格維持穩定和增長。為此，該上市公司負責人吳某向其行賄數百萬元。

同時，劉書帆利用該公司定向增發的消息，向朋友李某借款 1000 萬元人民幣，通過親友的股票帳戶購買該公司股票，總共獲利 300 餘萬元，劉書帆分得其中 100 餘萬元。

隨後，劉書帆還多次向吳某打聽得知更多內幕消息，持續買入股票，非法獲利數百萬元。上文所說的李某，經《第一財經日報》求證，很可能正是方正集團前高管李友。另有知情人士透露，如果非親非故，一定是有極其深厚的關係才能以千萬鉅款相借。

2014 年底令計劃被宣布調查前後，令氏家族在 A 股的動作逐漸顯露，令計劃的弟弟令完成掌控的匯金立方入股的七支股票中，有六支登陸創業板。在這些企業 IPO 期間，恰是姚剛在證監會主管發行工作。

　　陸媒引用多位人士稱，姚剛愛好打高爾夫球，總會有人投其所好，藉此接近他，「去見他的人往往都要帶一張高爾夫貴賓卡」。而令完成化名王誠，就是一名高爾夫球高手，並且擔任中國高爾夫協會委員，雙方有共同的愛好。

　　《世界日報》披露，姚剛加入了令計劃的「西山會」。

令完成和江澤民家族的關係

　　2014 年 11 月 26 日，財新網發表一篇《令完成的財富故事》，文中暗示江澤民之子江綿恆與令計劃家族存在利益輸送關係。

　　據一份 2003 年度外資法人企業年檢報表，令完成使用化名「王誠」擔任九洲在線有限公司（簡稱九洲在線）總經理。當時註冊資金為 4.9 億元的九洲在線，成立於 2003 年 7 月，其中 40％股份是江綿恆掌控的中國網絡通訊集團公司（簡稱中國網通）所持有，外資企業 VC 軟銀亞洲基礎設施基金網絡公司（簡稱軟銀）、IDG 網絡投資公司各占 30％股份。時任中國網通副總經理冷榮泉擔任法人代表。隨後，九洲在線改名為天天在線。

　　因承接中國網通寬帶網路和視頻信息平台業務，又有濃重的中共官方背景以及「網上傳播視聽節目許可證」在內的 25 項資質，天天在線成為當時中國大陸互聯網類企業中資質最齊全的公司之一。

　　2004 年，天天在線還曾入選「中國互聯網百強網站」。2006 年 11 月，中國網通宣布退出天天在線，將其 40％股份分別以原價轉賣給 IDG 和軟銀。自此天天在線成為大陸外資公司，令完成以「王誠」之名取代冷榮泉出任董事長，冷榮泉則擔任總經理和

法人代表。對此，財新網分析認為這是各方妥協的結果。

令完成在 2003 年辭職離開新華社，下海經商。

已落馬或被判刑的蘇榮、周永康、令計劃、徐才厚被外界稱為「新四人幫」。

有軍方背景的《環球新聞時訊》雜誌 9 月 1 日發表報導《黨政軍老虎扎堆 源頭難辭其咎》，文章說，熟悉中共歷史的人都心知肚明，「新四人幫」其實依附著一個共同的「老闆」江澤民。

文章說，令計劃的弟弟令完成也是通過令計劃建立了盤根錯節的利益勾連關係，顯然也維繫在江澤民或者江澤民代理人的權力周圍。

這篇文章被港媒轉載後，當時能夠被中國大陸讀者所閱讀。

時事評論員石久天說，姚剛和程博明等人都與令完成有很深的聯繫。這次姚剛和程博明等人落馬，實質是習近平抓了搞經濟政變的江澤民殘餘勢力，同時逼迫金融界的江澤民集團人馬重新站隊。

石久天說，2015 年牽頭救市的三名證監會高管，兩人被抓，一人退休。回頭來看，這場救市已經成了證監會與中信證券、私募基金等聯手進行的一場瓜分財富的行動。這是一個較為明顯的金融圈。

傳張育軍被高層設下計策而抓

在中信證券 12 名高管被帶走後，中紀委監察部網站 2015 年 9 月 16 日公布，證監會主席助理張育軍接受調查。

按中共組織系統規矩，證監會主席助理級別高於局級幹部，

雖不屬於副部級，但已屬於中管幹部，享受類似待遇。因而在證監系統內，主席助理也往往被視為未來的副部級。

微信公眾號「投融資俱樂部」的一篇文章披露了張育軍被抓的戲劇性故事。這篇文章說，下午證監會開了個五人會議，每個人都不允許帶手機，討論清理配資的事，看是否緩衝一下。期間張助理說出去（廁所），大盤就漲了。誰知道，手機被監控了。這會議，其實是反間諜會議。有網友戲謔說：張育軍就是因為一泡尿被抓。

諷刺的是，2014 年 9 月 12 日，在鄭州召開的證券公司、基金管理公司及其子公司「資產管理業務座談會」上，當時一位參會人員講，張育軍在會上警告證券公司、基金管理公司及其子公司「現在監獄已經坐不下了，但是你們要是硬要往裡鑽，我幫你們想辦法。」

張育軍先後在滬深兩大交易所擔任總經理，目前中國大陸獨此一人。2000 年，他擔任深圳證券交易所黨委書記、總經理，2008 年轉到上證所。財新網說，張育軍奠定了深交所作為中國兩大交易所的地位。2012 年張育軍由上證所總經理升任證監會主席助理一職。《新京報》一文說：有人如此評價：「中國真正把證券監管搞懂弄透的人中，張育軍算一個。」

有媒體報導，一位券商高管曾透露，上海某家大型券商由於救市不力，在一次會上被張育軍當眾點名批評。

股災兩大元凶指揮救市

諷刺的是，牽頭救市的三名證監會高管，除了原證監會副主

席劉新華退休之外，另外兩人就是已經落馬的姚剛和張育軍。

在張育軍被調查前一天，中信證券成為北京清查股市「內鬼」的風暴中心，加上張育軍同學、中信證券總經理程博明被查，很容易讓人聯想張育軍被調查與中信證券和股災之間的三角關係。而在金融投資圈的幾大派系裡，張育軍與程博明同屬一大派系，且是師兄弟，兩者之間的關聯更讓人浮想聯翩。

中共官媒《人民日報》海外版在其社交媒體上評論說，如果一個證券公司頂著「國企」的名號，打出堅決救市的大旗，可是心裡想的卻是「悶聲發大財」，這真的是個絕好的機會。其手段應該是通過控制輿論、找到監管部門內線遞送信息以控制市場。

有市場人士猜測，張育軍主導「救市」，多次召集券商、基金等業內高管研究策略，在巨大的利益誘惑面前，享有信息優勢的「救市主力」搖身變成「套利先鋒」，「賊喊捉賊」。

同時，有多家媒體暗示張育軍就是股災凶手。

《新京報》的報導說，張育軍負責的「機構部」是業務創新最多的領域，其中就包括融資融券、配資。在「兩融」業務最興盛的時候，餘額曾高達 2.7 萬億元。此外，還有約 1.4 萬億元的配資，巨量的高槓桿資金，在當時推動了股市的暴漲。

場外配資的資金規模究竟有多大？據央廣了了解到的信息，中國證券業協會給出的數據是大約 5000 億。不過有業內人士表示，真實的規模可能是官方數據的兩倍甚至還要多。

《華爾街日報》提供的數據說，「兩融」交易助長了中國股市的上漲。中信證券在 2015 年上半年的業績報告中稱，截至 6 月 30 日，該公司「兩融」業務餘額達人民幣 1130.61 億元。

張育軍極力推動的業務創新「兩融」，因為數量過於巨大，

引發高層的擔心。從 4 月開始，證監會開始嚴查。

2015 年 4 月中旬，證監會發文明確要求券商不得以任何形式參與場外股票配資、傘形信託等活動。2015 年 5 月份，證監會開始表態嚴查場外配資，之後，多個平台都已經收窄了融資槓桿以及重倉比例。6 月，證監會發布《關於加強證券公司信息系統外部接入管理的通知》。6 月 13 日，證監會微博發布《禁止證券公司為場外配資活動提供便利》。

再後面，隨著 A 股指數的暴跌，就像滾雪球一樣，越來越多的資金遭遇強制平倉。而此時，張育軍搖身一變成為「救市總指揮」，「券商一哥」中信證券成為絕對的「救市主力」。

另一個股災元兇姚剛也有很大問題。

回顧姚剛的履歷可以發現，姚在海外工作後回國任職的初期，主要與期貨工作發生關係。1993 年，姚剛開始出任證監會期貨部副主任、主任。

在姚剛出任證監會期貨部副主任時，中國期貨市場仍處於起步探索階段。

1990 年 10 月，鄭州糧食批發市場經國務院批准成立，標誌著中國期貨市場的誕生。該市場以現貨交易為基礎，引入期貨交易機制。1992 年 9 月，中國第一家期貨經紀公司廣州萬通期貨經紀公司成立。1993 年，由於認識上的偏差和利益的驅動，全國各地紛紛創辦期貨交易所。到當年下半年，全國各類期貨交易所達50 多家，期貨經紀機構近千家。

總體來看，姚剛在證監會期貨部任職期間，中國的期貨市場出現了不少過度投機、監管不力的典型事件。諸如「3・27」國債事件、廣聯「秈米」事件、上海「粳米」事件、蘇州「紅小豆

602」事件等等。

姚剛也是中國股指期貨的主推者之一，2010 年 4 月 16 日，股指期貨合約正式上市交易，時任上海市副市長屠光紹與當時已經成為證監會副主席的姚剛共同為股指期貨合約揭牌。

在 2015 年這次的股災中，股指期貨成了空頭主攻的對象。

有專業人士將 6 月末股災暴跌周通過股指期貨做空砸盤的路徑歸結為：IC1507（中證 500 指數期貨 1507）率先砸盤，負基差持續擴大，帶動正股市場殺跌，引發場外融資爆倉、場內融資盤平倉、公募基金贖回，先跌停的股票賣不出去，只能賣出尚未跌停的股票，造成 A 股市場的大面積跌停。

有市場人士將 IC500 期貨形容為中國股市的「七寸」，而當時這波做空力量，深諳中國資本市場特徵，對 IC500 進行了定向爆破，使得眾多的中小股票幾乎天天跌停，而流動性大的藍籌股，卻意外地成為了贖回的主要對象，股價根本拉不動，一拉升就遭到賣出贖回。

期指做空成為這輪暴跌的重要催化劑，也得到了監管層的默認，7 月 2 日晚間，證監會要求「查處空頭」、「限制做空」。

中央財經大學中國企業研究中心主任劉姝威曾通過微博公開表示：有人利用股指期貨惡意操縱中國股市，必須暫停股指期貨交易。已公布的伊世頓國際貿易有限公司也是通過操縱期權非法獲利 20 億元。

2015 年 9 月初，中金所出台了打擊股指期貨成交量的新規：單個交易品種當日開倉數量不得超過十手。這一規定使得股指期貨交易量下跌 99%，可以說中國的股指期貨市場已名存實亡。

爭議中的金融派系

2015 年 9 月中旬被查的中信證券總經理程博明、證監會主席助理張育軍均屬於一大金融派系。此外，2014 年落馬的曾任西部礦業（總部在青海西寧市）副董事長的江彪也曾在央行金融研究所讀過碩士，是程、張兩人的師兄。

說到大陸金融方面的這個派系，就要說到當年的趙紫陽。趙紫陽在經濟體制改革方面最信任的人是這個派系的一名元老。此人不但在趙掌權時期力推了央行與工行分離，而且培養出很多金融方面的專家。

港媒報導說，在趙紫陽下台後，這個派系不但未受損傷，反而呈現乘數級發展，但太子黨早有警覺。

在程博明與張育軍相繼被查後，網上出現部分文章指向了這個金融派系。陸媒上也含蓄地點到為止。

東方財富網在 2015 年 9 月 17 日的文章說，在金融投資圈的幾大派系裡，張育軍與程博明同屬一大派系。

陸媒無法公開表述的內容，是這個派系的一名元老在官場上一度向江靠攏。比如說，此人曾與江澤民有過兩小時的飛機上長談，希望江不要撤掉深圳股票市場試點。由於此節，此人已開始有「脫趙投江」的嫌疑。

另一標誌性的事件是，張德江妻子編有《商業銀行個人業務叢書》，在 2007 年出版發行，該書由此人親自站台作序，此點更加深了外界的看法，即這個派系已經有人向江勢力靠攏。

港媒曾披露，廣西官場曾傳江彪多次與落馬的原南寧市委書記毛小兵在背後說習近平的壞話。

第三節

程博明等三高管獲刑

　　中信證券公司在大陸 2015 年股災後，有十多名高管被當局調查。作為「國家隊」救市主力之一的中信證券，在 2015 年 6 月、7 月間的股災中，涉嫌與外資聯手做空股市，被稱為「內鬼事件」。8 月起，中信證券有 11 名高層被查。

　　據財新網 2017 年 11 月 13 日報導，除三人判刑外，中信證券部分高管和業務骨幹被查後返回，部分回到中信體系官復原職，部分離開中信另謀出路。

　　報導說，2016 年 4 月 29 日被逮捕的中信證券前總經理程博明、經紀業務發展委員會行政負責人劉軍、權益投資部負責人許駿，一審已判刑。程博明 2016 年 12 月被判刑三年半，罪名為非國家公務人員的受賄罪，證據來自程博明給安徽老鄉辦了事，對方給他在安徽老家購地、建房，案值幾十萬元。劉軍被判三緩三、許駿被判二緩二。

　　不過，他們真實的罪名是在股市參與了經濟政變。

2015 年 8 月起，程博明、汪定國、徐剛等中信證券多名高管涉嫌內幕交易、洩露內幕信息被調查。同年 9 月 16 日，時任證監會主席助理的張育軍被調查。據報導，張育軍跟程博明是同門師兄弟，二人私交甚好。

程博明和徐剛被指是中共江派前常委劉雲山的兒子、中信證券實權人物、時任中信證券副董事長劉樂飛的「手下大將」。這場股災被指是江派針對習近平當局的一場「經濟政變」。張育軍在 2015 年大陸股災期間充當「救市隊長」，暗中和姚剛領導的證監會與中信證券等聯手洗劫大陸股市，迫使習當局動用數千億人民幣救市。

不過，2017 年 9 月 15 日，張育軍也以涉嫌受賄罪被立案偵查，官方也沒敢公開提出股災罪名，但私下卻開始了大規模的金融領域反腐。金融大鱷肖建華從香港被抓回北京就是第一步。

海外中文媒體曾引述中共公安部知情人士的消息披露，張育軍被拘查的真正原因是與中信證券勾結、透露中央救市的決策內幕，中信證券藉機進行內幕交易，大獲其利。中信證券高管還向境外機構洩露有關內幕，並與境外機構一起，洗劫中國股市。

此前，大陸證監會指定披露上市公司信息的《證券日報》刊文稱，有「自己人」和外部力量合夥「攻擊中國股市的軟肋」。

2017 年 5 月，中信證券因違規向司度（上海）貿易有限公司提供融資融券業務，被證監會罰款近 3.7 億元。司度在 2015 年股災時曾做空 A 股而獲取巨額收益。

司度成立於 2010 年 4 月，國際知名對沖基金 Citadel Global Trading S.à r.l. 和中信證券旗下公司中信聯創為其主要股東。時任中信證券總經理的程博明為中信聯創的法人、董事長。時任中信

證券另類投資部負責人汪定國為司度「中方董事」。

自 2015 年股災發生後，尤其是 2017 年初以來，習近平、王岐山在金融領域開始展開反腐，清洗江派長期以來在金融系統培植的勢力，多名金融大佬落馬、金融大鱷被查，有的直接涉及內幕交易。

中國政變大陰謀

第四章

天津大爆炸真相

2015 年 8 月 12 日的天津濱海新區大爆炸事件，張高麗是關鍵人物。涉案的瑞海公司背後老闆、張的親家，在張主政天津時獲在該區設化工品倉庫的許可。江澤民利用天津爆炸討價還價，陸媒指出事倉庫不僅涉深厚政治背景，且有軍方因素。

2015 年 8 月 12 日的天津爆炸事件原因撲朔迷離，但中共政治局常委張高麗是涉足其中的一關鍵人物。張高麗是江派常委，曾多次替江澤民站台。（大紀元合成圖）

第一節

傳張高麗
是天津爆炸案關鍵人物

天津民營企業瑞海國際物流公司能拿下危險品儲存資質，令人感到意外和神祕。圖為 2015 年 8 月 17 日大爆炸五天之後的現場景象。（AFP）

天津爆炸死傷人數遭質疑

2015 年 8 月 12 日 23 時 30 分左右，天津濱海新區開發區突發大爆炸。爆炸共發生兩次，中共官方自稱，第一次爆炸相當於 3 噸 TNT 炸藥，30 秒後再次發生劇烈爆炸，當時現場騰起蘑菇雲。陸媒報導說，據測算，爆炸破壞力相當於 24 噸 TNT 炸藥當量，兩次爆炸威力相當於 53 個戰斧巡航導彈。

截至 8 月 23 日 15 時，中共官方自己公布的最新數字稱，確定這次爆炸有 123 人死亡（公安消防人員 20 人、天津港消防人員 50 人、民警 7 人、其他人員 46 人）；50 人失蹤（公安消防人員 4 人、天津港消防人員 30 人、民警 4 人、其他人員 12 人）；

624 人住院治療，危重症 12 人，重症 30 人，累計出院 169 人。這一數字與海外媒體的報導相差甚遠。

爆炸發生後，大陸官方報導的死亡人數不斷遭到外界質疑，民間估算及外媒報導認為死亡人數超過千人。

海外媒體 8 月 15 日引述來自中共武警高層的消息顯示，武警消防從現場以及第一線醫院得到的數字，截至 15 日中午，確認因大爆炸死亡已達 1400 多人，失蹤 700 多人。消息人士表示，這個數字還不包括現場防化部隊處理屍體的數字，以及遠離現場的醫院接收的不治身亡者的人數。

8 月 14 日也曾爆出中共高層內部通報，當時的爆炸死亡人數已達 300 人，也遠高出官方公開的數字。

據天津港公安局內部人士透露：「我們有一份內部統計的失聯和確認犧牲的人數名單，但沒辦法說。」

更令人震驚的是，海外媒體從接近中共高層的可靠人士處獲悉，當局內部有一個數字，至少 600 多人消失得無蹤影，懷疑是在瞬間爆炸的超高溫及化學作用下被「蒸汽化」，即人間蒸發，但有關判斷不敢對外透露。有關此消息，目前無法核實。

死亡、失蹤人數一直是天津大爆炸最具爭議、也是最敏感的信息。中共官方公布的死亡人數，引起眾多下落不明者家屬的憤怒。15 日上午，天津市政府第四次新聞發布會時，遭到天津港公安局港務消防四中隊、五中隊憤怒的家屬們的衝擊，不得不中斷。

「頭七」有大批失蹤者家人吶喊哭訴，要求當局尋找他們在爆炸中失蹤了的親人，「活要見人死要見屍」，但中共始終不回應。

中共封鎖信息 與 2012 年薊縣大火如出一轍

與此同時，中共國家互聯網信息辦公室會同有關部門查處了車伕網、美行網、軍事中國網、新鮮軍事網等 50 家據稱傳播「涉天津港火災爆炸事故的網站」。中共還查處了 360 多個傳播涉天津爆炸「謠言」信息的微博、微信帳號，有關帳號被關停。

中共指責一些網站，在天津大爆炸發生後，隨意編發「天津大爆炸死亡人數至少 1000 人」、「方圓一公里無活口」等「謠言」，或任由網站用戶上傳來自微博、微信的相關「謠言」。

天津爆炸事件後，中共中宣部要求大陸媒體統一口徑。之後，社交媒體上的抨擊、質疑帖文也被迅速刪除。

爆炸事發八小時後，天津衛視繼續播放韓劇，引發外界強烈不滿。天津市政府的文宣系統對危機反應之緩慢、被動，也引發大量質疑。

2015 年 8 月 13 日，新浪專欄刊文《塘沽大爆炸，天津依然是座沒有新聞的城市》，作者湯嘉琛說：「遇到這種突發事件，第一時間要求公布死傷者人數、事故原因等，有些過於苛刻。但通過微博、網站動態發布最新信息，避免因信息不透明而出現謠言，減少民眾的恐慌情緒，這樣的要求並不過分。從三年前的薊縣大火，到如今的塘沽爆炸，沒有絲毫進步。」

文章表示，新聞業內有一種說法：天津是一座沒有新聞的城市。這一次，似乎依然沒有新聞。

「這次爆炸，能炸醒一直『裝睡』的天津嗎？」湯嘉琛在文章結尾時質問。

湯嘉琛的擔心不無道理，如將時光倒轉回三年前的天津，可

以見到依稀相像的往事。

2012 年 6 月底，天津薊縣萊德商廈也曾發生重大火災，天津官方只報 10 人死亡、16 人受傷，引起輿論譁然；網路上傳出至少 200 人死亡，也有 385 人死亡的說法，官方披露的數字與現場民眾的感受相差懸殊。

當時有消息引述知情者的話說：時任天津市委書記張高麗下禁言令，不但對本地媒體封口，甚至對中央喉舌媒體也設置人為障礙，阻止採訪。

當地人對官方所報導的死亡人數和事件原因根本不相信。由於相關消息遭政府方面死死封鎖甚至「追查」，很多目睹火災過程的民眾，只能通過網路揭露被隱瞞的死亡人數。

有消息說，火災後，張高麗一再強調，天津全體黨員幹部要高度統一口徑，一致對外，「講大局、保民生、促穩定、求和諧」。張高麗下禁言令：不允許任何人談論這場火災死人話題，不準參加悼念儀式，否則以黨紀國法論處。

有人痛斥說，天津緊鄰首都，出事地更與北京市交界，發生特大傷亡事件，勢必對天津市領導人，說白了，就是對天津市委書記張高麗的仕途產生影響。因此，其為保仕途，死命隱瞞火災死亡人數，採取慣用的強力高壓手段，嚴控媒體，並抓捕多位發布消息的民眾。

此後沒多久，2012 年 11 月 4 日，天津薊縣繁華地區文昌街的森馬服飾專賣店突發火災，天津政府再起恐慌，仍是採用管控手法，不僅下令禁止採訪、傳播和議論此事，還在城區再次實行戒嚴。

無情的大火似乎總是纏繞天津，2013 年 3 月 4 日，中共兩會

期間，天津又一次發生特大火災。天津市華苑產業區鑫茂科技園一座 20 多層高的大廈被大火吞噬了整座樓體。然而，該消息再次被死死封鎖。

有爆料稱，天津媒體收到「一把手」的禁令，而且發生火災地區的民眾受到警告，不敢談論該事件。未經證實的消息稱，火災造成至少百人死亡。此前民眾大量上傳到網路的火災現場的圖片和視頻，也被不斷刪除。

天津市委得到張高麗的「真傳」

2015 年 8 月 19 日，中共天津代理市委書記、市長黃興國首次現身新聞發布會。會上黃表示，自己對天津大爆炸「負有不可推卸責任」。

《新京報》微信公號「政事兒」當天報導梳理黃興國應負有四大責任。此前陸媒還暗示，黃興國代理市委書記、市長的職位不會長久。

時事評論員石久天分析說，從這次天津市委處理爆炸事件的做法來看，似乎得到張高麗當年的「真傳」，市委書記在前九次新聞發布會上根本不露面，底下官員最初也以「不知道」、「不清楚」、「不掌握」來回應公眾的問題。

在 8 月 16 日上午開的第六場新聞發布會上，天津市委宣傳部副部長龔建生在回答財新記者有關此次爆炸救援是由哪個領導牽頭的、是如何組織指揮的提問時，稱「這個問題下來以後我再詳細了解一下」。財新記者繼續追問：「你宣傳部長你不了解？」龔所答非所問地說：謝謝。

網上的評論文章表示：「難以置信！總指揮都沒有嗎？這麼具體的一個問題都沒有答案。」第六場發布會只來了個宣傳部副部長，都沒資格知道救災總指揮是什麼人，也算是個官場奇聞了。

8月17日上午11點，天津當局召開了第七次新聞發布會，首次有天津市級官員出現。主管安全生產的副市長何樹山在回應記者的敏感問題時，依然語焉不詳，最後倉促離開，被媒體人形容為「落荒而逃」。

8月18日第八次新聞發布會上，指揮部的問題終於得到了解答，天津方面稱，天津爆炸次日凌晨，天津成立指揮部，市委代書記黃興國任總指揮。

雖然總指揮是誰已經確定，但是民眾對天津政府的刻意隱瞞信息的怒氣絲毫未減：「難道救災總指揮是誰也是機密，也需要隱藏那麼長時間才能公布嗎？！」

當公眾的注意力投向黃興國的時候，誰又能想到，他或許正在替張高麗背上天津最大的黑鍋呢？

張高麗主政天津時 「發展」濱海新區的台前和幕後

美國《時代》雜誌報導說，此次相當於2.9級地震的爆炸發生在天津濱海新區，這個巨大的經濟開發區曾經被標榜為中國資本主義—共產主義雜交經濟的櫥窗。濱海迅猛的發展跟張高麗聯繫在一起，他從2007年開始擔任天津市委書記五年，2012年升任政治局常委。中共官媒報導稱，雖然中國經濟在這個期間放緩，但是天津卻連續五年GDP增長16.5%。

據天津網友披露，張高麗之前的天津書記張立昌，把天津弄

成了「城市農村化，街道鄉村化，領導沒文化，百姓很聽話！」張高麗上台之後，天津的經濟發展又走上另一個極端。

2007 年 5 月，剛上任天津市委書記不久的張高麗即大力推動濱海新區開發。當時濱海新區開發開放領導小組組長是張高麗，副組長除了戴相龍，還有楊棟梁和黃興國。

張曾在 2007 年 5 月 29 日舉行的中共天津市第九次代表大會上，向大會做了一個題為《進一步加快濱海新區開發開放》的報告，要求把加快濱海新區開發開放作為全市工作的重中之重。此後，張將「進一步加快濱海新區開發開放」放在天津兩次黨代會報告的主題之中。

那時，中共就已經有了規劃，確立了以北京—天津—濱海新區為發展軸心，以京津冀為核心區，以遼東、山東半島為兩翼的環渤海灣經濟圈發展戰略。

據悉，張高麗大力推動濱海新區開發卻留下了無數爛尾項目，砸下 600 億興建的濱海新區總部經濟的核心區——響螺灣商務區，被環球網形容「到處是空房如鬼城」。承擔開發建設的天津濱海新區建設投資集團已背負巨額債務，原天津泰達投資公司董事長劉惠文 2016 年 4 月自殺。2016 年 2 月，中共副總理汪洋在國務院部委主要負責人會議上稱，天津市已欠下 5 萬多億債務，實際已破產，如今要追究也已經晚了。

通過這次爆炸，人們可以確確實實看到的是，天津在追求自身的發展過程中所付出的環境的代價。例如爆炸點離開居民區只有 500 多米，標準卻至少要求 1000 米。

這些都只是張高麗的表面行為。

張高麗 90 年代任深圳市委書記，把養女張曉燕嫁給李賢義

的長子李聖潑。此後，李賢義一躍成為縱橫玻璃工業、汽車配件、橡塑化工、太陽能光伏、建築材料、房地產、金融股票、信息科技、連鎖超市等眾多行業的紅頂商人，旗下玻璃工業規模全球第三，從窮小子變成「玻璃大王」。在 2009 年福布斯中國富豪榜上，李賢義以 52.2 億財富排名第 118 位。

李賢義還成為中共全國政協委員、福建省政協常委等，2010 年當選為「影響深圳 30 年的港商領袖」。李賢義長子李聖潑本人不但是信義玻璃的大股東，還是香港 17 家上市公司的董事，現任信義（中國）投資集團董事長等。

有消息稱，張高麗主政深圳時所修的濱海大道，賺了幾個億。濱海大道兩邊的石頭都是自他老家採購的——張高麗老家在福建晉江東石潘徑村，當地出產石材。信義集團在深圳、福建等地擁有土地 60 多萬平方米，已投資 6.4 億多元開發多個項目。

張高麗 2007 年出任天津市委書記前，信義集團已經在 2004 年成立了信義玻璃天津分公司。隨著張主政天津，2007 年 1 月設立信義玻璃天津基地，占地約 9 萬平方米。2010 年天津基地二期動工，占地約 66 萬平方米，投資總額 30 億元，建築面積 35 萬平方米，位於天津新技術產業園區。李賢義還開設了信義汽車部件（天津）公司、信義光伏產業公司天津分公司等。

其女婿家族據稱在天津壟斷了部分建材生意，李賢義仗勢甚至製售假冒偽劣商品。2014 年 11 月 10 日，天津市市場和質量監督管理委員會官網公布了信義玻璃（天津）有限公司以不合格產品冒充合格產品的「平板玻璃案」行政處罰情況，被處罰公司法定代表人正是李賢義，責令停止生產、銷售，並處罰款。

百度百科的解釋稱，普通平板玻璃即窗玻璃。

　　這次天津大爆炸發生後，有很多傷員是被瞬間爆破的玻璃劃傷、刺傷的。一位不願意透露姓名的房地產行業內部人士告訴《海峽攝影時報》記者，這次爆炸暴露出了國內開發商在產品設計上的一項「潛規則」。

　　他說，按照有關規定，2004 年以後新建使用的住宅都必須使用安全玻璃。而德國早在 20 年前就已經開始執行這項規定，「但是據我了解，很多開發商都不會真的使用安全玻璃，而是偷工減料繼續使用造價低廉的普通玻璃，甚至包括一些樓盤宣傳的雙層玻璃、真空玻璃也都是假的。這是行業內心照不宣的潛規則」。

　　該內部人士稱，或許在天津爆炸案中，一些玻璃受損的建築物建於 2004 年之前。但是作為 2005 年才被列為國家重點支持開發開放的國家級新區的天津濱海新區，有理由相信，一定有大量的樓宇建設方並沒有按要求合法合規地使用安全玻璃。

　　報導稱，安全玻璃與普通玻璃的差別在於，在關鍵時刻安全玻璃能救人一命，而普通玻璃則能傷及性命。

　　陸媒沒有點出的是，天津城建的玻璃供應商到底有哪些呢？

　　2015 年 6 月 15 日《濱海時報》報導，天津市委常委、濱海新區區委書記宗國英，會見以第十二屆中共全國政協委員、信義玻璃控股有限公司主席、信義光能控股有限公司主席李賢義等為代表的香港工商總會企業家代表團一行，代表團參觀考察了濱海新區東疆保稅港區聯檢服務中心、太平洋國際集裝箱碼頭等地。

　　此外，張高麗還涉嫌利用濱海新區進行詐騙，涉及資金數千億。早在 2008 年 5 月，中共發改委發布了《關於在天津濱海新區先行先試股權投資基金有關改革問題的覆函》，支持天津市加快發展股權投資基金。2009 年，天津市出台政策，對於在天津註

冊的股權投資基金，在稅收、房租、人才落戶等方面給予優惠，鼓勵各類型的股權投資基金落戶。

當年，在張高麗的呼籲倡導下，各路私募股權基金在天津全面開花，而從 2010 年初至 2012 年，有數十家公司被查封，給幾十萬家庭帶來災難。中國各地不斷有受害者到天津上訪、報案，甚至打出「張高麗還錢！」的口號。受害者透露，詐騙的贓款大部分被江澤民、周永康、張高麗一夥斂去。

有網友爆料說：「天津主要的私募公司很多人去樓空，受害人達百萬之眾，被騙金額高達上千億，全國各地的老百姓因投資天津私募股權，被騙得傾家蕩產或家破人亡的為數不少。」

張主政天津期間曾大力發展地產投資，令天津房地產業投資進入瘋狂增長時期，成為目前城建領域腐敗嚴重的根源。然而，張氏多名舊部在習近平的「打虎」行動中紛紛落馬，如 2015 年 4 月 24 日落馬的天津市人大常委會原委員張家星；濱海新區中心商務區原黨組書記、副主任王政山；濱海新區規劃和國土資源管理局黨組書記、副局長彭博。

張高麗主政天津期間，天津公安隊伍腐敗成為市民熱議話題，天津有民謠：「窯子全是公安開，賭場打的警察牌。」天津網友說：「高麗書記讓天津的夜總會、洗浴中心、商務會所、商務 KTV 等成為了公安局三產。」天津公安鎮壓維權訪民、法輪功學員更是肆無忌憚。2016 年 7 月，張高麗治下的政法大總管、天津市公安局長武長順落馬，2015 年 2 月被移送司法處理，2017 年 5 月 27 日被一審判處死刑，緩期兩年執行。

張高麗與瑞海國際的傳聞 或被港媒證實

2015 年 8 月 14 日，海外博聞社消息說，涉及大爆炸的瑞海公司危險品倉庫所屬公司法人董事長等，表面上都是一些普通的自然人，但真正掌控者是張高麗的親家。張高麗主政天津期間，其親家獲得在濱海新區設立化工品倉庫的許可，而該許可繞開了環保部門的審評安監，是由時任天津市委副書記、濱海新區書記何立峰親自批發的，而何立峰的弟弟一直在天津承建工程項目。

8 月 18 日，香港上市公司信義玻璃及信義光能通過《北京青年報》發表聲明稱，大股東李賢義及公司與倉庫爆炸的瑞海國際物流公司絕無任何直接及間接關係，更沒有任何業務上的往來。

8 月 21 日，據有關部門的知情人士對《環球時報》記者證實，曾經服務三任省委書記、江蘇省原常委趙少麟因涉嫌行賄受賄被立案接受調查。其子趙晉在天津濱海開發區的違法行為正在被嚴查，是否與天津爆炸案有「或多或少的牽連」，目前有關方面仍在調查過程中。

陸媒曾經刊出多篇獨家報導，挖出趙晉在南京、北京、天津、濟南等地的房地產生意黑幕，目前已知的違法行為包括偷逃土地出讓金和土地增值稅等。

海外媒體引用接近中紀委的消息人士透露，趙少麟父子被扣押之後自知罪責難逃，幾乎全盤招供，提供了大量其幕後金主張高麗的直接罪證。

2014 年 10 月 12 日，新華網微博發表署名「閻兆偉」的文章，文章標題為《江蘇「老老虎」趙少麟為啥能在天津「撲食」？》文章說，隨著趙少麟被調查，有理由相信，趙少麟在天津編織的

關係網也會被「破網」，中紀委在天津也能逮到「大老虎」。

新華網的評論文章所提到的「大老虎」，一些分析人士認為指的是原天津市委書記、現任國務院副總理張高麗。2014 年 7 月底，張高麗主政天津時的城建大總管、天津市水務局原副局長、原天津城投董事長馬白玉，因涉嫌濫用職權罪被立案偵查。其實不只是在天津一地，趙少麟的兒子在張高麗曾任省委書記的山東濟南也為非作歹、劣跡斑斑。

8 月 23 日的《蘋果日報》引用北京消息人士的話說，習近平當晚（8 月 12 日）通宵召開常委會議，涉案的瑞海國際物流有「特堅」保護傘。中辦主任栗戰書等要搞清楚此事有沒有針對習近平的「特殊政治意圖」。

張高麗涉天津爆炸案似被港媒證實。

攻擊李克強 張高麗顯露江澤民爪牙本色

中共十八大後，江派在中共黨內最高權力機構政治局常委會的最高代理人就是劉雲山、張德江和張高麗。這三人一直通過各種方式對抗習、李。隨著江澤民越來越處於危機之中，張高麗也開始顯露出江澤民爪牙的本色。

《動向》雜誌 2015 年 8 月號披露，中共十九大的籌備工作啟動，黨內各派系聞風而動。被列為帶病晉升的劉雲山任期還剩兩年多，擔心任期滿後是否被追究，劉雲山藉自我檢查，分別在 6 月、7 月的政治局和政治局常委的會議上向習近平發難。7 月初，在政治局學習會上，劉雲山作了「體會和反思」，自問自答地提出「九個為什麼」，攻擊習近平的意圖一目了然。

據悉，在劉雲山發難的同時，張高麗則「配合」劉雲山，在國務院會議上提出「五個亂」，攻擊李克強的施政。

2015年6月26日，習近平主持召開政治局會議，審議通過《關於推進領導幹部能上能下的若干規定（試行）》。此後有海外媒體報導，當局的重點要藉此拿下那些已經上位、無才無能、礙手礙腳者，特別是身居高位的庸官。在習近平的「能上能下」的絕密名單中，「能下」的高層有一大串。其中包括多名現任政治局委員，以及一名現任政治局常委，其靠為前任總書記「抬轎」上位，實際能力不行。

上述報導雖未點出那名現任政治局常委的名字，但從為前任總書記「抬轎」上位的信息來看，張高麗或為所指之人。

張高麗的仕途上一路都有江澤民的扶持和提拔，從深圳市委書記到廣東省委副書記、山東省長、山東省委書記、天津市委書記，再到中共中央政治局常委。張也對江大拍馬屁，極力回報。

江退位後，2006年5月1日，在主政山東的張高麗陪同下上泰山，張下令封山，並指令八人抬著為江澤民特備的大轎上山，自己則緊跟其後「護駕」。據悉，張高麗是陪江澤民到泰山策劃和指揮刺殺當時的中共總書記胡錦濤。

張高麗靠迫害法輪功往上爬 承諾江阻止追究

張高麗靠著拍馬江澤民，並緊隨其參與殘酷迫害法輪功而發跡。

2015年6月24日，「追查國際」調查員以江澤民辦公室祕書的身分，就江澤民下令活摘法輪功學員器官的罪行，對正在哈

薩克斯坦訪問的張高麗調查取證。

張高麗面對以江澤民祕書的名義提出的「江澤民下令摘取法輪功學員器官」這一點，沒有否認，也沒有任何因不知情而驚訝；而且對江要求他「在政治局討論的時候一定要阻止追究這件事」的要求，積極承諾「我一定」，並請江「放寬心」。

追查國際調查指出，張高麗的回答證實了是江澤民下令活摘法輪功學員器官，張也是活摘器官罪行的主要參與者之一。其次，張高麗承諾的對「剩下的法輪功學員習練者也得處理好」，證實了關押大量法輪功學員的活人器官庫時至今日還存在，還有法輪功學員隨時面臨被活摘器官的危險。

此外，張高麗的言辭還表明：海內外上萬法輪功學員控告江澤民，已對中共高層造成了相當大的壓力。張高麗作為江澤民的台前死黨，正積極利用手中的權力掩蓋罪行，保護江派殘餘勢力，做最後的頑抗。

第二節

張高麗的老部下
楊棟梁在爆炸後被抓

天津大爆炸後，中共國家安全生產監督管理總局局長楊棟梁應聲落馬。
（大紀元資料室）

張高麗與楊棟梁的關係

2015 年 8 月 18 日是天津爆炸「頭七」。下午三時許，官方發布消息，安監總局局長楊棟梁「涉嫌嚴重違紀違法」，正在接受組織調查。

爆炸發生後，楊棟梁以國家安監總局局長、黨組書記身分，率工作組連夜趕赴爆炸現場，他是第一批趕到現場的官員。沒想到，這一去，最終落了馬。

這名落馬的安監總局局長，從 2001 年開始到 2012 年，一直在天津任副市長、市委常委、常務副市長；期間兼任過國資委主任，後任市委常委。依照天津市政府的內部分工，楊棟梁主要分

管發展改革、物價、統計、服務業、行政審批、監察、公務員、國資、應急管理等。2012年，上調北京任國家安全生產監督管理總局局長、黨組書記。

楊棟梁在網路的簡歷上，顯示楊在2005年成為了天津市委常委。但是，《人民日報》海外版微信公眾號「俠客島」在其名為《楊棟梁在台上的最後7天》一文中稱，楊棟梁是在2007年升任天津市委常委。

也有大陸網民在微博透露，楊在張高麗主政天津時很受張的重用，張一手將楊從副市長提到市委常委。

而張高麗接手天津市委書記的職務，正是2007年。當時濱海新區開發開放領導小組組長是張高麗，副組長除了戴相龍，還有楊棟梁和黃興國。

戴相龍傳聞已經被抓，楊棟梁已落馬。

據熟悉天津政壇的相關人士介紹，濱海新區開發開放從地方戰略上升為中共國家戰略之後，利用中共給予的「先行先試」的優惠政策，天津從國家相關部門爭取到了很多大項目，如大乙烯、大石化、大火箭等。而這些項目能夠拿下來，尤其是國家級的石化項目能落地天津，跟他的努力有很大關係，很多都是楊棟梁「親自跑下來的」。由於楊本人早年在石化行業浸淫日久，所以，當他以地方官員身分再與中石化、中石油這樣的央企巨頭洽談合作時，顯得駕輕就熟，「很多數據都清楚」。

用微信公眾號「政知圈」的話來說：「天津、石化、安全生產，每一條都跟楊棟梁密切相關。」

在天津主管石油石化國資時期，總投資高達183億的百萬噸乙烯及配套項目，就是楊棟梁「大手筆」的典型代表。

2005 年 12 月，中央有關部委正式核准中石化天津煉油化工一體化項目。當時，該項目頭頂兩大頭銜，一是「中國最大石化項目」，二是「天津市 1949 年來最大工業項目」，但這個項目拖了近四年才上路。

2009 年 11 月，中石化與沙特基礎工業公司才舉行中沙（天津）石化有限公司揭牌儀式。雙方按 50:50 合資，總投資高達 183 億元（人民幣，下同）。該項目一期工程總投資大約 110 億，2012 年 1 月獲得發改委核准。

2012 年 4 月，二期工程在濱海新區奠基開工，楊棟梁為開工儀式站台。

楊棟梁天津時期的另一個值得注意的項目，是 2001 年天津與中海油合作，引進液態天然氣及應用工程的項目。

該項目也與被帶走調查的楊棟梁之子楊暉有關。《新京報》引述多個可靠信源證實，楊暉被帶走時正在天津出差。其任職的中海油在天津有多個項目。有知情人士稱，楊暉在天津關係深厚。

楊暉被帶走前，係中海石油氣電集團有限責任公司思想政治部總經理。《新京報》引述多個內部信源證實，楊暉出現在中海油氣電集團的時間大約在 2011 年前後。不到 30 歲的他起初任團委書記一職。期間時任天津常務副市長楊棟梁與時任中海油副總經理吳振芳合作密切，而氣電集團當時正是由吳分管。

2015 年 4 月 2 日，曾與楊棟梁有過合作的吳振芳因「涉嫌嚴重違紀」，接受組織調查。

公開報導顯示，2011 年，楊棟梁以天津市委常委、常務副市長的身分與中國海洋石油總公司副總經理吳振芳簽署《天津市引進液化天然氣及應用工程項目合作協議》。

2012 年 2 月 29 日，在調任國家安監總局局長之前，中海油浮式 LNG 接收終端項目在南疆港奠基，楊棟梁再次以天津市領導身分出席。

中海油一直被認為是前中共國家副主席曾慶紅的地盤。張高麗也曾經長期在石油系統工作。

一名天津紀檢系統人士稱，楊棟梁這個人私心很重，在當天津副市長的時候，就有很多人舉報他，不乏天津的一些已退休的高官，典型的帶病提拔。對楊的祕密調查已有半年之多，爆炸這個事只是「契機」。

正是這麼一個「帶病提拔」的人，在張高麗的天津書記五年任期之末，即 2012 年 5 月，以天津市委常委、常務副市長身分離開天津，任國家安全生產監督管理總局局長。

一名接近安監總局的消息人士表示，楊棟梁有濃郁的「天津情結」，就任國家安監總局局長之後，三年多時間裡，楊棟梁兩任祕書都來自天津市政府辦公廳，而總局為他配的專職祕書，卻一直是「徒有其名」，從未被安排實質性祕書工作。

中石油系統一位關鍵人士對《中國經營報》記者明確表示，2012 年，系統內部就曾傳言楊棟梁會重新回到中石油，並擔任一把手。從公開的報導中可以看到，近年來楊棟梁與中石油、中石化、中海油諸多高層頻頻接觸，從工作範圍而言與其老本行關係密切。2010 年 9 月，時任天津常務副市長的楊棟梁還陪同時任中石油集團總經理蔣潔敏到屬於中石油旗下的大港油田調研。公開信息還顯示，楊棟梁因為工作關係，與中石油總經理廖永遠、中石化總經理王天普等石油系統高層接觸頻繁。廖永遠、王天普等高層，目前均已因為貪腐問題落馬。其中，中石化總經理王天普

2015 年 4 月 27 日落馬。在天津近年來推動的石化項目中，中石化舉足輕重。

2017 年 1 月 24 日，王天普被判處有期徒刑 15 年 6 個月，並處罰金人民幣 320 萬元。據悉，王天普與前中共政法委書記周永康關係密切，是江派「石油幫」中的重要一員

楊棟梁是否因為石油系統腐敗案而受牽連呢？相關人士稱，楊棟梁不是蔣潔敏他們這條線的，在石油系統工作期間職位不高，與蔣潔敏等人的認識應是始於天津市任職期間。他說，楊棟梁管了天津工業、國資這麼多年，推動了許多大項目進行，在天津爆炸案的敏感時期落馬，很可能還是與天津的事情有關。

楊棟梁修改法規後 瑞海國際成立

2012 年 5 月，楊棟梁出任國家安監總局局長，隨即簽署《危險化學品經營許可證管理辦法》，規定取得港口經營許可證的港口經營人在港區內從事危險化學品倉儲經營，不需危險化學品經營許可證。

有關規定包括：（一）依法取得危險化學品安全生產許可證的危險化學品生產企業在其廠區範圍內銷售本企業生產的危險化學品的；（二）依法取得港口經營許可證的港口經營人在港區內從事危險化學品倉儲經營的。

瑞海國際物流成立時間在 2012 年 11 月。此時，由楊棟梁簽署的《危險化學品許可證管理辦法》剛剛施行兩個月。

瑞海國際 2015 年 6 月才擁有港口經營許可（津）港經證（ZC-543-03）號。

《南華早報》18 日的報導稱，此處可能涉及一個行政管理體制的漏洞，即擁有港口經營許可的瑞海國際，或可以逃過危化品存儲經營的審批。

但是，2012 年 12 月 11 日由中共交通運輸部發的《港口危險貨物安全管理規定》中顯示，從危險貨物的安全評價審批到監管，需要經過「港口行政管理部門」。

從事實來看，瑞海國際走的路，就是先從天津市交通部門獲得了危化物臨時許可，再拿到了港口經營的許可證。

工商登記信息顯示，涉事企業瑞海公司於 2012 年 11 月註冊成立，成立初期的經營許可項目明確表明「危化品除外」。2014 年 4 月，瑞海公司才首次獲得天津市交通部門批覆的危化品試經營資質，有效期至 2014 年 10 月 16 日。而該公司正式獲得港口經營許可證是在 2015 年 6 月。

瑞海國際的控制人

從現在陸媒的報導來看，在瑞海國際前台持股的，都是一些「小螞蟻」。真正在背後操作的，第一個人叫董社軒（又名董濛濛），其父為天津港公安局原局長董培軍，據稱董培軍與已經落馬的原天津公安局長武長順關係密切。

據界面新聞報導，在瑞海國際的五名董事和一名監事中，至少有兩人曾經在中化集團工作，而真正創辦瑞海國際的，還有一名並未出現在股東名單上的關鍵人物于學偉。

于學偉曾經擔任中化天津濱海物流有限公司的總經理，一度擔任中化天津副總。

　　瑞海國際的董事曹海軍、董事總經理只峰、監事陳雅佺，都曾是于學偉的直接下屬。于學偉跟天津港務局和海事局關係密切，瑞海能以民營企業的身分獲得危化品儲運的資質，主要就是靠于學偉出面溝通。

　　多年來，中化一直獨享天津港危險品存儲資質。天津港和中化合資成立的天津港中化危險品物流有限公司，也獲得了這一資質。

　　瑞海國際官網顯示，該公司可以存儲除了第一類和第七類以外的所有危險品。

　　天津當地危險品進出口行業一位資深人士向澎湃網表示，在北疆海事局管轄的五家危險品倉儲企業中，有兩家規模較小，而且只能作業危險性較小的第八、九類危險品，另外三家就是中化天津物流事業部所屬濱海物流公司、津港中化物流公司，以及瑞海國際。

　　該名人士並稱，第一類爆炸品和第七類放射性物品，天津所有危險品倉儲企業都沒有資質存儲。

　　直到瑞海出現，天津港才有了第一家民營危化品出口的港口物流公司。作為一家民企，瑞海國際可以存儲其餘七類危險品，實屬不易。在北疆海事局管轄的三家擁有這七類資質企業中，只有瑞海是民企。

　　一位物流業人士說，2012年以來，普通企業連第九類危險品都不允許做，但瑞海就這麼在各單位眼皮底下的一塊地上硬是擠了進來，「沒學會爬，就開始走了」。

　　一位在天津港經營物流多年的企業主表示，央企中儲一度想做危險品物流，跟港務局申請，但「資質沒有拿下來」。

瑞海物流成立過程中的權力鏈

網路一篇《津門官場形勢分析》的文章，分析了瑞海國際背後的權力鏈。以下是幾節摘選：

「2013 年 1 月 24 日，天津市交通運輸和港口管理局給瑞海物流打開方便之門，批准了《關於天津東疆保稅港區瑞海國際物流有限公司港口經營資質的批覆》，『同意規劃建設，允許幾類危險品……』」

「要知道，天津市交通運輸和港口管理局可不是好打交道的主，瑞海物流能把它給攻下來，可見能量之大。連濱海新區副區長都抱怨，天津港是市管國企，但實際架子跟央企一樣大。地方政府對天津港的實際控制力很弱，人事權也沒有，實際上管不了。」

「天津市交通運輸和港口管理局屬於天津市交通委員會（前身天津市口岸管理委員會）。2003 年，天津港務局實行政企分開，行政職能轉交天津市交通委員會，天津港務局轉制為天津港（集團）有限公司。」

「現任天津市交通運輸委員會主任曾任天津市交通運輸和港口管理局局長。」

「瑞海國際不去辦理《危險化學品經營許可證》，而去辦理《港口經營許可證》，這一點就很微妙，這說明瑞海物流的人脈網能在交通運輸部門發揮作用。」

「天津市安監局副局長高懷友證實了這一點，危化企業的安全生產許可由交通部部門發放。」

「2013 年 5 月 4 日，天津市交通運輸和港口管理局第二次給

瑞海物流開綠燈。允許瑞海物流可以建設 1.8 萬平方米的危化品
倉庫。」

「2013 年 9 月，天津市交通運輸和港口管理局第三次給瑞海
物流開綠燈，在它批覆的一份文件中聲明，瑞海物流危化品倉庫
的工程安全預評價報告和安全條件論證報告基本符合國家和交通
運輸部有關編制規定，根據專家組意見，同意備案。」

「而天津環保部門也給瑞海物流第一次開了綠燈。根據天津
市環境工程評估中心為瑞海物流出具的環評報告，『該項目建設
內容符合國家產業政策，選址符合地區總體發展規劃。施工期對
環境的影響較小……本項目建設具備環境可行性。』」（編者註：
資料顯示，這份報告落款日期為 2013 年 5 月 24 日。）

「從程式上說，瑞海物流的危險品倉庫項目立項後，就要向
天津發改委進行立項申報，然後進入安評環節。」

「顯然，天津發改委給這個項目立項了。因為，瑞海物流在
2014 年 5 月通過安全評估，取得了全國甲級安全評價機構安全條
件審查報告，具備了從事危化品的倉儲資質。」

「如果天津發改委不在立項上放行，就不可能進入安評環
節，瑞海物流通過安評，恰恰說明，它獲得了天津發改委的立項
同意。」（編者註：可能作者沒有查到相關報導，2013 年 8 月，
瑞海取得天津市發改委的項目核准通知書。）

「給瑞海物流做安評的是天津市中濱海盛安全評價監測有限
公司，天津市安全生產監督管理局在收到天津市中濱海盛安全評
價監測有限公司的安評報告後，立即給予放行通過。」

天津交港局觸審批「紅線」

《新京報》在調查瑞海經營資質的過程中，得到了一份與瑞海無證經營危化品倉儲有關的文件。那是 2014 年 5 月 4 日，天津市交通運輸和港口管理局批覆瑞海國際可以「試運營」危化品的文件。

2014 年，天津市交通運輸和港口管理局與其他單位合併，成為天津市交通委。

這份《關於天津東疆保稅港區瑞海國際物流有限公司試運營期間港口經營資質的批覆文件》顯示，同意瑞海國際在試營業期間（2014 年 4 月 16 日至 2014 年 10 月 16 日），從事港口倉儲業務經營，同意瑞海國際在集裝箱堆場重箱區（包括裝箱區），面積 1 萬 8000 平方米，儲存包括壓縮氣體二類危險品、易燃液體三類危險品等九種危險品貨物。

重慶市交通委港口管理處一名長期負責辦理港口經營管理許可證的工作人員表示，從未見過類似的行政許可。

這名工作人員表示，審核一家企業是否有在港口經營危化品的資質，《港口經營許可證》和《港口危險品貨物作業附證》缺一不可，「沒有兩證，在港口作業化學危險品都屬於違法」。

再談張高麗與瑞海的傳聞

2015 年 8 月 14 日，海外博聞社引用知情者的話稱，發生爆炸的天津濱海新區瑞海公司危險品倉庫，所屬公司法人董事長等，表面上都是一些普通的自然人，但真正掌控者是中共政治局

常委、常務副總理張高麗的親家。張高麗主政天津期間，其親家獲得在該區設立化工品倉庫的許可，而該許可不但繞開了環保部門的審評監管，甚至連環保部門置喙的可能性都沒有，因為它是由時任天津市政府高層親自批准的。

消息指，大陸微信自媒體「俠島客」2015 年 8 月 13 日刊出的一篇文章《天津爆炸的涉事企業到底什麼來頭？》已經點到了事件的要害，但是沒敢捅破真相。表面上，那家公司的法人董事長並無高深背景，而真相是，發生爆炸的是天津濱海新區瑞海公司危險品倉庫，背後老闆是張高麗的親家。

時事評論員石久天表示，從現在陸媒的報導來看，瑞海國際的成立到運營，涉及天津交通委員會、天津發改委、天津安監局、環保局、公安局、海事局和天津海關等天津的地方政府部門和中央直屬機構。如果說，沒有天津高層的權力參與此中的運作，那是不可想像的。

石久天說：「官方在案發後急速控制了所有瑞海國際的高管，說好聽點是防止逃跑，說難聽點是第一時間控制證人，不讓他們亂說話。最後發出所謂起底瑞海國際人脈關係獨家報導的，也只是新華社的記者。」

財經網在 8 月 20 日的《瑞海「中國合夥人」背後的謎團與荒誕》一文中，不無深意地說：「如果瑞海公司的實際背景即是目前由新華社一文所定論，那麼，該公司其實並無太大太深厚背景。」

第三節

天津大爆炸是事故還是被惡意引爆？

天津大爆炸後，現場猶如「世界末日」景象。《大紀元》獲悉，江澤民集團利用爆炸事件向習當局討價還價。（AFP）

　　除了天津大爆炸事發中心瑞海公司堆場被夷為平地，旁邊原本氣派的躍進路派出所大樓也成廢墟；300 米外的進口車場裡，數千輛轎車被炸毀，輪轂上的鋁融化成水；稍遠處的萬科海港城（清水港灣）、萬科金域藍灣、萬科雙子座、萬通新城國際、泰達時尚旺角、啟航嘉園等居民小區，高樓滿目瘡痍。

　　趕到現場的財新記者發回手記：「一路幾無人煙，空氣中越來越濃的是從未聞過的怪味，有點像橡膠燒焦但又有大不相同。到爆炸點附近的吉運一道，寂無人聲活物，一幅世界末日景象。」

　　上面的描述來自大陸《財新周刊》2015 年第 33 期的封面故事——《天津爆炸人禍始末》。8 月 15 日，財新傳媒總編胡舒立通過微博稱此次天津爆炸是「人禍＋人禍！痛心之至！」

但是，這個人禍到底是哪種類型的人禍，其中又有無政治的因素？這些是大陸媒體暫時不敢揭露的。

江澤民藉爆炸表達兩個「願望」 習兩晚沒睡著

2015 年 8 月 15 日，《大紀元》從中南海的知情人士處獲悉，8 月 12 日天津大爆炸後，習近平兩晚沒睡著，聽到消息後大怒，已經對江澤民及其兩個兒子採取行動，暫時限制其行動自由，曾慶紅也被控制在家。

此外，《大紀元》還獲悉，江澤民集團利用這個爆炸事件向習當局表達了兩個「願望」，藉以討價還價：

一、江澤民要在 9 月 3 日的閱兵上露面。

二、要習近平停止清算、抓捕江澤民集團的人，尤其是江澤民本人。

據悉，習本打算下半年處理經濟和股市的問題，但天津大爆炸是個轉折點，把習、江矛盾公開了，雙方你死我活，現在江逼習近平下手。知情人士表示，習擔心的是，如果不這麼做，下半年還不知道會發生什麼恐怖的事情。打「老虎」，習本來想一個一個地打，一步一步地做，現在要加快速度。習近平可能跳過曾慶紅，直接抓捕江澤民。

天津爆炸案當天恰逢習近平執政 1000 天

在爆炸剛剛發生的第二天，即 8 月 13 日，海外茉莉花網站發表署名劉剛的文章《天津大爆炸是針對習近平的恐怖襲擊》。

文章稱：根據陰謀論，天津大爆炸也必定就是中共權鬥的副產品，是中共在野一方所製造的人間慘禍，其目的就是向中共當權者進行威脅、恫嚇及製造危機麻煩，進而要挾習近平妥協、就範，甚至是以此災禍來彈劾習近平。

文章表示，中國接連不斷發生的這一系列天災人禍慘案，都是中南海內部各派勢力相互廝殺而造成的人間慘禍，是中南海各個集團以中國人民當人質，來向敵對方討價還價，是中國百姓容忍中共獨裁政權所付出的沉重代價。

8 月 12 日當天早上 7 點多，中共官媒《人民日報》發表評論文章《習近平治國理政 1000 天》。文章說，十八大以來，截至 2015 年 8 月 12 日，習近平擔任中共中央總書記已經 1000 天整。

話音剛落，當天晚上天津發生了震驚中外的特大爆炸事件。

旅美的大陸作家溫雲超說，據國內消息 8 月 12 日正好是習近平執政 1000 天，天津發生了這麼慘烈的事件，難道這是巧合？

事前，香港《動向》7 月號曾披露：「……今年不太可能有以往的北戴河會議，一部分高規格、保密性極強的會議可能會在天津濱海新區召開。」文章還稱，這可能是王岐山「最難熬的夏天」。

這個當時並沒有太多人注意的消息，在天津爆炸事件發生後，成為各媒體轉載報導的熱點，就是因為其中四個關鍵的字「濱海新區」。

濱海新區一直是江派主控牟利的地盤

本文此前已經敘述了，2007 年之後，濱海迅猛的發展跟張

高麗聯繫在一起。張從 2007 年起開始擔任天津市委書記五年，2012 年升任政治局常委。中共官媒報導稱，雖然中國經濟在這個期間放緩，但是天津卻連續五年 GDP 增長 16.5％。同時，張高麗也被指和瑞海國際關係密切。

在張高麗主政天津之前，原天津市委常委、濱海新區工委書記皮黔生掌控濱海新區。2008 年底皮黔生因經濟問題被調查。他成為當年迫害法輪功的「天津幫」繼天津市原檢察長李寶金、天津市原政協主席宋平順之後，第三個落馬的省部級官員。

當年皮黔生主管天津濱海新區的建設。濱海新區是天津的「招牌」，天津市的機場、天津港和許多大型製造業均分布在濱海新區內，其中包括空中客車 A320 的組裝線。

上世紀 90 年代初，皮黔生在開發區管委會主任助理期間，一度集開發區規劃建設、土地管理、房地產管理、環境保護四個局長職位於一身，由此得「皮四局」綽號。2000 年 9 月，身為天津市委常委的皮黔生，出任濱海新區工委書記、管委會主任，集濱海新區黨政大權於一身。

2010 年，新華社報導稱，皮黔生被判處死緩，罪名是「利用職務上的便利，為他人謀取利益，收受巨額錢款；濫用職權，造成巨額國有資產損失」。

除了皮黔生之外，原天津市長戴相龍的女婿車峰也涉足濱海新區。

2007 年 5 月，剛上任天津市委書記不久的張高麗即大力推動濱海新區開發。當時濱海新區開發開放領導小組組長是張高麗，副組長有戴相龍、楊棟梁和黃興國。當時因為胡錦濤當局在調查「天津幫」，皮黔生已經被邊緣化。

除了張高麗利用濱海新區和天津搞募集資金牟利外，戴相龍的女婿車峰的發跡也得益於濱海新區。據悉，車峰早在 2006 年就介入上述的港股市場。2006 年 3 月底，Ever Union 斥資 9636 萬元（人民幣，下同），以每股 1.46 元購入高陽科技 6600 萬股；一個多月後，高陽股份隨即宣布將股份一拆四。到 2006 年 12 月下旬，車峰出售手上三分之二的高陽股份，套現 3.36 億元，減去成本，他不足九個月便賺得 2.4 億元。交易後，車峰手上仍然持有拆細後的 9000 萬股。

2007 年 8 月，國家外匯管理局宣布以天津濱海新區作試點，批准大陸居民直接投資港股，即「港股直通車」，中國銀行天津分行隨後宣布擬推出個人投資港股業務。當時的天津市長正是車峰的岳父戴相龍。戴相龍於 2002 年 12 月起歷任天津市副市長、代市長、市長以及市委副書記，直到 2008 年 1 月執掌全國社會保障基金理事會。

2007 年港股直通車的消息一經公布，港股便強勢上升，一日內暴升逾 1200 點，恆指同年 10 月升穿 31900 點創歷史新高。車峰持有的高陽科技股價一度攀升至 3.5 元。在持有一年半之後，高陽科技實質累升超過八倍。直至 2007 年 11 月，時任國務院總理溫家寶「叫停」港股直通車之後，港股那一波的升勢才告終。而車峰之後再趁低吸納高陽科技股份，現持有 12.04％的高陽股權。

爆炸案發生後，有港民發現江派香港特首梁振英在 2013 年曾訪問天津，稱香港土地規劃可以借鑑當地，又揚言自己 90 年代起已擔任天津市的顧問，引起熱議。

上任後被指頻頻搞「內交」的特首梁振英，在發生天津大爆

炸後，被香港網民翻舊帳，指他曾稱天津的發展及建設令其「與有榮焉」，要香港借鑑天津的經驗。梁振英上任被批評頻頻「內交朝共」，其到訪之處大都是江派勢力。

香港網民翻出了 2013 年梁振英上任特首一職不久訪問天津之行，3 月 19 日第一站是參觀當地的規劃展覽館，他在嘉賓名冊上，寫上「溫故知新，與有榮焉」。當時他解釋說，自己 90 年代起已擔任天津市的顧問，見證著天津城市發展，覺得目前的香港可以借鑑天津經驗。梁振英並率領特區政府官員與天津市領導會面，時任天津市委書記孫春蘭形容，與梁是「老朋友」。大爆炸後，有網民質疑天津的土地規劃有什麼值得香港參考的，「是否將危險品倉庫放在 5000 民居的 700 米內？」

時政專家看法或被證實：
栗戰書要搞清爆炸的「特殊政治意圖」

天津爆炸後，一些時政人士也談了自己對爆炸事件的看法。

政治分析人士陳破空在美國之音《焦點對話》節目中表示，就像股災一樣，不排除背後有政治原因，比如，圍繞 2015 年夏的北戴河，有會、無會，信息雜亂，傳言紛紛。習近平與江澤民兩派，正拉高鬥爭調門。會不會有人為放火、製造爆炸與混亂，轉移視線？值得懷疑。

北京時政評論人華頗 2015 年 8 月 17 日也發表了自己的看法，並從兩個方面進行論證。

華頗認為濱海新區不會有「特別會議」。這是因為如果有所謂的「特別會議」，濱海新區不是最佳開會地點。這種會議召開

的地點需要兩個具備條件，一是安全、二是保密，而濱海新區是一個港口城市，區域小人口密度大，而且人員流動頻繁，在這裡開會很難保證安全和保密，所以濱海新區是最不適合召開「特別會議」的地點。

另外，華頗認為「8.12 爆炸是想暗殺習近平」的猜測未免有些荒唐可笑了，這是因為即使習近平在濱海新區，那麼這種暗殺手法也太不專業了。要知道暗殺領導人是一項非常危險、非常專業的工作，暗殺者事先要進行周密的策劃，要確保十拿九穩、萬無一失，否則失敗暗殺者的下場是十分悲慘的。

不過，在他看來，此次的爆炸的確非比尋常，在「北戴河會議」接近尾聲之時發生如此嚴重的事件說它是巧合、偶然、意外很難令人接受，但是真相到底如何還要繼續觀察。

對於港媒 2015 年 7 月份報導的濱海有會，時政評論員橫河的看法是：「那篇文章裡面，是 7 月份的，就提到『重要的祕密會議到濱海新區去開』，這個也可能是故意放風。但是不管怎麼說，他提到了這個地點，偏偏這個地點真的出事了。」

橫河分析「習近平、王岐山首先應該考慮到的就是，是不是一個陰謀？他不會去很簡單地想，這就是一個事故。他有很多選項，但他們寧可相信有，不能相信無。」

先排除該事件是否隱藏「暗殺」動機，有一點可以肯定的是，以上幾位時政分析人士大多認為，天津爆炸這把火絕非意外事故那麼簡單。

這個分析也被《蘋果日報》的消息所證實。8 月 24 日，該報引用北京消息說，習近平當晚（8 月 12 日）通宵召開常委會議，中辦主任栗戰書等要搞清楚此事有沒有針對習近平的「特殊政治

意圖」。

爆炸的導火索是因為卡車被引爆？

直到現在，中共官媒仍然沒有給出爆炸的真正原因。

2015 年 8 月 14 日的《解放日報》消息稱，12 日發生爆炸的當晚 22 時 50 分，天津消防 119 指揮中心接到報警，天津開發區疑似一輛汽車失火，隨後多個電話報警稱天津港內起火。

據報，天津消防總隊九個中隊和港務局碼頭三個專職隊趕赴現場撲救。

第一批滅火力量到場，發現多個集裝箱起火，屬於猛烈燃燒階段，天津港公安局消防支隊迅速先期處置。23 時 30 分現場發生接連爆炸。

8 月 14 日，海外博聞社引述知情人士的消息透露：「這次引爆這座倉庫使用的是一輛裝載引爆物的卡車。當天深夜，乘值班人員疲憊困的時候，卡車很準確地停靠在相對倉庫內存放火工物品最近的位置，人員迅速離開現場，大約十幾分鐘以後引爆卡車，導致倉庫發生連環爆炸。」

從上述報導來看，一輛汽車失火（爆炸）或許是整個事件的關鍵點，但是至今當局的調查結果沒有公布。

對於後續爆炸的發生，陸媒屢有猜測和分析。

8 月 17 日，騰訊財經援引一位中國核生化救援部隊士兵的消息稱，爆炸原因基本確認是因倉庫內金屬鈉遇到水後引發爆炸。但是文章又提了一句：迄今似乎也沒有排除人為破壞或過失著火的可能。

8 月 18 日晚，新華社報導稱，據當晚在現場的員工匯報，他們看見運抵區放的三類危化品的集裝罐在著火。一位事發時在辦公室睡覺的瑞海公司高管回憶，他先是被一個小的爆炸聲震醒，然後趕緊打開窗戶向外看，發現運抵區西南角已經著火了。起火位置大約有二、三十個硝酸鹽類集裝箱，每個 20 噸。硝酸銨有十來個集裝箱，硝酸鉀和硝酸鈣的集裝箱各有七、八個。

8 月 20 日，網路流傳題為《解濱：徹查大爆炸，十個無法迴避的問題》的分析文章。文章說，大爆炸是如何引發的？光有爆炸物還不行，集裝箱裡面究竟是什麼樣品。大多數爆炸物，甚至包括 TNT，都不是很容易爆炸的，即使你把那些爆炸物弄到火爐子上烤，也未必會爆炸。要使其爆炸就需要引信。如果沒有引信，那也必須有另外一種易爆品先產生爆炸，然後引發這些化學品爆炸。那麼，究竟是什麼化學品最先爆炸然後觸發大爆炸的呢？瑞海是如何儲存和保管那些易爆物品的呢？查出對於易爆化學品的管理方法，是揭開大爆炸這個謎的關鍵。

爆炸地存放大量危險化學品 涉及軍方？

爆炸發生第二天，公安部消防局官方微博發布消息稱，該堆場存放有四大類、幾十種易燃易爆危險化學品，有氣體、液體、固體等化學物質，主要有硝酸銨、硝酸鉀、電石等。

硝酸銨主要用途是肥料及炸藥，而硝酸鉀也可以配置黑火藥、製造炸藥和煙花爆竹等產品。

據參加救援的公安部消防局副局長牛躍光稱，瑞海公司倉庫示意圖顯示，凡是能夠堆放物品的地方，全部放滿了危化品。由

於瑞海公司辦公樓已經被毀，貨物紀錄不清，現在能夠確認的危化品數量在 3000 噸左右。

他表示，現場有 40 多種危化品，其中硝酸銨、硝酸鉀這些應屬於炸藥類的，且儲量非常大的，硝酸銨可能在 800 噸左右、硝酸鉀約 500 噸，加上氰化鈉，僅這三樣已超過 2000 噸。

2015 年 8 月 19 日的官方新聞發布會上，天津市副市長何樹山又做了進一步補充：「危險品分七大類在倉庫裡面，大約 40 種。主要是三大類，一個是氧化物，也就是硝酸銨、硝酸鉀，目前掌握的情況是，這兩種加起來 1300 噸左右；第二大類就是易燃的固體，主要的品種是金屬鈉和金屬鎂，這兩個加起來大概 500 噸；第三類就是劇毒物，以氰化鈉為主，大約是 700 噸。」

《財新周刊》的報導說，當晚瑞海公司堆場存放的危化品貨物，就達到當初設計年周轉量的 6％，其中 800 噸硝酸銨、500 噸硝酸鉀，讓瑞海公司的倉庫變成了一個不折不扣的火藥庫。

8 月 14 日，亞洲通訊社社長徐靜波博客的一篇文章寫道：「我們通訊社的邊上就是東京都赤阪消防署，今天下午過去跟消防隊員聊，他們居然都拿出了從網上收集來的火災現場照片，說的最多的一句話是「ありえない」（不應該發生）。

「不應該」發生些什麼？他們給我們分析了：從網友拍攝的爆炸瞬間的視頻來看，第二次爆炸的火焰高達 100 米以上，而且衝擊波擊破兩公里以外的門窗，除非是大型彈藥庫發生爆炸，一般的化學品爆炸不應該有如此巨大規模。因此，撲救現場一定發生了什麼問題。」

爆炸發生後的第二天，8 月 13 日 5 點 7 分，網上流傳出一個帖子「『軍火彈藥存儲地』發生爆炸！北京當局隱瞞事件真相！」

發帖稱：「江澤民報復習近平的決鬥階段！習近平奪去了軍火生意、走私汽車生意、資本市場生意、國有土地出賣生意——好吧，同歸於盡！2015 年 8 月 12 日夜晚，中共軍方在天津港即將運輸出售給海外的『軍火彈藥存儲地』發生爆炸！北京當局隱瞞事件真相！」

另據博聞社 8 月 16 日的消息指，出事化學品倉庫不僅涉及深厚政治背景，而且還有軍方因素。軍方保利集團在此倉庫也有大量危險物質儲存。而保利集團原來就是徐才厚、郭伯雄的天下，習近平拿下徐、郭，但是還沒有來得及徹底清除徐、郭在軍中的同黨，故陰謀論的可能不能完全排除。

消息指，這次大爆炸的「主力」是保利公司儲存的爆炸品。保利的創辦人是已故軍頭王震的兒子王軍。

24 噸 TNT 的演算法低估了天津濱海爆炸能量

中國地震台網速報顯示，第一次爆炸震級約規模 2.3，相當於三噸 TNT——近七枚戰斧式巡航導彈的爆炸能量；第二次爆炸在 30 秒鐘後，近震震級約 2.9 級，相當於 21 噸 TNT——接近於 46 枚戰斧式導彈爆炸，已經達到一枚微型戰術核武器的爆炸當量。

對於第二次爆炸相當於 20 多噸 TNT 的說法，有大陸業內人士反覆對比天津濱海爆炸的視頻、周邊影響效果後分析說，這一演算法低估了此次爆炸的影響力。

武漢理工大學土木工程與建築學院教授程康則以國家標準演算法《爆破安全規程》中的公式進行測算，在工程實踐中，1000

噸 TNT 露天堆置爆炸，瞬時產生的衝擊波可導致 500 米範圍內玻璃全部粉碎，而從現場傳回的視頻、新聞媒體報導情況來看，甚至在爆炸中心 800 米開外的建築物上玻璃也全部粉碎。

中國工程爆破協會的一位專家也表示，在實踐中，衡量一次爆炸威力大小，一般通過衝擊波對周邊建築物、門窗的影響力測算更為直觀。他曾做的研究顯示，一噸 TNT 爆炸，方圓 200 米內門窗都嚴重損壞。對比此前業界進行的 TNT 集中爆炸試驗效果來分析，24 噸的演算法低估了天津濱海爆炸，（爆炸能量）至少在百噸級以上。

分析：楊煥寧任調查組組長 官方調查恐襲？

8 月 19 日，大陸官媒報導，國務院天津港「8・12」瑞海公司危險品倉庫特別重大火災爆炸事故調查組第一次全體會議在天津召開。據悉，調查組組長是公安部常務副部長楊煥寧。

據報，會上，楊煥寧宣布了對小組成員的分組：技術組、責任追查組、管理組、環境組、綜合組。

楊煥寧曾兼任新疆小組、西藏小組，以及大外宣小組的成員，被認為是中共培養的「反恐專家」。

2005 年 1 月，楊煥寧再次被調往黑龍江省，出任省政法委書記。楊煥寧在黑龍江期間，與現任中央辦公廳主任栗戰書有三年的工作交集。在栗戰書擔任黑龍江省委副書記，兼副省長以及代理省長期間，也是省委常委的楊煥寧擔任省政法委書記，查閱當年的媒體報導和資料，兩人有多次工作互動，經常一起在公開場合露面。

2008 年 4 月，楊煥寧成為公安部常務副部長。

據稱，雖然楊一度是周永康的下級，公安部知情人士稱，當時的楊煥寧與周永康的關係並非像外界想像那樣密切。周永康與楊煥寧在公安部只一起「共事」了不到三年時間，在周永康當部長時，楊煥寧只是排名在後的副部長。

時事評論員李林一說，所謂的「反恐專家」楊煥寧成為調查組組長，其實當局已經默認了這次爆炸存在恐怖襲擊的可能性。很可能是因為楊煥寧和栗戰書的工作交集，被委任了這次爆炸的調查組長職務。

第四節

爆炸過去 震盪遠未結束

天津大爆炸後，天津港周圍水域的
氰化物水平上升到超標 277 倍。圖為
8 月 20 日爆炸現場軍人重裝善後。
（Getty Images）

中共一度對濱海新區寄以厚望

　　資料顯示，天津濱海新區地處華北平原北部，環渤海地區
的中心地帶，天津市的最東端；東臨渤海，西距天津市區 40 公
里，地處山東半島與遼東半島交匯點、海河流域下游、渤海灣的
頂端；依託天津、北京兩大直轄市，南北與河北省的黃驊市和豐
南區相鄰。

　　對內，濱海新區是中國華北、西北、東北三大區域的結合部，
環渤海經濟圈的核心位置、京津冀和環渤海灣城市帶的交匯點；
對外，與日本和朝鮮半島隔海相望，直接面向東北亞和亞太經
濟圈。

　　自 2003 年胡、溫主政後，隨著中共環渤海戰略的提出，當
局開始重點發展天津濱海新區，除宣布將在金融政策方面給予濱

海新區特殊優惠政策外，多家跨國公司亦正式落戶濱海新區。2006 年，天津濱海新區開發開放上升為中共所謂的國家戰略，與深圳特區、上海浦東新區並列，被視作中共未來經濟發展的第三增長極。

天津經濟的高速增長，依靠的是大量投資，其累計的固定資產投資達到數萬億。十年內投資如此巨大，在大陸罕見。中共在天津布置了大批重點工業項目。2009 年，中共自稱天津總產值為7500 億，固定資產投資突破 5000 億，增長 47.1％，為近 18 年來最快增速。占 GDP 的比重，創紀錄地達到了 75％以上，居大陸城市最高之列。其後一直到 2013 年，天津固定資產投資占 GDP 的比重，才與均線持平。2014 年，略低於均線。

天津產業結構一直失衡。過去天津的發展，尤其是濱海新區，靠的是重化工業，這種企業塊頭大、產值高，短期衝擊經濟總量有效。但失衡的產業結構，對長遠發展非常不利。不斷上馬項目的同時，濱海新區的規劃卻相當混亂。

中共社科院研究生院城市發展系主任傅崇蘭批評說，天津濱海新區近十年來發展非常快，規劃上混亂，「什麼都往裡面插」，把辦公大廈、住宅區、危化品、倉儲貨運碼頭等「撐在一起」，這種規劃很容易出問題。

傅崇蘭表示，濱海新區和天津港的規劃，把工業區和住宅區規劃在一起，這種規劃是很不科學、很少見的。「這可能是考慮投資、商業利益多了，而對安全和社會環境關心少了。」

這點從一個細節就可看出。濱海新區成為近十年來，每一任新上任的市委書記必須要拜訪和撈取所謂政績的地方。同前任天津市委書記張高麗一樣，2012 年 11 月接替張高麗的孫春蘭，把

自己到任後調研的第一站選在了濱海新區。在調研中，她再次強調了濱海新區的重要性。

前文已經敘述了，張高麗從 2007 年任職天津市委書記開始，把家族利益鏈也帶到了天津，張本人也與濱海新區的利益輸送有關。

而 8 月 12 日的一把大火不僅將濱海新區的一部分變成了滿目瘡痍的廢墟，其後續將帶來的生態災難目前還無法估量。

天津大爆炸 跨國公司受損

一名在一家世界五百強跨國公司工作的高級工程師告訴《大紀元》記者，這次天津爆炸可能讓美國聯合技術公司損失很大，其旗下的天津奧的斯電梯公司，距離爆炸地點僅幾公里，爆炸使得這個天津分公司停工一周以上。

「位於美國的總公司可能還在估計後續效應，天津分公司的員工對可能產生的污染談論很多，管理層也明白這個情況。」

不止是這家公司，中共正致力於把天津打造為金融和高科技中心。天津經濟技術開發區吸引了摩托羅拉、豐田、三星、雀巢、可口可樂、普利司通、霍尼韋爾、拉法基、葛蘭素史克、諾和諾德和諾維信等外資企業。

受天津港爆炸事件影響，英國廣播公司 BBC 8 月 17 日報導說，豐田和約翰迪爾表示他們在天津港附近的工廠會停工，豐田的生產線會停工到 8 月 19 日，而約翰迪爾則是無期限地暫停。

目前初步估算，現代汽車有 3950 輛、起亞汽車有 2175 輛，合計逾 6000 輛存放在天津濱海的車輛在這次爆炸中報廢。這些

汽車每台售價都在 4000 萬韓元（約合 22 萬元人民幣）以上，損失金額約為 1600 億韓元（約合 8.6 億人民幣）。

另外，雷諾三星汽車也有約 1500 輛的低價車款遭波及，損失初估約為 218 億韓元（約合 1.18 億人民幣）。

報導稱，儘管現代汽車在中國銷售的普通型車款是在中國製造，但大型或高價車款是在韓國組裝生產後，運至天津港並準備在中國市場上出售的，而汽車的露天存放場就位於爆炸地點附近。

大眾汽車發言人拉瑞莎・布勞恩表示，靠近爆炸區域倉儲的車輛有受到損壞，20 公里之外的大眾配件工廠沒有遭受損失，但有一些雇員受輕傷。

根據世界航運公會按照集裝箱輸送量排名，天津港是世界第十大、中國第七大港口，集裝箱流通量超過鹿特丹、漢堡和洛杉磯，流通的大量產品包括鐵礦石、煤炭、鋼材、汽車和原油。據外媒 8 月 13 日的報導，爆炸阻斷了汽車、石油、鐵礦石等物品的流通。

「短期內，爆炸會對港口運營方和貨物進出口商產生一些直接影響。」彭博新聞社援引香港一位名為海倫・劉的分析師的話報導說：「但對商品價格和進口影響很小，中國東部沿海尤其是附近山東和河北的港口，很容易消化天津不能處理的運量。」

彭博新聞社報導，日本山九物流經營管理部門職員吉森弘幸說：「天津港遭封閉，造成貨物無法通關，可能會對我們的業務造成影響。」日新物流公關沖田道利則表示，鄰近爆炸現場的倉庫有部分玻璃破損，但沒有人員受傷，對業務僅有少部分影響。

天津大爆炸後，香港《明報》專訊說，雖然最終統計數據還

未出來，但從媒體報導的各種保險理賠高達 50 億元總體估值來看，該場爆炸造成的實際損失，用天文數字一詞來形容一點不為過。對於這個新興國家級經濟區，雖然不至於傷筋動骨，但也足夠創出內傷。

爆炸七天後，2015 年 8 月 19 日，濱海新區特別是發生爆炸的港口附近，大量的外來勞力紛紛返鄉，這足以造成可以作為經濟發展晴雨表的服務行業衰退。

在距離政府召開新聞發布會附近的一條宵夜街，每家商鋪並不寬敞的門口擁擠堆放的數張餐桌，表明這裡曾經十分喧鬧，現在卻異常冷清，除了幾張桌子有店員懶散地坐著增添點人氣外，幾乎無甚生意。而原本就業於附近夜場的這些大牌檔的主力消費人群，也多分散返鄉，甚至未預期返津的時間。

天津爆炸導致的生態污染有多嚴重？

這次爆炸不僅在經濟上損失重大，後續生態上的影響更加巨大。

據陸媒消息，2015 年 8 月 14 日下午三時許，河北一家化工企業的老闆到現場指認 700 噸的氰化鈉存放位置時，發現貨物蕩然無存，只有地上依稀還能見到鐵桶的碎片，以及一個巨大的坑洞。

8 月 17 日 11 時，天津港「8 · 12」爆炸第七場新聞發布會上，天津市分管安全生產的副市長何樹山稱，經過對海關、瑞海公司管理層、員工的反覆核對，爆炸現場的化學品、危化品種類和數量已基本搞清楚。其中，氰化物的數量 700 噸左右，集中在核心

區 0.1 平方公里範圍內。

8 月 21 日，第十二場新聞發布會上，天津市副市長王宏江稱，對爆炸現場散落的氰化鈉，目前已清理收集近 200 噸，已經安全運出。而其餘的 500 噸氰化鈉哪裡去了官方仍無交代。

頓時，500 噸氰化鈉成為公眾持續恐慌的源頭，被廣泛認為主要的安全隱患。

北京某危險化學品評估及事故鑑定實驗室專家說：「氰化鈉固體毒性非常大，只要碰到皮膚破傷處或者吸入或者誤食大概有幾十毫克可以致死。」

據了解，氰化鈉的致命量是 1.5 毫克／千克（體重），對一個體重 80 公斤的人來說，120 毫克的氰化鈉就可以致命。而幾十毫克完全可以傷及一個兒童的生命。

更有網民估算，以氰化氫致死劑量 50 毫克左右，並按照地球人口 70 億算，700 噸氰化鈉，足以殺死全人類兩次了。

還有陸媒記者表示，爆炸現場不明刺激氣體瀰漫，在那停留三分鐘就嘔吐不已；有倖存者表示，事發時聞到刺鼻味道，眼睛也感到刺激；周邊居民紛紛恐慌撤離。此後，「空氣有毒」的消息不斷被傳出。

8 月 18 日的官方報導公布，當地八個水質監測點氰化物超標，最大超標 28.4 倍。不過所有這些監測點都不在居民區或者超出爆炸地點三公里範圍。

8 月 19 日，在第九次新聞發布會上，天津市官方稱，8 月 18 日 0 時至 24 時，天津港爆炸區域周邊設立了 40 個水質監測點位，累計共有 25 個點位檢出氰化物，其中 8 個點位超標，最高超標 277 倍。

　　8月20日下午，天津當局就爆炸問題召開了第十一次發布會。中共環保部應急中心主任田為勇介紹，警戒區以內的26個點位當中有19個點位檢出氰化物，其中8個點位超標，最大值超過國家標準356倍。

　　有報導稱，爆炸遺下的巨形大坑，初步測量直徑約60米，深度達6至7米，坑內有平均超標40多倍，最高超標800多倍的氰化鈉。

　　在現場的下水道裡檢出氰化鈉後，中華網的報導認為，氰化鈉已經洩露。

　　氰化鈉的危害到底有多大、蔓延有多廣，因中共官方的不透明及掩蓋真相，目前難以估量。

　　澳洲昆士蘭大學高級研究員、化學專家謝衛國表示，從目前得到信息看，劇毒氰化鈉是這次爆炸中最危險的化工品，氰化鈉會溶於水，爆炸後會跟各種化工品混合，很容易發生化學反應。現在最怕的就是下雨，氰化鈉跟酸性的水會發生化學反應，生成有毒易燃的氣體——氰化氫，而且雨水會將劇毒帶入地下水和渤海，後果非常嚴重。

　　8月18日，真的下雨了。

　　據財新網報導，天津爆炸事件後遭遇首場雨，記者在濱海新區黃海路第一大街路段觀察到路面出現大量異常的白色泡沫，且該記者隨即出現症狀：面部嘴唇處有灼燒感，胳膊處感覺「辣辣的」，左手關節處熱癢。此前去過爆炸現場的多名記者證實都出現過這種現象。

　　針對有關「新區下雨，路上現白色泡沫」的報導，天津市官方自稱，白色泡沫為「正常現象，平時下雨也會出現」。

巧合的是，下雨後僅僅兩天，離天津五、六公里遠的海河湖面上出現大面積的死魚，並散發強烈腐臭味。據附近多位居民稱，之前該位置從未出現如此大規模的死魚。大陸媒體記者前往事發現場，發現一段長約 200 米的堤壩旁漂浮著大量死魚，大批民眾在場圍觀。死魚現象引發當地居民對化學毒物擴散造成污染的恐慌。

對此，天津市官方機構堅稱：「死魚和這次的爆炸事件無關。未檢出氰化物。」「往年也有這種情況，死因是缺氧。」

但畢業於復旦大學化學系、多年從事危化品貿易的周先生 8 月 21 日在接受美國之音採訪時卻說：「只有氰化氫才有這樣的速度，讓這麼多的魚這麼快的就死亡。河裡的水，我相信是從地面滲漏過去的。」他說，氰化鈉遇水可以產生氰化氫氣體或氰化氫溶液，這些溶液可能會滲入土壤和河流。

除了死魚外，還有天津民眾在微博圖文並茂發帖說，大雨過後，距離爆炸地點 9.4 公里外的中新生態城，大量植物疑遭「毒雨」淋過後出現凋謝，網民寫道：「一切監測數據正常？」大批網民質疑官方有所隱瞞，促政府進一步交代情況。

同日，環保組織「綠色和平」快速反應小組成員進入爆炸現場三公里內的核心區，對多處住宅大廈周邊水域進行檢測，並對發現大量死魚的河畔進行氰化物檢測。

據綠色和平的快速檢測顯示，天濱公寓周邊、港濱公寓附近北段入海明渠，以及海河的入海口，均驗出受微量氰化物污染，分別約為每公升 0.01 至 0.02 微克。有關樣本已送往協力廠商實驗室進行詳細化驗，估計很快會有結果。

此外，還有令大陸民眾擔憂的是，長蘆鹽場就位於天津濱

海新區，是大陸海鹽產量最大的鹽場，占中國海鹽總產量的四分之一。

有大陸網民表示，為安全起見，建議暫時不要買天津產地的食用鹽；盡量購買生產日期早於 8 月 12 日的食用鹽。不過，對於中國大陸生產廠家的不規範，有民眾擔心，如果天津鹽場不停工，生產出來的鹽被換產地標籤流出來，誰也分辨不出來了。

專家「神經性毒氣」說法自相矛盾

2015 年 8 月 18 日，一則神經性毒氣的報導吸引了所有人的眼球。

央視記者報導稱，他跟隨偵檢隊員，來到了距離爆炸核心區 500 米的集結地。由於前方已經沒有道路，所有人員必須在這裡下車。而就在此時，車載監測系統和手持監測儀同時發出了警報聲，提示空氣中的有害氣體已經超過了儀器能夠測量的最高值。

偵檢隊伍繼續徒步向爆炸核心區方向前進。沿途記者看到，在爆炸核心區的外圍，為了防止降雨後污水外溢，已經壘起了一道一米多高的防護堤。前進過程中，偵檢隊員手持的報警器依然在提示有害氣體爆表。

北京公安消防總隊副參謀長李興華介紹：「今天上午這趟去採集的結果，偵測的結果跟昨天幾乎一樣，還是氰化鈉和神經性毒氣這兩種有毒的氣體。這兩項指標都達到最高值。」

北京化工大學國家新危險化學品評估及事故鑑定實驗室博士門寶認為爆炸區域的多種危化品都可能產生這類物質，「這些物質遇水或者遇鹼能產生氣體然後產生神經性毒氣，比如氰化鈉

還有一些硫化鹼，另外一些物質在高溫爆炸過程中會發生化學反應，產生有毒性氣體，比如二甲基二硫。」

隨後，中共官方稱，神經性毒氣的說法是「嚴重誤判」。

軍事醫學科學院研究員王永安發表看法，神經性毒氣的標準說法應該是神經性毒劑，是毒性極強的化學物質，其毒性比氰化物高幾十倍，合成極為複雜，而從爆炸現場探明化學原料，結合神經性毒劑的核心原料和生產條件來看，事故現場根本沒有產生神經性毒劑的可能。

總參謀部防化指揮學院專家王寧也持同樣觀點：「我們看到這則報導時都很吃驚。」軍方中毒救治中心主任醫師王漢斌說：「此次重大誤判，源自於對儀器檢測的結果沒有進行常識性分析解讀。」

8 月 20 日，署名航億葦的博文《「神經性毒氣」和專家「神經性掐架」》分析說，「神經性毒氣」說法經由央視《焦點訪談》講出來，就讓此事的是非有了奇怪的味道。

航億葦在博文中提出質疑，他認為專家所說的都是在推斷。他表示，氰化鈉和神經性毒氣這些東西，讓人看到這種詞就心裡恐懼。其實即便有這種東西，也要看濃度和污染情況。就毒氣而言，在空氣中濃度不高，又隨風飄散，不在高濃度風口上，也不至於毒死誰。專家要將此類問題說清楚，就是要跑去現場，用最準確的檢測儀器把問題搞清楚。認定有無不是依據科學檢測數據，而是在書齋做判斷，似乎也不是專家應有的素質。可能與不可能，就是真正的專家，在歷史上也曾多次作錯誤判斷。

航億葦還在文中調侃說，值得一提的是一些人雖然職務、職稱、頭銜比較有分量，在學術、學識上未必有真水準。在這地球

上，尤其在某些國家，濫竽充數的所謂專家太多了，所以才有了一個對應的詞叫做「磚家」。

或許真相就在網路流傳的、已被中共刪除的諷刺段子中。

北京大學法學院教授轉發的《不得不轉的天津幽默》帖文稱：農民焚燒秸稈他們不讓，說監測到環境重度污染；過年燃放鞭炮他們不讓，說監測到環境重度污染；就連馬路邊燒烤他們都不讓，說污染環境；這回，來了一個百年不遇的化學有害物大爆炸，到處監測都正常了⋯⋯

還有網民發帖《令人扼腕的天津》總結說：一、分管安全的副市長第六次發布會才露面；二、直到「頭七」才找到事故處置總指揮；三、第六次新聞發布會開場一句「見到大家很高興」；四、「我不清楚、我不知道、我不掌握」成為發布會關鍵詞；五、新聞發布會提問環節中斷直播；六、事故 11 小時後天津衛視還在播電視劇；七、至今無人鞠躬道歉。

天津大爆炸 震盪遠未結束

天津港「8．12」爆炸事件發生後，日本的研究團隊通過分析衛星圖像，發現天津港爆炸後持續釋放污染物，這些有害物質不但通過風力蔓延到朝鮮半島並向日本方向漂移，而且衛星圖像顯示已經擴散到北京、河北、山東等地。

2015 年 8 月 12 日的衛星圖像中，幾乎無法確認天津市附近空氣中的污染物質，13 日則可以看到污染物質從天津附近的港灣往渤海灣方向噴發的樣子。之後，污染物質一直擴散到靠近朝鮮半島的位置，因受低氣壓影響前進受阻，由渤海灣向日本海方向

移動。16 日污染再次加重，可以看出煙霧正在持續釋放。

對於日方的分析結果，中共官媒《環球時報》卻以《日方觀測天津爆炸空氣污染物 稱不會影響日本》為題，做出截然不同的報導。另外，官媒只提到了天津爆炸產生的含有害物質的空氣污染物向東移動，而沒有提及污染物已經向天津周邊地區擴散。

根據上述提到的衛星圖像顯示，天津爆炸產生的空氣污染物於事發後的第二天就已擴散到北京、河北、山東等地區。但事發後天津當局和官媒一直在強調「近日盛行偏西風和西北風，對北京沒有影響」。官方此舉遭到網民調侃：天津意在告訴北京，「請領導放心」。

此時，距離中共官方預計 2015 年 9 月 3 日在北京天安門廣場舉行的大閱兵活動還剩兩周時間。

《日本經濟新聞》稱，天津港以北京為中心，是包括北京與天津兩個直轄市與河北省在內、總人口超過一億人的核心。2014 年的貨物輸送量僅次於浙江寧波、上海與新加坡，排名世界第四位。發生爆炸的天津濱海新區，4 月才剛成立「自由貿易試驗區」，預備推進港口設施和工業園區建設，此次爆炸對其打擊甚大。

天津濱海新區是「中國北方國際航運中心和國際物流中心」，天津港更是北方最大的港口。作為天津自貿區的重要組成，天津港區位與物流優勢的暫時性喪失，將對天津自貿區打造外向型經濟的戰略產生不小的影響。

有報導說，十八大後習近平主政，低迷的經濟一直被認為是一大問題。為提振經濟發展，習近平、李克強在過去兩年中提出三條規劃：京津冀一體化、一帶一路、長江經濟帶。

而本次發生大爆炸的濱海新區，不但是「一帶一路」新亞歐

大陸橋的東方橋頭堡、天津自貿區落腳地，更是京津冀一體化的重要環節。

後續影響如何，還要繼續觀察。但陸媒可能已經給出了答案。

8 月 26 日中原地產首席分析師張大偉告訴中新網房產頻道，目前該片區域最主要的，不是房價受不受影響，而是有沒有需求的問題，降價不會解決問題。

他還說，未來市場恢復的關鍵是環境問題，「如果環境問題得到有效解決的話，兩年之後市場或許能恢復。」

天津爆炸後 中共政治動盪加劇

2015 年 8 月 24 日、25 日，陸股接連暴跌。8 月 25 日夜，官媒報導，中信證券八人「涉嫌違法從事證券交易活動」，被公安機關要求協助調查。

八人中最受關注的是中信證券總經理程博明與中信證券董事總經理徐剛。當局指他們涉嫌違法從事證券交易活動，而該公司的副董事長正是中共政治局常委劉雲山的兒子劉樂飛（圖），程博明與徐剛就是他的直接手下。

徐剛 1998 年加入中信證券，2014 年薪酬為 502.42 萬元人民幣，擁有中信證券股份 87 萬股。

外界均認為，習近平當局此舉針對的就是劉雲山家族。

8 月 21 日，網路曝光北京中共中央黨校南門江澤民題詞的巨石被整塊移除。8 月 22 日新浪罕見報導了中共黨校校名題詞巨石被連根拔除的圖片新聞，證實了前一天網路上的傳聞。雖然中央黨校 8 月 24 日特別刊文，從側面披露那只是校園規劃調整，該

石被挪到了中央黨校大門內，但是外界已經開始相信這是習近平「去江化」的動作之一。

而這時，離開習近平的閱兵只有一周多一點的時間。

隨後人們看到，江澤民、曾慶紅等人都登上了天安門，與習近平一起閱兵，習怕江派再搞爆炸，不得不讓步，以求暫時的平安。

2016 年 11 月 7 日至 9 日，天津市第二中級人民法院和濱海新區法院等九家基層法院對天津「8‧12」爆炸案開庭審理，並作出一審判決：49 名責任人獲刑，瑞海公司董事長于學偉被判處死緩。法院認定瑞海公司是造成事故發生的主體責任單位。

瑞海公司董事長于學偉構成非法儲存危險物質罪、非法經營罪、危險物品肇事罪、行賄罪，數罪併罰，法院依法判處死刑，緩期二年執行，並處罰金人民幣 70 萬元。法院還對瑞海公司副董事長董社軒、總經理只峰等五人分別判處無期徒刑到 15 年有期徒刑不等的刑罰。

中國政變大陰謀

第五章

徐郭被江提拔 貪腐治軍

習近平當局對中共軍中的強力反腐，終使得軍隊內部的腐敗亂象向外界露出冰山一角。上世紀 80 年代，江澤民為了收買軍心，放任軍隊腐敗。江為鞏固權力，提拔大批將軍，利用郭伯雄、徐才厚架空胡錦濤，軍中貪腐也達致駭人聽聞的地步。

江澤民掌軍權前後二十多年，利用其提把拔的軍中心腹徐才厚、郭伯雄以貪腐治軍，中共軍隊徹底腐敗。（大紀元合成圖）

第一節

胡錦濤禁軍隊經商
兩軍委副主席拒出席

胡錦濤出面禁軍隊經商，江密謀架空
胡錦濤已久。（大紀元合成圖）

江放縱軍隊經商軍人大嚐甜頭

中共軍隊經商，始於上世紀 80 年代中期，當初鄧小平的目
的是為了補貼軍用，試圖「以軍養軍」。

江澤民 1989 年上台後，沒有政治資本，在軍中也毫無威望，
為了在軍中建立自己的勢力，江開始大搞貪腐治軍。江向軍人大
肆許願，放縱軍隊經商，縱容腐敗，以收買人心。江想讓這些人
在中飽私囊、貪得無厭時依賴自己，對自己感恩戴德。由此軍隊
貪腐一發不可收，達到前所未有之嚴重境地。

舉例來說，當時東南沿海軍隊走私比海盜還猖狂，北方軍隊
走私比響馬還厲害。有報導說，1998 年 7 月 26 日，北海艦隊 4

艘炮艦、2 艘獵潛艇、一艘 4000 噸運輸艦，對 4 艘來自北歐的裝滿 7 萬噸成品油的走私油輪，進行保駕護航。

後來海軍艦隻遭公安部和全國海關總署調來的十二艘緝私炮艇攔截。緝私艇向海軍喊話，要求海軍配合其執行公務，也就是搜查。雙方對峙約 15 分鐘。在這 15 分鐘裡，為走私油輪護航的海軍緊急向岸上領導請示，上司不敢作主，又向北京軍隊高層請示。高層下令：「給我打，打他個稀巴爛！」

於是，海軍一艘炮艦迅速對準海關和公安的指揮艇，發射了數發炮彈。幾乎同時，海軍的運輸艦和其他三艘炮艦，開足馬力，撞向緝私艇。整個戰鬥，歷時 59 分鐘。

這就是當年的「黃海炮戰」。此事件造成 87 人傷亡。但事過之後卻不了了之，沒有人受到任何處罰。

1998 年 9 月全國走私工作會議上，朱鎔基講：「近年每年走私 8000 億，軍方是大戶，至少 5000 億，以逃稅為貨款的三分之一計，便是 1600 億，全未補貼軍用，8 成以上進了軍中各級將領私人腰包。」

同年 11 月北京西山召開的軍委、軍紀委生活會上，遲浩田表示：「1994 年以來，軍隊所辦經濟實體的資本及收入 80％以上被高、中級幹部挪走私分，每年軍費中有 50％以上是花在高、中級幹部吃喝、出國旅遊、修建豪華住宅、購買豪華轎車上。」

1998 年中共軍費加超支共 1311 億。

分析：江被迫同意軍隊禁止經商有其私心

朱鎔基看到軍隊經商嚴重打亂正常的經濟秩序，便在 1996

年提出軍隊應當禁止經商。到 1998 年，此問題越發嚴重，朱鎔基再次向江提出禁止軍隊經商的強烈要求。在各方壓力下，江不得不下令禁止軍隊經商。

出於權力鬥爭的需要，江澤民還是使出了慣用的招法，讓當時政治局常委排名第五的胡錦濤出面來處理這件棘手的事情，自己躲在幕後。當時胡既非軍委副主席，亦非軍委委員，只是負責黨務，這次只好到軍隊硬著頭皮「虎口拔牙」。後來的多方報導都認為，這是江澤民耍手腕「構陷」，讓胡錦濤當「替罪羊」。

時事評論員石久天認為，江澤民從原來的縱容軍隊經商，到後來的禁止經商，看起來好像是相反的動作，但是，江背後的動機卻是一脈相承的。

江澤民當初縱容軍隊經商，是因為他在軍隊中培植親信、濫授軍銜需要一個腐敗的環境。軍隊腐敗一團糟現象對江在軍隊搞幫派是最有利的。但江澤民害怕軍隊經商會給軍人帶來更大獨立性，不利於其控制，因此又希望能斷了軍隊的財路，這樣軍隊在經濟上不得不依靠江來撥款，聽令於江。

石久天說，江其中的另一個目的是「政治構陷」胡錦濤。江澤民的做法，實際是使在前台出頭的胡錦濤得罪了軍隊，也是其後軍隊對胡不買帳的原因之一。

江給胡錦濤出難題

《胡錦濤傳》一書中說，主管軍隊停止經商、與企業脫鉤的任務交給胡錦濤，江澤民的理由是：中央政治局常委中除了自己是軍委主席，再無軍方代表，而其他常委，都有各人分管的一攤

事，這項任務交給胡錦濤，相對之下最為說得過去——他不是馬上要當上軍委副主席了嘛。

書中說，江給胡錦濤安排的第一個插手軍隊事務的任務，竟然是「虎口奪食」，是把軍隊十多年發展起來的商業利益拿走。這到底是給胡錦濤提供涉足軍隊的機遇，還是故意給胡錦濤出一道兩難習題呢？胡錦濤如果無法順利解決禁止軍隊經商、與企業脫鉤的問題，就表明其才幹不足，難以擔當大任；而如果禁止了軍隊經商，又勢必極大地得罪軍方，對其未來執掌兵符帶來極多隱患。

據悉，1994 年，江澤民就曾經命令軍以下單位嚴禁經商，但說了跟沒說一樣；1997 年，中央又規定「有作戰任務的戰鬥部隊」不得經商，但下面仍然陽奉陰違。

軍隊貪腐被揭開了蓋子

軍隊停止經商，與企業脫鉤，衝擊了無數軍人的切身利益，一時間，中共軍隊掀起變賣、轉移、私分軍隊財產的狂潮。當時中央社的消息舉例說：廣州軍區後勤部在中央下令禁止軍隊經商之後的五天內，動用軍區經濟實體的 3 億 5000 餘萬資金，在廣州、深圳和珠海搶購了 170 多棟高級住宅和別墅，還訂購了 70 多輛旅遊車和轎車。

自中共禁止軍隊、武警、公安經辦經濟實體後，有關經濟利益的爭奪，軍隊與武警為分錢、分贓，爆發武鬥，動槍動炮甚至裝甲車的惡性事件，時有發生。國務院、中央軍委不得不於 1999 年 2 月 2 日發出《關於堅決制止爭奪經濟體資金、財產的流血事

件發生的緊急通知》。

軍隊經濟實體移交過程中還不斷發生殺人滅口、攜鉅款潛逃等惡性事件。中央軍委、軍紀委在 1998 年秋天的一次會議上披露，從夏天中央下令以來幾個月中已經發生了 130 起，湖北省軍區參謀長、遼寧省軍區後勤部辦公室主任、濟南警備區後勤部代部長等已攜鉅款逃到海外。

據政論人士伊銘援引某位軍內學者透露的情況稱：前空軍司令員王海到河南軍區檢查工作，每晚都要回昆明睡覺，因為在河南睡得不習慣；濟南軍區空軍某參謀長竟然帶了一批親信早出晚歸飛到深圳炒股。

兩軍委副主席拒絕出席總結會 江已準備架空胡錦濤

2000 年 5 月 25 日，中共中央、國務院、中央軍委在京召開「軍隊武警部隊政法機關不再從事經商活動工作總結電視電話會議」。胡錦濤在這個會議上做了總結。奇怪的是，如此重大的一項舉措，出席總結會的，除了時任國務院副總理溫家寶，政法委書記羅干，而兩個軍委副主席張萬年、遲浩田一個都沒有露面。

此前有報導說，1999 年 7 月，江澤民發動對法輪功的迫害之後，因為胡錦濤當時投了反對票，使得江澤民大為惱火。

1999 年，江澤民提拔了徐才厚和郭伯雄成為上將。有評論說，至此，江未來在軍內架空胡的野心「昭然若揭」。

2002 年，在江卸任總書記的同年，郭伯雄被任命為軍委副主席。2004 年，江澤民最後卸任軍委主席的同年，徐才厚被任命為軍委副主席。

第二節

徐才厚死前頭部腫大嚇人
活摘器官遭厄運

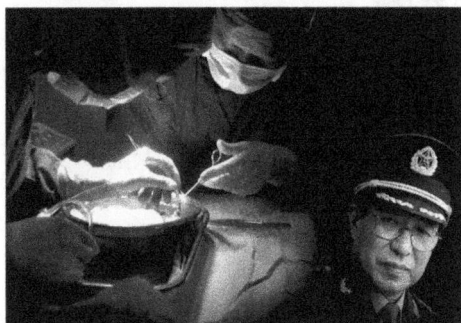

在中共軍內,最貪腐的部門是徐才厚主管的總後勤部。江澤民迫害法輪功政策與放縱軍隊貪腐揉合在一起,致使軍內大規模活摘器官牟利的勾當產生。(大紀元合成圖)

　　在中共軍內,拋開個人不說,最貪腐的部門是總後勤部。總後一度因為掌控軍費、基建等大權,成為腐敗集中地。也因為江澤民當年在「禁止軍隊經商」中留下了一個口子,使得越來越向錢看的中共軍隊,開始以活摘器官牟利。對此,主管軍隊後勤的前軍委副主席徐才厚和前軍委主席江澤民負有主要責任。

　　據悉,徐才厚死亡前,頭部腫大嚇人,妻子也不去看他。海外評論則認為,徐最後因膀胱癌死亡,也說明善惡有報的道理。

禁止軍隊經商 江澤民留下一個口子

　　1998 年軍隊不許再經商後,一些軍隊企業無償交給地方,但

當時的「改革」並不徹底，仍留下了「有償服務」的部分，實際上成了一種「換湯不換藥」的做法。江當時對此並無異議。

這個「有償服務」的口子，到了後來為軍隊參與活體摘取人體器官牟利埋下禍根。

軍隊醫院是最典型的對外有償服務

2015 年 4 月 17 日，陸媒《京華時報》引述中國軍網消息稱，經習近平批准，2015 年將開展全軍對外有償服務清理整頓，集中解決存在的違紀違法問題。

報導指，一位不具名軍內經濟專家在提到軍隊對外有償服務時說，軍隊對外有償服務，主要行業大概有十幾項，最典型的是軍隊醫院，90％為地方人員看病，其他還有軍隊院校、軍隊科研機構、軍隊倉庫等等。

該專家還承認，現在軍隊有償對外服務也逐漸存在一些超範圍經營的情況，主要問題是一些違法亂紀行為。

同年 11 月 24 日至 26 日，習近平當局的軍隊改革會議在北京舉行。在官方通稿中，習近平提到軍改要點，其中也提到「下決心全面停止軍隊有償服務」。

大陸「兵部來信」微信公號在隨後刊登了署名趙謙的文章《「下決心全面停止軍隊有償服務」軍隊醫院去哪兒？》文章介紹，中共軍隊從延安開始，一直到 1949 年建政後仍有許多經濟性軍種。「改革開放」後，許多部隊辦企業。直到 1998 年開始，軍隊被禁止進行企業化生產經營。但這次「改革」不徹底。

「一些企業無償交給地方，但也留下了一部分，改名為有償

服務。其中最典型的就是軍隊醫院。幾乎每個軍種、軍區、武警總隊以及其他大一點的部隊單位，都擁有自己的醫院。」

1998 年，在大約兩萬家軍隊所屬企業中，在當年底只有不到5000 家完成或即將完成向地方交接。

羅宇：江留下尾巴 不想斷軍隊貪官財路

2015 年 12 月 12 日，中共開國將軍羅瑞卿之子羅宇在美國接受《大紀元》等記者聯合採訪時談到了一些相關內容。

當時記者問到，江澤民 1998 年提出「軍隊不許經商」，可是到了 2015 年的 11 月份，習近平又提出「軍隊禁止有償服務」，江澤民當年為什麼要留一個「有償服務」的尾巴？

對此羅宇表示，江當時留了尾巴，主要就是不想把軍隊貪官的財路斷了，他的財路就是有償服務。

羅宇說：「這個活摘器官、器官移植，都是有償服務的。軍隊哪有那麼多人去移植器官，不都是給地方來提供服務嗎？所以它就有財路。」

據「追查迫害法輪功國際組織」調查，1999 年中共迫害法輪功之後，各軍兵種總醫院、武警總醫院、各軍醫大學附屬醫院、七大軍區 12 家總醫院和諸多序號醫院都開展器官移植。

總後勤部前副部長谷俊山的貪腐

2013 年 1 月 12 日深夜，總後勤部前副部長谷俊山的老家被查抄。20 多名身著便衣的武警，排成長長的兩排，相對而立。一

箱箱軍用專供茅台，通過這條人手流水線，被傳送到門前兩輛綠色軍用大卡車上。查抄從下午 1 點開始，連續兩個晚上。各種財物裝了整整四卡車。抄家的武警白天清查登記，夜裡裝車，「怕老百姓看見影響不好」。

以上是財新網 2014 年 1 月長篇報導中披露的抄家細節。

《鳳凰周刊》2014 年 4 月披露，「谷俊山老家抄出的 1800 多箱茅台原份酒，有 100 年陳，有 50 年，有 15 年的，還有 11 張東北虎虎皮，幾十根非洲象牙，這些東西都是谷俊山不要的東西，在北京會所住宅放不下，才派人放在老家藏匿。」一接近專案組的人士說，「從別墅牆基等處挖出大量贓物，僅黃金就足有 400 公斤。」

有港媒 2014 年 5 月稱，谷俊山交代，在存有挪用、侵吞公款的帳號中，開出 100 萬元至 2000 萬元現金支票 110 多份。其中，2009 年 11 月給徐才厚女兒結婚禮券 2000 萬元、徐才厚生日開了 200 萬元現金支票，直接打入徐的帳號，另為徐的情婦在杭州買了一幢近 800 萬元的別墅等。

谷俊山在 2009 年至 2011 年轉讓軍隊土地中獲利後，將其中 16 億元、222 套住宅分送給各軍兵種、各大軍區上層。

2010 年 10 月初，谷俊山還挪用侵吞公款 2000 萬元人民幣外匯，從香港市場買入 1 盎司重楓葉金幣、白金幣各 200 塊，從瑞士訂購勞力士手錶 200 塊，用作「歡送退休將軍的紀念品」。

當局對谷俊山的調查中，也發現谷從 2001 年總後勤部基建營房部副部長開始就一路貪腐。而那個時間點前後，正是總後勤部屬下的部分軍醫院活摘大量法輪功學員器官牟取暴利的時候。

中共軍隊有償服務涉活摘器官 與江迫害法輪功政策捆綁

江澤民迫害法輪功政策，與放縱軍隊貪腐的行為揉合在一起，軍內大規模活摘器官牟利的勾當也因此而產生。對此，江心知肚明卻默許。

據明慧網綜合報導，從 1999 年到 2006 年 5 月份，中共中央軍委開過 6 次「處理涉外宗教問題」專門性會議，主要就是針對法輪功。在江澤民集團實施的犯罪中，軍隊、武警醫院和器官移植中心為活體摘取法輪功學員器官的主要場所。

此後，以中共軍隊後勤部為首的軍隊系統層層開動，開始按照迫害元凶江澤民的意願活摘法輪功學員器官，而販賣器官成了軍隊生財之路。

據明慧網報導，總後勤部通過各級管道將供體調配到軍方醫院和部分地方醫院，其運營模式是向醫院提供供體時直接收取現金（外匯），醫院付帳給總後勤部後自負盈虧。軍隊醫院移植是大頭，賣給地方的器官只是額外牟利，目的是把地方醫院作為向海外攬客的櫥窗和廣告，否則只有中共軍方做移植手術對世界將難以掩蓋。

由於移植器官的利潤不入軍隊預算，而負責活摘器官的層層系統卻由軍費維持，活摘販賣法輪功學員器官成了一條無本萬利的生財之路，軍方高層則通過總後勤部牟利。

報導稱，中共盜取法輪功學員器官從 1999 年開始的零星個案發展到 2001 年底的系統性大規模活摘器官，2003 至 2006 年更進入高峰期。

據中國醫科大學第一附屬醫院國際移植網絡支援中心的價目

表，當時在中國做一個腎移植需要 6 萬多美元，肝移植 10 萬美元，肺和心臟要價在 15 萬美元以上；被總後衛生部命名為「全軍器官移植中心」的 309 醫院器官移植中心的醫療毛收入，由 2006 年的 3000 萬元增漲至 2010 年的 2 億 3000 萬元，五年增長近八倍。

2014 年 9 月，在「追查迫害法輪功國際組織」的一個調查錄音中，前總後衛生部長白書忠承認：江澤民直接下令用法輪功學員的器官做移植，並且還不止軍隊一方從事這種殺人的罪行。

徐才厚彌留時刻的細節

徐才厚主管政工，並統管總後勤部和總政治部。徐從 2004 年主掌中共軍隊政工工作期間，各地軍隊醫院發生大量活體器官移植的行為。

徐才厚 2014 年 3 月 15 日被調查後，其妻子趙黎和女兒徐思寧也都被抓。

《明報月刊》2015 年的文章說，當時徐才厚的病轉移到全身，臉部嚴重變形，頭也腫大得嚇人。徐思寧說：「膀胱癌怎麼會轉移到臉上呢？」301 醫院的醫生不耐煩地說：「反正是轉移了。給你講專業術語，你也聽不懂！」

2015 年 3 月 15 日，徐才厚病死。

之前，當局辦案人員安排趙黎去探望徐，被趙黎一口拒絕。

時事評論員石久天說，王立軍、薄谷開來、徐才厚都是涉及活摘器官的罪人。其中，王立軍半身不遂，薄谷開來得怪病，徐才厚因膀胱癌死亡，顯示的就是善惡有報的天理。

第三節

江澤民組建貪腐「私家軍」內幕曝光

江澤民在 1989 年掌權後，搞了兩次裁軍。江的這些動作都造成了很大的問題。（Getty Images）

江澤民 1989 年掌權後，搞了兩次裁軍。同時，在江任內，軍方總裝備部成立。但是很少有人知道的是，江在這些動作的背後，都存有私心，回頭來看，江的這些動作造成了很大的問題。

江澤民藉裁軍組建貪腐「私家軍」

江澤民在軍隊經營多年後，於 1997 年和 2003 年進行了兩次所謂的「裁軍」。其中，1997 年的裁軍歷時三年至 2000 年，裁減員額 50 萬。2003 年的裁軍歷時兩年至 2005 年，裁減員額 20 萬。

江在這兩次裁軍中，把很多裁減的正規軍轉身變成了武警，所以實際上減員規模並不像公布的那麼大。同時，江的「武裝警

察部隊」數量一度達到 150 萬，使中共的武警、公安多達 500 萬
人以上。武警也因為受國務院和中央軍委的雙重領導，逐漸在
2002 年後成為政法系統周永康控制的武裝力量，被稱為「江澤民
的私家軍」。

有報導說，在處理部分群體事件時，周永康多次騙取中央軍
委手諭，出動大批武警，故意擴大事端。同時周還因此騙取大量
維穩經費，收買武警部隊軍頭。

後來在習當局對軍隊的反腐中，武警部隊成為重災區，多名
武警軍頭落馬。已公布的就包括：武警交通指揮部前副司令員瞿
木田、武警交通指揮部前司令員劉占琪、武警交通指揮部前政委
王信、武警交通指揮部前總工程師繆貴榮。

同時，武警部隊司令和政委雙雙被換掉。習近平當局也回收
了武警指揮權，國務院不再有指揮權，如今武警只接受軍委領導。

保留軍區制 江只為私利

以戰區取代大軍區的做法，中共曾經在 1995 至 1996 年台海
危機期間試行過。《前哨》的報導說，當時由南京軍區和廣州軍
區為主，組織成立了東南戰區，由一名副總參謀長協調、指揮。
東南戰區在東南沿海地區舉行了三軍聯合作戰演習，南京軍區和
廣州軍區的陸海空三軍以及第二炮兵參加，並在台灣海峽附近海
域進行了四次軍事演習。

台海危機和四次聯合軍事演習之後，總參謀部撰寫了報告，
總結經驗教訓，其基本結論為以戰區取代大軍區可行，而且作戰
效率更高。並建議由七大軍區改為東北、西北、東南、西南四大

戰區。

　　然而，時任中央軍委主席的江澤民擔心，如果七大軍區重組為東北、西北、東南、西南四大戰區，將要裁撤大批將官職位；而他要以提升將軍來收買、拉攏軍頭，鞏固他的軍權及地位。所以他不作此圖，把這個報告及以戰區取代大軍區的建議擱置一旁。

江澤民建總裝備部的背後

　　除了架空胡錦濤權力外，江澤民還對軍隊體制有所改動。1998 年 4 月 3 日，軍方總裝備部成立。

　　港媒的報導說，江把二級裝備部從總後勤部分離出來，成立總裝備部，這是為了便於江澤民家族、權貴階層、利益集團和軍頭大肆貪污。首任總裝備部部長是曹剛川，也是江的親信，軍內河南幫成員。

　　總裝備部成立後，軍內怪像更多。有報導說，在利益的爭奪上，總後和總裝在對外軍火出口上互相拚命惡意壓價，有時是前腳談妥一個價格，後腳就有其他部門報上更低價格，連外國買家都覺得莫名其妙。

貪腐蔓延軍工企業

　　貪腐不但在軍內盛行，相關的軍工企業也出了問題。

　　生產陸軍火炮的安徽長城軍工集團 2014 年查出貪官。董事長黃小虎涉嫌貪污、受賄、行賄、職務侵占合計 3100 多萬元，

該集團生產和銷售迫擊炮彈系列、光電對抗彈藥系列、單兵火箭系列、引信系列、火工系列等，是中共軍方火炮的最主要供應商。港媒評論指，連董事長都貪污，那些提供給解放軍的火炮會否是啞炮呢？

上海市紀委早前對滬東中華造船公司董事長顧逖泉立案調查。中華造船廠是中國船舶工業集團公司旗下的核心企業，也是中共最大的造船基地。作為中國海軍重要的裝備生產基地，滬東中華被中共吹捧為「護衛艦和登陸艦的搖籃」。近幾年生產了大量的海軍新型艦艇。港媒質疑，現在董事長被查，如何讓人相信滬東造船廠生產的軍艦沒有質量問題？

有海外報導稱，東海艦隊曾經有一艘新軍艦出海參加演習，沒到台海中線，艦艇動力即出問題，無法續航，沒辦法只好把軍艦的油賣給船民，對上報告謊稱「已經到了台海中線」，出現故障請求救援。

據中共軍報披露，2014 年底，海軍三大艦隊在西太平洋進行最大規模軍事演習訓練。一艘 052C 型導彈驅逐艦「鄭州艦」在訓練中遇大浪，一個艙門被猛烈的海浪沖開，船內入水。兩名士兵用身體堵門，結果一名士兵被當場打暈，身受重傷。

報導指，即使多人同時撐住艙門，在巨大的浪壓作用下，艙門仍不斷撼動，最後人員須緊急將艙門焊死。

052C 型導彈驅逐艦是中共海軍裝備的首型擁有有源相控陣雷達及垂直發射系統的第三代導彈驅逐艦，是海軍現役號稱最先進的艦艇之一，被軍方吹捧為「中華神盾」。如此一艘主力「神盾」戰艦艙門可被海浪沖壞，其質量和戰力可想而知。

軍方腐敗因江澤民干政更盛

由於江澤民的牽制，胡錦濤在軍內權力受限，使得軍方臃腫、貪腐嚴重。

有港媒 2015 年 8 月披露，至 2015 年 3 月底，隸屬軍事國防系統人員編制 238 萬至 245 萬，其中文職軍官編制人員為 29.5 萬至 31.6 萬，薪酬福利每年占國防軍事開支的 25～28％，而三軍訓練、演習開支僅占 10～12％。

《前哨》在 2014 年報導，胡錦濤任軍委主席時期，軍費開支逐年遞增。2012 年比 2011 年增加 11.2％，達至 6702 億元人民幣，其中逾一半的 3400 億元落入了貪將們的私囊。據稱瓜分國防經費的，是五十多名中將及上將等高級將領。

文章還指，日本及美國的情報分析部門，早就根據數理邏輯方法，以中共公布的軍人工資、津貼、購武價格、軍中貪案等公開資料，推算出每年的總體軍內貪污金額，大體都在國防經費的一半左右。

2014 年 4 月 7 日，署名為「總政機關幾位知情幹部」的《致習近平和全軍的第二封公開信》在海外公開。信中曝光中共軍費是如何被分發出去的：「47 軍政委范長祕來北京請谷俊山吃飯，谷說你喝一杯給你撥一百萬。（因為谷是管給下面各軍區撥款的）。范一鼓勁連喝 38 杯，谷果然一次性給 47 軍下撥四、五千萬。有了錢的范長祕一次給郭伯雄的兒子送去一千萬。不久，范長祕果然被提為蘭州軍區政治部主任。」

胡錦濤任內傳裁軍 終落空

在胡的任內，一度也傳出了要軍改、甚至裁軍的消息。

從 2009 年中共建政 60 周年閱兵前後，就傳出中共軍隊要大裁軍的消息。互聯網以及手機短信上猜測議論的內容包括，中共軍隊改革 2009 年 10 月 1 日後開始，2012 年結束。陸軍減 70 萬，空海軍各增 12 萬。大軍區撤成都軍區、濟南軍區。陸軍院校、文藝團體、倉庫、通信和保障單位大幅裁撤。國防部在軍委、國務院領導下自成體系，撤省軍區、軍分區、人武部，改稱國防動員廳或兵役局，三年內由軍人改為公務員。實行軍官職業化，退役後有一筆數目可觀的退役金。第一支航母編隊 2013 年開始服役。

但軍方有關部門負責人在接受記者採訪時專門予以「闢謠」。這位負責人說，互聯網以及手機短信上出現的有關猜測議論，都是「不真實、不可信」的。

網友質疑，這個「不可信」，是指的裁軍不可信，還是具體裁軍額度和裁軍內容不可信？這位負責人語焉不詳，「闢謠」的措辭似乎有所保留。

2011 年初，美國防務新聞網登出中共軍隊裁軍的消息。消息稱，未來幾年，中共軍隊要把總兵力縮減 80 萬至 150 萬。大幅削減的軍種是陸軍。

但是，胡錦濤在軍內受到江澤民親信的牽制。

2015 年 3 月初，中國軍事科學院的少將楊春長、羅援和姜春良等接受鳳凰衛視採訪時，楊春長披露徐才厚等人「把當時的軍委領導人架空，很複雜，這些問題」。楊春長所說的徐才厚等人，

指的是還有郭伯雄。在談到軍隊系統的賣官現象時，楊春長說，包括武警、解放軍，入個黨要多少錢，提個排級幹部、連級幹部、團級幹部、師級幹部都有行情，都有價碼，太可悲了。

港媒的評論更指：胡錦濤被郭伯雄和徐才厚架空，自己的政治安全、人事安全都成問題，無法具體實施撤銷七大軍區。

濟南軍區是風向標

上世紀 80 年代之前，中共有十一大軍區，除現有的七個，還有武漢軍區、福州軍區、昆明軍區和新疆軍區。在 80 年代百萬大裁軍中，十一大軍區裁減成了七大軍區，其中，濟南軍區的保留最沒有道理。

有報導說，如果說為應對朝鮮半島可能的戰亂，有瀋陽軍區就足夠了。濟南軍區主要作戰使命是為北京軍區提供戰略掩護，並作為全軍預備隊使用。其轄區最小，只管轄山東、河南兩省省軍區，以及下轄兩個集團軍。

報導說，保留濟南軍區的背景是，曾經擔任濟南軍區司令的張萬年，後來擔任總參謀長、軍委副主席；曾經擔任濟南軍區政委的遲浩田，後來擔任第十五屆中央政治局委員、軍委副主席、總參謀長、國務委員兼國防部部長等職務。他們都偏愛自己的老巢。

還有報導說，胡錦濤一度想裁撤濟南軍區，但遭徐才厚反對而作罷。

在這次習近平的軍改中，七大軍區變成了五大戰區，濟南軍區最終消亡。

第四節

江澤民為防被清算
提拔郭徐禍亂軍隊

　　江澤民在軍中提拔徐才厚和郭伯雄，以及放任軍隊貪腐和淫亂的後果，就是使得軍隊被搞得腐敗、混亂不堪。從軍內江澤民親信的晉升和徐才厚家庭對話的幾個細節都可以看出，江需要對二十多年的軍中腐敗負總責。

江為防被清算 提拔徐才厚和郭伯雄

　　1999 年 7 月，江澤民發動迫害法輪功後，並未得到絕大多數中共高層的支持，為能順利推行其迫害政策，江做了大量安排與布署。在軍隊中，江澤民於 1999 年 9 月 22 日，同時晉升徐才厚、郭伯雄為上將。當時徐才厚是總政治部常務副主任，郭伯雄是總參謀部常務副總參謀長。

　　後來，郭伯雄在 2002 年與軍頭張萬年等聯合發動「準軍事政變」，得以讓江澤民留任兩年軍委主席。同年，郭伯雄被提拔

為軍委副主席，成為江澤民掌控軍權的頭號馬仔。

2004 年江澤民交出軍委主席職務的同年，徐才厚被提拔為軍委副主席。至此，江澤民架空胡錦濤軍權的主要布署完成。

江澤民為了防止下台後在「六四」問題和法輪功問題上受到清算，所以在中共黨務系統和軍隊等領域都布局了大量親信。

郭、徐在這十幾年當中依靠江澤民，將江的「悶聲大發財」大力發揮到極致，致使軍隊貪腐淫亂驚人。

買官賣官猖獗 軍內貪腐令外界瞠目

2015 年 3 月初，中國軍事科學院少將楊春長接受採訪時說，軍隊內部的監督機制在某些方面「形同虛設」，導致腐敗滋長。

曾「直接伺候」過徐才厚的楊春長表示，徐用人的習慣有三點，一是認錢多少、二是看關係遠近、三是看感情。「後來徐才厚他們事出了之後，身邊人說他們權力太大，人家一個大軍區司令，就他們你用一個我用一個。給他送了 1000 萬，再有一個送 2000 萬的，他就不要 1000 萬的。」

據港媒報導，2015 年 3 月 4 日中共政協僑聯小組會向境外記者開放，多名政協委員談及反腐的話題。其中，有侄子在軍隊的恆昌國際集團董事長林曉昌披露軍中的買官賣官問題說：「一個人要提到連長，必須給 20 萬（人民幣），（升）到營長，就要 30 萬，到團長，就是 100 萬，這是老規矩。」

此前，署名為「總政治部知情幹部」於 2015 年 1 月 9 日發出海外公開信，爆料中共軍中的買官賣官，稱在徐才厚、郭伯雄擔任軍委副主席期間，全軍上下跑官買官成風，「千軍萬馬」（指

軍職幹部標價千萬元人民幣）、「百萬雄師」（指師職幹部標價百萬元人民幣）成為軍內人人皆知的潛規則。團、營、連層層明碼標價，軍心渙散，無人想正事，幹正事，心思全用在請客送禮，搞關係拉選票上。

有報導說，徐才厚在彌留之際講了兩句話，第一句：「郭伯雄的問題比我嚴重多了。」第二句大意是：大軍區正職的將領中，沒有給我送錢的只有四個人。

徐才厚和郭伯雄的貪腐

2014 年 3 月 15 日當晚，軍事檢察院的辦案人員對北京阜成路上徐才厚的一處豪宅進行查抄。接近軍方高層的知情人士對《鳳凰周刊》透露，查抄結果大大出乎見多識廣的辦案人員意料，「原本以為社會上有關徐才厚涉嫌貪腐的傳聞很厲害了，且從谷俊山案發至今都兩年多了，徐才厚即使有什麼貪污，財物早就轉移完畢，家裡斷然不會有東西了。」

但打開徐才厚這處 2000 平方米豪宅的地下室後，辦案人員還是嚇了一跳：徐宅地下室裡到處堆放著現金，有美元、歐元、人民幣，辦案人員一時點不過來，只好拿秤秤了一下，再貼上封條。被查抄的現金居然足足有一噸多重！有的打著包甚至都未開封，而徐宅內各種金銀珠寶更是不可勝數。

從這名前中央軍委副主席豪宅裡查抄的財物堆積如山，辦案人員只得臨時叫來十幾輛軍用卡車才將其全部運走。經過十幾天的緊張工作，疲憊不堪的辦案人員對所有查抄的財物都一一列了清單，事後向徐才厚出示對質。面對家裡被查抄到的大量贓款贓

物，徐才厚只得低頭認栽。

2014年12月下旬，中國大陸微信圈一度熱傳一封「舉報信」，披露了郭伯雄貪千億軍費，總參有祕密洗錢管道等問題。消息稱郭伯雄貪的軍費「粗略估算應不少於千億元」。

除貪腐外，軍內淫亂之風盛行。

軍內淫亂盛行 禍首是江澤民

在江澤民選定海政文工團的宋祖英成其情婦之後，1991年開始，宋和江之間的醜事就流傳開來。

軍委主席如此，下屬紛紛效仿。隨後，軍內的文工團成了高級將領情婦聚集地。在大陸頗有名氣的民歌歌唱演員湯燦就是其中一例。

海軍前副司令員王守業曾包養多名軍隊文工團女演員，因情婦勾心鬥角，使得王要貪腐數億元才能擺平。前總後勤部副部長谷俊山有句話：「中國的女星我都玩膩了，用錢搞定她們。」

有紅二代公開指責，一些軍隊幹部把文工團當作「後宮」。

徐才厚進京後，2001年谷俊山跟著進京，歷任總後營房部副部長、部長、總後勤部副部長，八年連升五級。

《明報月刊》報導說，谷俊山對徐才厚施以美人計，走了三步棋：第一步，按摩女。他曾安排一個極為妖嬈的小姑娘給徐才厚按摩。徐才厚的妻子趙黎看見後，發了脾氣：「誰弄了這麼個小妖精來？」谷俊山連忙拉趙黎出去吃飯。晚上回來時，谷俊山是和趙黎勾肩搭背走進屋的，趙黎早沒氣了。第二步，把湯燦等女演員獻給徐才厚。第三步，也是最厲害的，谷俊山把自己只有

20 歲、還是黃花閨女的女兒送給了徐才厚。據說徐才厚和他女兒在裡屋淫亂的時候，他就在外屋坐看，臉色平靜如常。

海軍前司令張定發一路淫亂一路升遷

2006 年，有報導說胡錦濤在黃海視察時，海軍曾試圖行刺胡而未成。此後又有報導說，江澤民的親信、前海軍司令張定發參與行動，但行刺幾個月之後張突然死亡。

《前哨》曾報導，張定發人生信條就是「及時行樂」，主要是淫樂。張曾經因此遭舉報和批評，但是一路被「帶病提拔」，一直升遷到海軍司令職務。據稱，張與數個女官兵、駐地的女青年保持性關係。張的妻子多次到支隊告狀。

張定發 1993 年 1 月任北海艦隊參謀長，1995 年 1 月任北海艦隊副司令員，1996 年 11 月任濟南軍區副司令員兼北海艦隊司令員。北海艦隊司令部位於青島，而青島「盛產美女」。張定發對下級和地方商賈提供的性賄賂來者不拒，不時有醜聞傳出。

到 2000 年張任海軍參謀長、海軍副司令後，淫亂問題更嚴重。每當周末或休假，他都前往青島、大連趕赴與年輕貌美的女子約會。他還藉到部隊視察之機，在青島、大連、湛江等地的海軍俱樂部以及地方會所尋歡作樂。

301 醫院爆發愛滋病 總後勤部緊急指示

2005 年底，隸屬中共軍方的 301 醫院高幹病房死了一名男子，患的是愛滋病。所有和此人有接觸的醫護人員都進行了嚴格

檢查，查出 301 醫院政治部的一名女幹事染上了愛滋病。

這名女幹事是一名海軍前政委祕書的老婆。她交代就是和死去的男子傍上了才染上愛滋病的，僅 301 院內她就和二十多個男性發生過性關係，院外的男性還不算。

當時總後勤部就此發出三點緊急指示：

第一、301 醫院按急性傳染病突發進行內控；

第二、對 301 醫院內外涉及的人按社會關係的圈子，圈定後進行排查，絕不能再蔓延；

第三、對全院人員組織專題教育。

當時，連國務院衛生部和北京市衛生局也採取了相應的措施，防止在 301 醫院爆發的愛滋病再蔓延。

有報導說，就在江和宋祖英搭上後，即上世紀 90 年代以後，中共軍中愛滋病開始蔓延。團、師、軍一級高級軍官，性病、愛滋病的患病率大增。南京、廣州、瀋陽等大軍區醫院的高幹病房，性病、愛滋病患者占了近兩成。

2006 年 10 月 9 日，胡錦濤掌軍權時，軍紀委、總政曾下達文件：各軍兵種、各大軍區、省軍區、警備區，一律不准從社會上招聘女青年任職軍隊、軍事系統俱樂部、招待所服務員，並限期解僱。大多數部隊沒有執行這個文件，只不過走過場、擺樣子，應付上級抽查。事實上，軍隊俱樂部也是地方黨政高層尋歡作樂的場所，不可能禁止，因而也就不可能制止軍中愛滋病的蔓延。

軍內淫亂猖獗，從徐才厚家庭對話的一個細節也可以看得出來。消息稱，徐才厚的女兒徐思寧結婚時曾問其母趙黎：「爸爸和丈夫，哪一個更親一些呢？」趙黎說：「所有的男人都可以做丈夫，而父親卻只有一個。」

第六章

徐才厚、郭伯雄
要習滾蛋

十八大之前的十年中，徐才厚和郭伯雄是江澤民在軍中的代理人，聯手架空了胡錦濤。習近平在親眼目睹胡錦濤遭擺布後，為避免重蹈覆轍，上位後在軍內強力反腐，郭、徐及親信們紛紛落馬。如今，習近平的「獵江行動」已進入後階段。

江澤民安插在軍隊的徐才厚（左）、郭伯雄（右），曾盤算延續架空胡錦濤的模式，意圖十八大後操控習近平。（新紀元合成圖）

第一節

習近平見證胡錦濤被架空軍權

徐才厚（後）是江澤民干政的重要
棋子，在軍中與郭伯雄聯手架空胡
錦濤（前）。圖為 2007 年資料照。
（Getty Images）

中共軍內「軍委首長」說法的由來

2002 年中共十六大上，時任軍委副主席的張萬年、郭伯雄帶頭發動「準軍事政變」，要求江澤民留任新一屆軍委主席兩年，並逼迫胡錦濤當場表態。胡無奈之下同意。

到了 2004 年兩年屆滿，江最終不得不交出軍委主席一職。同年，徐才厚成為軍委副主席。

在 2004 年的軍委擴大會議上，發難的主角換成了徐才厚。徐以「軍隊大事必要的連續性」為由，要求在中央軍委「八一大樓」內常設江澤民辦公室，並發明「軍委首長」這一軍內稱呼。

2004 年後，江一直在「八一大樓」保留與他掌權時期相同規模的辦公室和幾名專用祕書，江澤民不時來辦公室，與軍官和軍方首腦會晤，行使他對軍方的影響力。

2012 年，日本保守派報紙《產經新聞》在中共十八大前報導稱，江澤民在中央軍委「八一大樓」裡的辦公室被關閉。

徐才厚是江澤民干政的重要棋子

中共軍隊內一直有一個「瓦房店幫」，其「老幫主」、原總政治部主任于永波是江澤民的親信。1992 年江澤民提升于為中央軍委委員、總政治部主任。1992 年于永波將瓦房店同鄉徐才厚提拔到總政治部擔任主任助理兼解放軍報社社長。此後，徐才厚在軍中迅速竄升。

徐才厚當過于永波的祕書，是于的心腹。于永波 2002 年退休時向江澤民推薦徐才厚，建議提拔徐。江澤民視徐才厚為于永波的「接班人」，把徐當作江軍內的鐵桿馬仔。這是徐才厚在 2004 年被江澤民提拔為中央軍委副主席的主要原因。

也有另一種說法稱，山東籍的王瑞林提拔了徐才厚成為總政治部主任助理。無論何種說法，徐才厚後來成為江澤民在軍內的親信是不爭的事實。

徐才厚一度控制軍中人事大權

2002 年，徐才厚接任了總政治部主任，從此把握軍內人事的大權。在其成為軍委副主席後，總政更是聽命於徐。同時，徐才

厚又對江澤民唯命是從。

在中共軍隊中，總政治部主任握有推薦人事的大權，這和中共軍隊的體制有關。軍內各類軍官任命的「分水嶺」在師長（大校）。副師級到正團級軍官，由總參謀長、總政治部主任、總後勤部部長、總裝備部部長、相關政委、軍區司令、各軍種司令、政委任免。

而軍委成員、各軍區司令、各集團軍軍長、各師師長則由軍委主席任免。但是，在這個過程中，總政治部幹部部的推薦就十分重要，軍委主席不一定一一知曉每一個師長、集團軍軍長和政委的背景。與此同時，總政保衛局需要寫出此人的政治審查報告。

換句話說，徐才厚擁有對將要提拔的軍官的「推薦權」。即便軍委主席不滿意這個軍官，徐才厚盡可以重新「推薦」。

2015年初，網路流傳的「總政知情官員致習近平的公開信」，也間接證實了這點。信中說，徐才厚、郭伯雄在把持中共軍隊時期，把所謂的「測評」和「後備幹部制度」作為其買官賣官、排斥異已的工具，把那些有黑錢、會花錢、敢送錢的人很快列入後備官員的名單，然後通過「測評」提拔這些「大膽」送錢的人；而那些不送錢或不聽話者，「測評」就通不過。

中南海半公開 習近平親眼見到胡錦濤被架空

原軍事科學院軍建部副部長楊春長 2015 年 3 月在接受採訪時，首次公開披露徐才厚「架空了軍委領導人」。

軍隊「成了他們家的了，又把當時的軍委領導人架空，很複雜這些問題」。楊春長更是自爆與徐的關係，「徐才厚我是比較

熟悉的，用土話說我是直接伺候他的，我是給他寫材料、以這種方式為他服務的人員。他的那種用人習慣，就是選人用人的習慣，一認錢多少，二是看關係遠近，三是感情。」

這個表態被認為是中南海首次半公開胡錦濤掌權時候，江澤民在軍內干政的消息。

楊春長的表態雖只是「隻言片語」，微博認證為中山大學全媒體研究院中國新聞業評議會特約觀察員的「石扉客 2014」卻表示：「幾個副主席架空胡主席」，這個指控「力度太大了」。

港媒《南華早報》2015 年 3 月 11 日稱，徐才厚和郭伯雄是江澤民的代理人。報導引述一名退休大校的話說：「徐和郭是江的人，他們架空了胡錦濤。」另一名接近中共軍事科學院的消息人士披露：「江繼續透過徐和郭，對軍方進行干預。」

報導稱，連美國也對胡錦濤當時掌控軍方的能力表示懷疑。2011 年時任美國國防部長的蓋茨訪問北京，中共軍方卻突然舉行了殲 -20 隱形戰機的首次飛行演習，蓋茨事後回憶表示，他看到胡錦濤當時對此消息明顯感到措手不及。

美國官員當天就向傳媒披露：「明顯地，中國的領導人事前也不知道有關的演習。」蓋茨本人事後也說，經常憂慮胡錦濤對軍方是否能夠有效地領導。

還有消息稱，習近平親眼看到郭伯雄、徐才厚仰仗江澤民，欺負架空胡錦濤。

2014 年 7 月 3 日，葉劍英的養女戴晴透過美國之音發聲，她認為，對於徐才厚等巨貪在軍中的胡作非為，江澤民要負主要責任，「誰強勢、權力在誰手裡，就是誰幹的。」

徐才厚：讓他幹五年就滾蛋！習近平回應

習近平在中共十七屆五中全會才被確認為中共軍委副主席，據悉也與徐才厚和郭伯雄的阻撓有關。

2015 年 3 月 14 日，港媒《明報》消息指，習近平在 2007 年最終獲得中共各派接受，將接替胡錦濤成十八大後的總書記，但是習在軍中卻未獲得承認。也正如此，胡錦濤在中共十五屆四中全會時增補為中共軍委副主席；而習近平卻在十七屆五中全會才被增補確認，最大的阻力，就是徐才厚和郭伯雄。

報導稱，當時在一個有數人在場的軍方半公開場合，徐才厚曾對郭伯雄說：「讓他（指習近平）幹五年就滾蛋！」此話後來傳到習近平耳中。徐才厚此後曾試圖輸誠，但為時已晚，此番說話已在軍方「紅二代」中小範圍流傳。

有消息稱，習近平後來在一個場合表示，「這就是政治問題了，想不抓都不行。」

郭和徐為何要架空胡錦濤？

郭伯雄比徐才厚大一歲，二人經歷極為相似：都是農民、士兵出身，同期晉升，罪狀相似。更重要的是，兩人都是江澤民一手提拔，十多年替江代理軍中事務，到江退下後，兩人在軍隊中說一不二，把胡錦濤架空。郭伯雄主要負責軍事，主持軍委日常工作，徐才厚主管政治工作。郭伯雄資歷更深，為第一軍委副主席，排名靠前，權力更大，等於是徐才厚的上級。

郭伯雄和徐才厚為什麼要架空胡錦濤？這要從江澤民說起。

江澤民戀棧權力，尤其是在 1999 年鎮壓法輪功之後，騎虎難下不敢放棄權力。江為了打倒法輪功，發洩私憤、不計後果地迫害法輪功學員，密令「打死白打，打死算自殺」，甚至活摘器官。江知道欠了血債，因此在中共權力中心賴著不下，同時尋找自己的代理人。

據悉，胡錦濤等政治局常委在鎮壓法輪功這個問題上都曾舉手投反對票。胡錦濤的這個舉動給江澤民的震動很大。

一名鎮壓法輪的「610」官員曾經透露說，在一次小範圍的所謂「慶功」宴上，時任公安部副部長劉京透露了一個故事。

劉京當時說，2001 年江澤民在一次布置對法輪功打壓的會議上說，由於公安、國安、司法等部門消極對待等現象已經使得「各地法輪功事件不但沒有減少的趨勢，反而越演越烈」。在會上江澤民提出要在國家安全廳、公安廳、各地公安局也增加設立相應的「610」辦公室，這時胡錦濤以編制和經費不足表示反對。江立時大怒，衝著胡錦濤咆哮道：「都要奪你權了，什麼編制不編制、經費不經費的！」

據稱，胡錦濤的這些舉動一直是江澤民的最大的「心病」，再加上胡錦濤本身就是鄧小平因為不滿江澤民的表現而隔代指定的「接班人」，在中共內部與江澤民不屬同一派系，使得江擔心胡是否會在其任內為法輪功翻案，從而使得江遭到清算，於是布署了一系列架空胡錦濤的陰謀。

在 2002 年中共十六大上，江澤民從總書記位置退下來，將七常委增至九常委，塞入政法委羅干、宣傳口李長春，同時使九常委分權，各管一攤，架空胡錦濤和溫家寶。這就是外界所說的所謂「九龍治水」。2004 年江徹底交出軍權後，則安排由郭、徐

二人繼續持槍監督胡錦濤。

辛子陵：習上台後不再買江的帳

　　原中共軍事學院出版社社長、國防大學《當代中國》編輯室主任辛子陵於 2014 年 7 月在接受美國之音採訪時說：「胡錦濤時代，只有少將一級他批。中將以上的是操弄政局的更高的那一位（指江澤民）批。懂得了吧？老實講，他說不上話。他要是支持的話，那一位就不支持了，就不用了。徐才厚是只忠於那個人。」

　　他還說：「退下的老人還能不能繼續操弄政治，還能不能繼續干政，像過去指揮胡錦濤那樣指揮習近平？這本身就是個政治（問題）。這個問題不解決，習近平怎麼能有所作為呀？過去胡錦濤也想有所作為，但是叫他們欺負得沒有辦法。胡錦濤個人自身的條件、家庭出身、背景和部隊的關係，都不一樣。他沒習近平這麼硬。習近平敢跟他們叫板。」

　　辛子陵表示，習近平上台後，不再買江澤民的帳。

　　也有報導稱，胡錦濤只能提拔少將，是其掌軍權的初期。到了十八大之前，隨著薄熙來下台等事件爆發，胡錦濤在軍中的實權也達到了其掌軍生涯中的巔峰，與習近平一起掌控了中共軍方四總部的主要軍官人選。

第二節

江澤民密謀
安排徐才厚監視習近平

胡錦濤執政十年，被江澤民處處鉗制。十八大最後一刻，胡做出大動作：從軍委主席退下，打破江澤民老人干政局面，打亂郭伯雄和徐才厚在軍內的人事布署。（Getty Images）

江澤民找習近平多次談話

當年，鄧小平把江澤民弄上了中共總書記的位子，但對其一直不放心，因此把親信劉華清的政治地位提至常委，讓劉在軍委副主席的職務上「監軍」，限制江澤民的行動，保護隔代指定的胡錦濤能順利接任總書記。

江原本想利用這點，以徐才厚來監軍習近平，卻被習看破。

江澤民在 2004 年徹底退下之前，安排了郭伯雄和徐才厚任職軍委副主席，一開始只是想限制胡錦濤的動作。

這樣的格局持續到了十八大之前，香港《前哨》雜誌一針見血指出，江還有一個目的是要習老老實實，不能妄動江子江孫一

根毫毛，任其貪天貪地無法無天。

文章稱，十八大之前，老奸巨滑的江澤民，利用習近平立足未穩的低調養晦、隨喊隨到，多次約見習近平。談話的主題是：你雖然當了當年國防部長祕書，畢竟欠缺軍中歷練、軍中人脈，而軍隊的支持是你施政能否成功的關鍵，所以，一定要有既忠誠又強而有力的將領全心為你保駕護航。為了加強他的影響力，這個人一定要加入常委之列，並延任軍委副主席……

江表示，郭伯雄、徐才厚兩人都是合適人選。但郭（1942年生）比徐（1943年生）大一歲，十八大時將過了70歲，徐雖然也超逾「七上八下」的規定，畢竟到時才69歲。江還類比鄧小平當年的舉動稱，特事可以特辦，當年鄧為了幫我掌控軍隊，1992年「十四大」上把劉華清推上常委位，那時他已經76歲了。

文章說，徐才厚利令智昏，擺出領導的派頭，竟然捕捉一切機會向習暗示明示，自己入常已是定數，沒有他保駕護航軍心必亂。

習一樣地不動聲色，暗中卻通過人脈管道，將這一信息傳遞到一眾元老處。元老們自然以不同方式表達出強烈的反對。但江仍不死心，徐亦不死心，相關遊說活動始終沒停止。如果不是「重慶地震」打亂江系的陣腳，這一「監軍」陰謀極可能成功。

也因此，徐才厚在十八大後被處理幾乎是可以肯定的。

董建華放風 江澤民被逼退

還有報導稱，十八大前近一年內，中共前黨魁江澤民多次與即將掌權的習近平會談，有時還特別要求雙方祕書在場，記錄全

部談話詳情形成「文件」。

這幾次祕密談話，江澤民提出「思想更解放一些」，同時提到安排老軍頭十八大入常，在其保護下讓習真正成為新的「領導核心」等等。

報導還引用京城人士的消息透露，習近平 2012 年 9 月在一次幕僚內部小會上，大呼「差點上了他（江澤民）的大當」。

報導稱，習近平假如當時不是多存了個心眼兒，不是依然秉持一貫的「謹小慎微」，而是按照江澤民所說的去做，很可能連總書記都做不上。

郭伯雄落馬後，2015 年 8 月 10 日北京傳媒學者喬木的文章《誰來監督郭伯雄》在網路流傳。文中說，前些年回陝西老家，陝西人非常以軍委副主席郭伯雄為傲。雖然習近平原籍也是陝西……遠不如手握兵權的陝西人郭伯雄受推崇。同時，文章還透露了外界流傳的一個說法，「……傳說以郭在軍內的多年影響，扶持擁戴習上台。而且以習郭的同鄉關係，習更可以利用郭的影響，穩定軍隊」。

文章說，再以後，形勢詭譎，習以鐵腕反腐，觸及軍隊，對郭不利的傳聞漸多。陝人不復提郭，改為傾力讚習。

這個說法或證實了江澤民給習近平提建議的報導。

2012 年 9 月 19 日前後，香港原特首董建華在接受 CNN 採訪時說，根據過往經驗，國家主席胡錦濤在卸任後仍會擔任中央軍委主席一段時間。此舉被認為是在反擊江澤民讓老軍頭入常的提議；也有分析稱，這是習、江兩大陣營各自通過放風在爭奪軍權。

董建華與習近平關係匪淺。習近平任福建省長時期，已經常與董建華接觸。2001 年，習近平更打破大陸官員不准隨意訪港的

成規，罕有地率領龐大經貿代表團來港招商，而董建華更以高規格接待。翌年，習近平回禮，邀請董和夫人到福建度假。2005 年1 月，習近平時任浙江省委書記，率浙江代表團訪港，獲董在禮賓府宴請接風。

最終，胡錦濤在十八大上全退，沒有留任軍委主席。同樣地，江澤民也沒能安排老軍頭入常，最大的獲益者就是習近平。這些也為習近平在十八大後能快速清理江澤民派系成員打下基礎。

打破郭、徐在軍內的布署 習近平主導五名將領進京

江澤民讓郭伯雄和徐才厚著手安排十八大後軍委副主席的人選，也被其他消息證實。

有消息稱，據谷俊山交代，2012 年新年，他最後一次見徐才厚，徐對他說：「你放心，有我在你就沒事。」並稱，下一屆軍委班子是他和郭伯雄定的。他已經跟江澤民說好了，也跟胡錦濤說好了，XXX 當軍委副主席，他是自己人，一定會保谷過關的。谷俊山表示郭伯雄也是這麼說的。

知情人說，徐才厚說此話時，離十八大尚有十個月，說明他們早把軍委班子搗鼓停當，設個圈套把習近平裝進去。

習近平上台前，最大的動作就是在軍中進行重新布局，打亂了原來郭伯雄和徐才厚的軍中人事安排計畫。

早在 2012 年 8 月北戴河會議結束後，習近平長達兩周的行程出現「空白」，一度引起外界諸多猜測。有關習近平突然消失在全世界眼前的原因，外界大致有四種說法，一是重病說，有說心臟病、有說肝腫瘤、有說輕度中風。另外三種說法，包括車禍、

政治鬥爭引發他不出面、前往某處處理要務等。

其中一種說法稱，習近平在 2012 年「隱身」期間，主導並確定了五名將領進京。

新的五人指的是時任濟南軍區司令員范長龍、北京軍區司令員房峰輝、廣州軍區政委張陽、南京軍區司令員趙克石、瀋陽軍區司令員張又俠，將進入十八屆中央軍委，擔任更高職務。

報導稱，即將全面接掌軍權的習近平把五大軍區的負責人調入北京，晉升為中央軍委委員，鞏固習近平在軍中的地位。

據北京軍方消息來源和軍事觀察家透露，這個殺手鐧，不但打亂了郭伯雄、徐才厚、梁光烈等老軍頭們籌劃多時的人事布局，習近平利用「隱身」期間不動聲色地打出一套「快拳」，出手之快已讓他們大吃一驚，更讓他們預感到自己的處境岌岌可危了。

徐才厚家庭會議詳情

當時的徐才厚還沒有完全意識到自己會被抓。《明報月刊》2016 年 6 月號稱，谷俊山被抓後，徐才厚召開家庭會議商量對策，其妻趙黎說：「有一個說法，入局（政治局）不死，入常（常委）不罪。誰敢動你啊！」其女徐思寧說：「谷俊山的東西是他自己給的，又不是咱們要的，怕什麼？」徐才厚始心安，未做任何動作。

他的祕書後來對知情人說：「徐才厚萬萬想不到中央會真對他動手啊。」知情人問，「想到了又會怎樣？」徐的祕書說：「大不一樣，不大一樣，不一樣大。」

十八大前五名軍委副主席並存

2012 年 11 月 1 日至 4 日中共十七屆七中全會決定，增補范長龍、許其亮為中共中央軍事委員會副主席。但是原來的軍委副主席習近平、郭伯雄和徐才厚並沒有退下，軍內形成罕見的五名副主席並存的局面。十八大隨後在當年 11 月 8 日召開。

據悉，習近平早在胡錦濤的支持下，開始醞釀籌組新的軍方架構。其中，審議增補軍委副主席，破格擢升原濟南軍區司令范長龍接替郭伯雄。范長龍曾兩次任中俄聯合軍演副總導演。

對於提拔范長龍成為軍委副主席的原因，有報導稱，習近平在接掌中央軍委前，曾派人對各大軍區司令員進行幕後調查。習近平在調查中發現，范長龍已準備告老還鄉，甚至把辦公室的用品都已經全部打包。消息人士稱，「據說范長龍已經買好了很不錯的釣魚竿，準備享受退休後的悠閒生活。當時范長龍也和其他人講過，這是他的最後一站。」

報導還稱，正因為范長龍是最沒有野心和企圖心的大軍區司令員，習近平提拔了他進入中央軍委。當范長龍聽到這個消息時，他自己根本都不相信。

原空軍司令許其亮升任軍委副主席，因與習近平的軍隊發展理念一致。

軍方四總部換將

除了軍委副主席外，軍委四大總部也換了主要將領。習近平把早前被視為「胡錦濤人馬」的軍中將領，及時調整到未來的軍

委班子。

2012 年 10 月 25 日，中共國防部網站披露，四大總部進行重大人事調整。原北京軍區司令房峰輝出任總參謀長；原廣州軍區政委張陽出任總政治部主任；原南京軍區司令趙克石出任總後勤部部長；原瀋陽軍區司令員張又俠出任總裝備部部長。

這次四大總部新任主官都如出一轍地被破格晉升，並非由原機構的第一副職（常務副總長、常務副主任等）依序遞升，而是打破了舊有的條條框框，從大軍區直接上調。這顯示出習近平不同的用人風格。

在全軍的「大管家」總後勤部部長人選上，習近平起用年齡較大的原南京軍區司令趙克石任部長。這被稱為是「一招險棋」，因趙帶兵出身，擅長指揮作戰，與後勤保障的繁瑣業務毫不沾邊，但習當年在福建時，與任 31 軍軍長的趙有過從甚密的工作關係，故破格任命趙為全軍「大管家」。

至於總裝備部，習近平選擇「太子黨」、前副總長張宗遜的兒子張又俠任部長。張又俠是習近平的鐵桿支持者，多年來習近平跟張又俠一直保持著來往，兩人父輩曾在西北搭檔過。無論是從個人的軍中資歷，還是習、張兩家的特殊關係和感情來看，張又俠都是習近平對中央軍委進行人事改組的首要人選。

胡錦濤全退移交軍權給習近平

胡錦濤執政十年，從最初被江澤民處處鉗制，到逐漸手握大權，在政治上沒有任何的大舉動，給外界以「碌碌無為」的印象。

但是，十八大最後一刻，胡錦濤卻做出了十年執政中的最大

動作：從軍委主席職務上退下，打破了多年來江澤民老人干政局面。胡錦濤此舉意在讓習近平有更大的發揮空間。同時，在常委和政治局委員人選中，胡錦濤又暗中進行了布局，江派在政治局中將受到很大的牽制。

當時有中國網民在微博上發出評論說：「過去十年不是他一人之過。他受的干擾太多了，就算是十年碌碌無為，臨門一腳卻精采成分……上場『十分鐘』，表現得平淡無奇，臨近被換下場的時刻，卻一腳打出一個世界波！」

2012 年中共十八大之前，習近平和胡錦濤搶先在軍內布局，打亂了郭伯雄和徐才厚在軍內的人事布署。此前有報導稱，郭伯雄和徐才厚安排的 2022 年軍委副主席是原 31 軍軍長馬效成和原 16 軍軍長高光輝。現在兩人都已經被邊緣化。徐才厚被抓後，習近平在軍委會議上說出重話。

第三節

除了政變和活摘器官
徐才厚還有隱祕罪名

傳江澤民試圖救徐才厚未成

自從 2012 年 11 月習近平成為軍委主席之後，徐才厚將被抓的傳聞不斷，聽到風聲的徐才厚如熱鍋上的螞蟻，四處活動。但最終仍落馬。徐才厚的罪行除了政變、活摘器官之外，還涉及在軍內活動，試圖削減習近平的軍權。

2013 年還出現過江澤民試圖搭救徐才厚的報導。《前哨》援引十八屆軍紀委某中層幹部的消息說，前中央軍委副主席徐才厚因貪污金額遠超死刑量刑標準百倍、因糟蹋百萬軍隊、因明碼實價賣軍銜令官兵恨之入骨，料將在新政反貪風暴中被判處死刑。

軍紀委幹部唯一願意透露的是，這次的前台操作者是總政第一副主任賈廷安，江澤民在幕後遙控。該軍紀委幹部說，江澤民為自保，試圖救出徐才厚。

　　雖然有這樣的放風，但是徐才厚將被抓的傳聞越來越多，徐也曾兩次新年時期在海南出現。有港媒稱，2014 年新年，徐才厚跑到海南三亞轉了一圈，卻無心看風景，而是以去找「那裡休養的老領導」為名，到處請託和求助。

　　2014 年 3 月 15 日，徐才厚在 301 醫院被調查。2015 年 3 月 15 日，習近平當局宣布徐才厚病死。

徐才厚試圖利用「軍隊國家化」 架空習近平的權力

　　徐才厚的罪並不止於貪腐和淫亂，徐還涉及祕密在軍內發動「軍隊國家化」，以此架空習近平的軍權，這也是近兩年習當局頻繁喊出「軍委主席負責制」的原因所在。

　　2014 年 11 月 9 日，香港《東方日報》發表文章，裡面提到數年前徐才厚曾向中共高層建議取消「毛澤東思想」，遭否決後，徐才厚私下在軍中「悄然」動作。

　　文章稱，徐才厚此舉犯了軍中大忌，引起習近平震怒。在習近平看來，徐才厚不僅是貪腐「大老虎」，更是軍中「叛將」，非斬不可。

　　時事評論員石久天認為，徐才厚其實是藉「去毛」，削減習近平的軍權。

　　2015 年 5 月 27 日《求是》刊出的一篇文章中，國防大學科研部部長秦天少將在談到「軍委主席負責制」的時候說，中共在最高軍事領導權上出問題，有兩次大的教訓。一次是紅軍時期；第二次教訓是在當下。十八大以前，徐才厚等人擅權亂權十多年，把軍隊搞成這個樣子。

一名不願具名的、接近中共高層的政治專家在一個沙龍中透露，在 2012 年薄熙來被抓後，江系主導緊急啟動「應急方案」。其內容包括：由徐才厚在軍內明確提出分權的說法；製造聲勢，利用民間和體制內的力量，在中共換屆後讓習近平「分權」。2012 年軍報刊出的「野心家」說法就是指的徐才厚。

這名政治專家表示，這些事情的出現，都是 2007 年曾慶紅下台之前的布署。江和曾的如意算盤是，在前台失去權力後，利用民間及中共內部的人馬，讓習分權，以保護江系對犯下的各類貪腐等罪行都不受清算、保護自己家族的財產。

除此之外，徐才厚深涉江澤民集團的政變密謀。他還是中共軍隊迫害法輪功學員、進行活摘器官的主要責任人。

古田會議再確認「軍委主席負責制」

2014 年 6 月 30 日，徐才厚被官方公布落馬。

四個月後的 2014 年 10 月 30 日，中共全軍政治工作會議在福建省上杭縣古田鎮召開。習近平 31 日出席會議並講話，點名徐才厚，要求「深刻反思教訓，徹底肅清影響」。這次會議也被外界稱為「新古田會議」，會議突出強調「軍委主席負責制」。

當年 11 月 2 日，軍委副主席范長龍在古田會議上力挺習近平，並要求軍隊維護「軍委主席負責制」。11 月 4 日，中共另一名軍委副主席許其亮在官媒上刊文，多次提到「習主席」、「軍委主席負責制」，還特別提到徐才厚、谷俊山案的影響。

2016 年 1 月中旬，四總部開會集體支持「軍委主席負責制」，此後七大軍區再對反腐表態。

事實上，「軍委主席負責制」不是習近平的首創。2002 年中共十六大之後，當時的徐才厚已經接替了于永波的總政主任職務，而江澤民則在交出總書記職務之後死握軍權不放，乾脆連中央委員的職務也不要，以一個「普通中共黨員」的身分繼續賴在軍委主席的位置上。

就在中共十六屆一中全會召開後的次日，江澤民繼續留任軍委主席的「決定」被公布之後，徐才厚指揮《軍報》強調「軍委主席負責制」，要把「軍隊聽黨指揮」和「服從中央軍委和江主席的指揮」並列宣傳。

親習近平陣營的消息人士牛淚在 2015 年 1 月發文稱，胡錦濤掌權的十年，「與其說是軍委主席負責制，還不如說是前軍委主席負責制，或者是更離譜的軍委副主席負責制。」

石久天說，習近平再提「軍委主席負責制」，說到底就是在最高層直接否定了江澤民親信徐才厚提出的「軍隊國家化」。習近平實際已經以半公開的方式對江澤民的陰謀說了「No」！

習近平在軍委會議上放重話

習近平上台後握緊軍權，首先拿徐才厚開刀。其中一些內幕和原因被港媒披露。

2013 年新年，習近平出席慰問部隊老幹部的演出，徐才厚作為卸任的前軍委副主席也參加了，那時他已患癌症，一頭白髮，身型瘦削，不復當年。在等候演出過程中，徐才厚和習近平搭話，習近平沒有搭理他。

幾名高級將領過來敬禮，對徐才厚充滿媚態和敬意，還關切

地詢問徐的身體情況，都被習近平看在眼裡。

香港《明報月刊》2016 年 6 月號消息指，徐才厚垮台後很久，在一次軍委常務會議上，習近平對軍委成員放重話說：「如果不是劉源這種渾不吝的角色，徐才厚至今還不是你們『敬愛』的徐副主席嗎？」

習近平拿下徐才厚 拒見江澤民

2014 年 6 月 30 日，習近平主持召開中共中央政治局會議，宣布開除前軍委副主席徐才厚的中共黨籍，對其涉嫌犯罪問題移送軍事檢察機關處理。

《新紀元》雜誌曾獨家報導說，習近平拿下徐才厚後，江澤民非常震驚，當年 7 月 2 日，江坐專列到北京，要面見習近平，但遭到習的拒絕。7 月 3 日，習近平離京抵達首爾，對韓國展開上台來的首次訪問。

有消息稱，習近平離開北京訪問韓國前夕，在政治局會議上發火，態度嚴厲。他通報關於對徐才厚的處理，並警告了江派常委及軍中其他勢力。

習近平多次提肅清徐才厚案影響

2015 年 7 月 18 日，中共官方發布習近平視察駐吉林的中共第 16 集團軍的新聞，習在視察中再要求「徹底肅清徐才厚案件的影響」。

據微信公號「學習小組」統計，這已經是習近平第四次在公

開場合談到徐才厚案。此前三次，分別是在 2014 年古田全軍政治工作會議、2014 年 12 月在南京軍區視察時，以及在中央紀委五次全會上。

徐才厚自 1985 年在 16 軍任政治部主任、軍政委長達七年之久，因此，16 軍被視為徐的嫡系部隊。

《明報》的分析文章認為，第 16 集團軍也是瀋陽軍區應對朝鮮半島局勢的主力。習近平那次深入「虎穴」，並再次要求肅清徐才厚案影響，既是敲打徐的餘黨，也在安撫 16 軍官兵。

文章還認為，習近平視察 16 軍時有中央軍委副主席范長龍陪伴。范與 16 軍的淵源更深，因此視察 16 軍不可能是習近平的「鴻門宴」。范長龍從 1969 年入伍當兵就在該軍，直到 2000 年從該軍軍長升任瀋陽軍區參謀長，31 年未離開過該軍。當然范、徐二人也有交集。

據陸媒報導，2015 年 7 月中旬，中共軍委副主席范長龍及中共多名高級軍官到蘭州軍區的甘肅、新疆、寧夏部隊作調研，並傳達習近平的要求。隨後在 7 月 30 日，郭伯雄被開除中共黨籍、移送軍事檢察機關處理。

第四節

胡錦濤破局之作

為了拿下徐才厚（中），胡錦濤在退休前公開查處了谷俊山（右），並和習近平達成共識「你查谷、我查上（查徐、查郭、甚至查江）」。（新紀元合成圖）

2016 年 12 月初，有港媒消息指，中共總政副主任、前中央軍委辦公廳主任賈廷安已被停職，並被要求交代問題。報導引述消息人士稱，賈廷安因涉及徐才厚、郭伯雄買官賣官中受賄的問題被查。2016 年以來，有關這個江澤民大祕的不利消息已多次傳出。

郭、徐「攻守同盟」

2014 年 3 月徐才厚落馬後，其交代的內容給了郭伯雄致命一擊。據《爭鳴》雜誌同年 9 月號披露，徐才厚在調查中交代，他曾與郭伯雄訂立過「攻守同盟」。

據悉，徐才厚出事後，郭伯雄非常緊張。從 2013 年 9 月下

旬至 2014 年 2 月，郭伯雄先後 4 次以探望為由到 301 醫院及徐才厚寓所通風報信，告知當局對徐才厚進行審查的內情，並要求訂立「攻守同盟」度過難關。

徐才厚交代，郭伯雄每次來探望都隨身帶防竊聽儀器，證實無竊聽後，才和徐在房間陽台上交談。郭伯雄提示徐才厚：

「問題到此為止，沒犯上天條，不至於坐牢。」

「軍隊上層出問題，只要不是亂軍叛國，不會移交法庭的。更何況你已患絕症。」

「我（郭伯雄）會在內部活動，做做工作，爭取作黨內、軍內紀律處分。」

郭伯雄對徐才厚發誓：「我不會在你身上踩一腳，你要頂住壓力，壓力再大也有時間性的。」

郭伯雄還授意徐才厚寫信給江澤民、胡錦濤，表達自身處境等。

胡錦濤與習達約定 對江施六字巧計

回頭來看，郭伯雄、徐才厚兩名軍頭的真正罪行不止是巨貪腐敗，他們的問題是昔日挾兵權自重，更涉入了薄熙來、周永康等的圖謀政變案。

2014 年有一篇博文「徐才厚發跡史及其小夥伴們的勾當」被廣泛引用。文中提到諸多江派高官組成的「大陰謀集團」，說徐才厚、郭伯雄利用軍中歌星湯燦的美色籠絡周永康等大批軍政人士，並點名谷（俊山）、（李）東生、焦利、（徐才）厚、（周）濱、郭（伯雄）、梁（光烈）、薄（熙來）、周（永康）、（劉）

志軍、（許）宗衡等，可謂是軍界、政界要人薈萃一堂，蔚為壯觀。

「那個集團為了大陰謀籠絡軍政人士之多，其他不言，僅軍內三分之二有頭有臉的人物難以倖免，如此軍隊，被外軍情報探知詳情，其結果難以想像。」文章感慨，「精氣神幾乎都消耗於升官、發財、內鬥之上，所謂的國家、民族、人民，在他們看來，皆是虛妄。」

這裡所說的「大陰謀」，可能指徐才厚、郭伯雄、周永康等圖謀推翻習近平的計畫。2015 年 3 月港媒報導「徐才厚他們架空當時的軍委領導人（胡錦濤）」也證實了這一點。

這篇博文還透露，十八大之際，谷俊山落馬，徐、郭吃驚不小，害怕被供出，曾求教於江澤民。江安撫說「沒事」，並稱和胡錦濤達成共識「止於谷，不上追」。殊不知，習近平和胡錦濤也達成了共識「你查谷、我查上」。因此說，查谷是胡拍板決定，查徐、查郭、甚至查江，是習的決定。

地下盟主郭伯雄抵抗習近平的計畫

2016 年 7 月 30 日，郭伯雄案移交司法的消息公布後一小時，大陸財新網發表長文透露，有鄉黨在徐才厚被抓後到北京看望郭伯雄，勸他早些把問題講清楚，爭取寬大處理。鄉黨回憶說：「他默然片刻，搖頭說，有一兩件事講不清楚。」

這「講不清楚」的事究竟是什麼？

2014 年 3 月 15 日，徐才厚接受當局調查，軍中由徐、郭互相鉗制的平衡局面被打破，原軍委第一副主席郭伯雄，成為軍中腐敗勢力當仁不讓的地下盟主。徐派人馬紛紛投靠郭伯雄。聚集

在郭周圍的各種勢力，密謀展開對習近平的地下抵抗行動。

據「總政知情幹部」的一封網路舉報信透露，郭伯雄 2014 年祕密召見心腹商量策略，形成了比較一致的看法和計畫。大概是：

一、習近平對軍隊運用各個擊破的戰術，今天先斬落「東北虎」，明天就要收拾「西北狼」。物傷其類唇亡齒寒之際，必須縝密籌劃主動出擊；否則，必然引頸受戮坐以待斃。

二、習在軍內最大軟肋是沒有自己的人，我們的最大優勢是從上到下都有自己的人。四總部和各大軍區領導，跟我們的關係都很深，誰跟誰都不會真翻臉。因此加強團結比什麼都重要。

三、習在全國反腐戰線拉得太長，得罪的人太多，終有觸犯眾怒之時，他不可能徹底得罪我們這些拿「槍桿子」的人。因此必須確立步步為營式全面防守戰略，以拖待變，以磨待變，穩住大局，軟抗到底，就有機會。

為此，郭給幾個鐵桿交代了今後一段時期內的行動策略：盡一切可能減輕和縮小徐才厚、谷俊山案的衝擊範圍，保住人事格局等重大問題的「基本盤面」。

郭伯雄認為，徐、谷已成死「老虎」，需要盡快了結，所有涉及徐、谷案件的人和事都不要狠挖深究，不管他是不是自己的人都要保起來。對於原屬於「東北幫」的徐派人物，改換門庭來投靠的，一律都要熱情接納，引為兄弟，絕不可排斥怠慢歧視。大敵當前之際，必須同舟共濟，抱團取暖。

郭伯雄授意總政有關部門，對徐、谷案件的影響危害「定調」：徐、谷案件只涉及他們家屬、祕書等極個別人，已經清查清楚，馬上就要結案，絕不要影響到軍隊總體形勢評價、人事格

局等「基本盤面」，否則後果不堪設想。

2014 年 11 月 22 日，一位剛退休的軍方高層人士向《匯報》透露，習近平早已下定決心徹底整治軍隊，徐才厚之後要被拿下的「大老虎」就是郭伯雄。「郭伯雄人馬要抓一批，換一批，大軍區級估計二至三人。原本放過郭伯雄，但現在查出的問題實在太多，很可能不得不抓。」

《炎黃春秋》揭露賈廷安 江澤民大祕被監視居住

江澤民要賈廷安出面救徐才厚，其實賈已自身難保。有軍紀委幹部曾表示，自從江澤民死黨海軍前副司令王守業出事後，賈廷安早已事事低調自保。這次如果不是江逼到頭上，絕不會主動幹這件得罪習的蠢事。事後他已不止向一個人大談身不由己的苦衷，相信目的是希望這些話能傳到習的耳中。

2015 年 1 月 24 日，香港《信報》援引來自北京的消息稱，捲入負面傳聞的中共總政治部副主任、江澤民前大祕書賈廷安，1 月 23 日被中央軍紀委人員帶走調查。據稱賈 22 日還出席了中共前軍委副主席張萬年的遺體告別儀式。當時另有報導稱，針對賈廷安的調查還處於問話階段，如何處理尚無定論。

軍內高層多知道，賈廷安以「監軍」身分成為軍中腐敗集團的四大後台之一。

據悉，賈廷安被約談之後，並未宣布對其「雙規」，而是允許賈廷安有一定的行動自由，但得隨時接受調查。

北京軍界人士分析說，約談，只是給賈廷安一個警告，不要再以「監軍」的名義干擾軍中之事。

不過，支持法辦賈廷安的人士則表示，賈廷安不會那麼容易脫身。賈廷安、郭伯雄、徐才厚是軍中貪腐集團後台，又分為：「河南幫」、「西北狼」、「東北虎」，只抓捕郭、徐兩人難以服眾。

習的「獵江」行動 賈廷安呼之欲出

2016 年 7 月份，習近平當局密集打「虎」，尤其是「八一」前夕，中共中央前軍委副主席郭伯雄案被公布，標誌著當年替江澤民架空胡錦濤的兩大軍頭——徐才厚和郭伯雄，一死一被法辦。

8 月 11 日，香港《明報》署名潘小濤的評論文章表示，習近平想要避免重蹈胡錦濤被江架空的覆轍，就必須與江澤民爭奪軍權。徐、郭二人先後出事，表明習已占上風，其「獵江行動」已進入收割期。

文章以習近平對付周永康採取的「圍捕策略」為例，認為習近平對付江澤民也是這樣，拿掉郭伯雄之後，習近平的下一步就是向江的核心陣地挺進，故下幾隻習最想打的「老虎」應是江澤民的幾名頭號心腹——前軍委辦公廳主任賈廷安、前國家副主席曾慶紅等。

大陸《炎黃春秋》雜誌 2015 年第一期就拋出一枚重磅炸彈——中共軍隊總後勤部營房部前部長、退役少將張金昌撰寫的萬言回憶文章《我認識的貪官王守業》。該文不僅揭露當年的諸多軍中祕聞，更用近乎點名的方式指證賈廷安是因貪腐落馬的原海軍副司令王守業的後台，賈在王的升遷中起到了重要的作用。

文章寫道，王守業利用工作之便，在參加軍委常務會議討論

營房有關議題時，利用「拉老鄉」關係，接近和拉攏中央軍委領導的祕書 XXX，從吃請開始往來，然後打得火熱，親如兄弟。

4 個月後，XXX 祕書竟以中央軍委領導辦公室的名義正式打電話給總後領導，要報王守業為營房部部長。1996 年 1 月，軍委正式任命王守業為總後基建營房部部長。

張金昌說，他有一次與退下來的總後領導交談時，當面問過：「當時我向你多次匯報過王守業道德敗壞、品質惡劣的問題，為什麼他還能當部長？」他說：「你不知道，當時 X 辦打了電話的。」

王守業曾經歷被「雙規」、釋放、再被「雙規」的戲劇性一幕。文中表示，據可靠消息，王守業被「雙規」很快就觸動了上層某些人的神經。有人動用大人物關係給中共中央去電要求放王一馬。幾天後，王被放了出來。

賈廷安長期擔任江澤民的祕書，在江澤民任中共軍委主席後進入軍隊，成為「沒有當過一天兵的將軍」。海外中文媒體說，賈廷安與江澤民的關係極為密切，他們的交集始於 1980 年代江澤民在電子工業部任職時期，那時賈就被江看上並得到重用。

2004 年，賈廷安調升軍委辦主任，並於 2005 年晉升中將。2008 年 1 月，賈廷安被胡錦濤調出軍委，進入總政擔任常務副主任。2011 年 7 月，賈廷安晉升上將軍銜。

外界普遍相信，大陸媒體曝光這段祕聞，是習近平要處理江澤民的先聲。

軍隊是中共腐敗的重災區。谷俊山、徐才厚、郭伯雄案發後，據稱已有近二百名現役或退休將領因涉貪腐，被當局調查。谷俊山案、徐才厚案、郭伯雄案均涉及江澤民，江涉案線索早被習王掌握。

第五節

軍中將領洗牌
「獵江行動」正進行

2015 年 7 月 13 日，中共軍報整版刊登文章批漢奸，中國問題專家分析認為，這是中共內鬥以「你懂的」方式影射江澤民。（大紀元合成圖）

習近平清除江澤民題字

2014 年 8 月 4 日，大陸微博流傳兩張「江澤民題字題名正被撤掉」的照片。民眾跟帖故意問「誰告訴我這是在做什麼？」有人直接稱「拆江！哈」。相關微博迅速遭刪除。

就在之前的 7 月 29 日傍晚，江派大佬、中共前政治局常委、政法委書記周永康被公布立案審查。

2014 年 4 月，網上傳出一封自稱是幾名中共總政機關幹部舉報郭伯雄的公開信，裡面提到，在 3 月中旬中共軍隊統一懸掛五代黨魁題詞之前不久，習近平通過在軍中的心腹，曾經把「八一大樓」東門前江澤民題寫的五句話給剷除了。

　　據自由亞洲電台報導，2016 年 8 月 13 日，大陸微信圈熱傳兩張圖片，一張是四名工人正在一座建築物的外牆，清除江澤民對軍隊的一段題詞，題詞內容已被完全刪除，只剩下江的部分簽名正在清理中。另一張圖片則為工人清除工作前大樓的外觀，上有江於上個世紀九十年代初，對軍隊的一段題詞。

軍方挑頭清算江澤民

　　郭伯雄在徐才厚死後幾個月應聲落馬，令前中央軍委主席江澤民成眾矢之的。

　　2015 年 8 月 10 日，中共黨報《人民日報》第七版上的一篇篇幅不長的評論文章，引發網路和海外媒體大討論。絕大多數媒體都認為這是在點名江澤民。

　　海外華文媒體都認為，這篇作者名為「顧伯沖」的文章《辯證看待「人走茶涼」》是在批評中共政壇上的「老人干政」現象。文章中被引用最多的話是：「有的領導幹部不僅在位時安插『親信』，為日後發揮『餘權』創造條件；而且退下多年後，對重大問題還是不願撒手……這種現象不僅讓新領導左右為難，……還導致一些單位庸俗風氣盛行，甚或拉幫結派、山頭林立……」

　　公開資料顯示，顧伯沖是大陸有名的軍旅作家，1997 年至今任中共總政治部幹部部副師職幹事。

　　《新京報》微信帳號「政事兒」對此發表文章稱，至 2015 年 8 月 18 日，恰好是鄧小平倡導的廢除領導幹部終身制 35 周年。隨後文章稱，朱鎔基退休後也明確表示，不在其位，不謀其政，最大的原則就是不談工作。此後胡錦濤也被提到，指胡主動提出

不擔任軍委主席職務。

但是，文章偏偏跳過了江澤民。

《紐約時報》在 2016 年 8 月 12 日發表文章說，《人民日報》這篇評論並沒有指名道姓，媒體施加的壓力表明，習近平想要進一步削弱包括江澤民在內的前任領導人揮之不去的影響力。

日媒認為，《人民日報》的文章有著強烈的警告意味，似乎是在影射前任領導人江澤民。

傳軍方教授暗指江澤民非「三代核心」

有海外中文媒體 2016 年 7 月報導，5 月 22 日，中共國防大學教授馬駿在一個講座中語出驚人。他說「現在習近平出來，可謂恰逢其時，他是真正的第三代領導核心」。此前，中共稱江澤民為「第三代領導核心」。

網路上流傳的馬駿教授 5 月 22 日下午的一個講座的文章裡面談到，如果十年後再反腐，就是十個習近平也難以挽回。現在習近平出來，可謂恰逢其時！他是真正的第三代領導核心（前兩代是毛、鄧，原話如此）。

在中共官方公開報導中，中共前兩代核心分別是毛澤東和鄧小平。江澤民被稱為中共「第三代領導核心」。一位資深新聞界人士表示，馬駿的這個講話，不僅加冕了習近平「核心」之位，更把江澤民直接踢下了第三代中共領導核心位置。

時事評論員李林一認為，中共軍隊成為腐敗的重災區，現在多個軍方人士出來表態，顯示習近平軍權在握，軍方已開始挑頭清算江澤民。

《軍報》刊登長文批漢奸或影射江澤民

2015 年 7 月 13 日，中共《解放軍報》用整版刊登長文：抗戰期間「漢奸現象」的現實反思。文章描述了中國抗戰期間包括汪精衛、陳公博、周佛海在內的漢奸歷史，稱漢奸為國家之恥，民族之羞。文章借古喻今，最後歸結到要剷除滋生漢奸的土壤，並要嚴懲漢奸，文章最後說——同「漢奸現象」作鬥爭未有窮期。

時政評論員夏小強分析，中共官媒報導的內容、格式都有嚴格的規定。軍報文章大談漢奸，意在當下，這種筆法與此前中共官媒用「慶親王」來影射曾慶紅如出一轍。

現今中共黨內最大的漢奸是江澤民。在抗戰南京淪陷期間，江澤民的父親江世俊（江冠千），擔任汪精衛南京日偽政府宣傳部副部長兼社論委員會主任委員。江世俊將兒子江澤民送到汪精衛偽政府辦的偽中央大學讀書。當時的中央大學是日軍培養高級漢奸和實施皇民化教育的偽中央最高學府。江澤民後又參加了侵華日軍間諜頭目丁默村、李士群在偽中央大學辦的第四期青年幹部培訓，並留有照片，鐵證如山。江澤民其實是日本特務。

江澤民的「二奸二假」，不僅在中共高層盡人皆知，同時也在中國民間廣為流傳。「第一奸」是江澤民本人和親生父親都是日本漢奸；「第二奸」是江澤民為俄羅斯間諜機構效力出賣大片中國領土。

中國政變大陰謀

第七章

令計劃因車禍結盟

令計劃腳踏兩隻船，成為官場的無間道、兩面人。一生謹慎的他，在仕途的巔峰時期，一場突發車禍使他方寸大亂，調動「禁衛軍」平息風波，犯了黨內大忌。而與周永康早已「暗通款曲」，危機處理中洩露了兩人的同盟關係，攪動一灘渾水。

「新四人幫」薄熙來、周永康、令計劃、徐才厚要麼進秦城監獄，要麼一命嗚呼。（大紀元合成圖）

第一節

圍繞法拉利車禍的爭奪戰

2015 年 7 月 20 日，官方公布令計劃被「雙開」，移送司法機關處理。令計劃仕途逆轉起源於 2012 年的一場車禍。相比於大陸媒體遮遮掩掩的暗示，海外媒體對這場車禍的報導，比好萊塢諜戰片還精彩。

北京 2012 年這場神祕的法拉利車禍造成一死二重傷。死者為令計劃 24 歲的獨子令谷，同車兩名重傷美女據稱「衣衫不整」。

「為掩蓋兒子死因，令計劃與當時的政法系統負責人達成了某種政治約定。但這個約定隨即敗露，令計劃的政治道路由此逆轉。」財新網在 2014 年 12 月 22 日官方公布令計劃落馬後，隨即發布了上述消息。

這是大陸媒體第一次證實令計劃落馬與法拉利車禍及周永康的關係，儘管這篇報導馬上在網上被刪除。

仕途逆轉

中共十八大前的 2012 年初，令計劃處在仕途的巔峰時期，被外界普遍認為有望高升，甚至可能會入常。但是當年 3 月 18 日，上述突如其來的車禍改變了這一切，令計劃仕途開始走下坡路：

2012 年 9 月，令計劃不再擔任中共中央辦公廳主任，接替杜青林兼任中共中央統戰部部長。

2012 年 11 月，令計劃不再擔任中央書記處書記，僅連任十八大中央委員。

2013 年 3 月，令計劃擔任中共全國政協副主席。

2014 年 12 月 13 日，令計劃最後一次公開露面，主持中央統戰部的通報會。

2014 年 12 月 22 日，官方正式公布令計劃被調查。

在令計劃被調查前後，他的家人頻頻出事。

人民日報社主辦的《中國經濟周刊》2015 年披露，令計劃被調查後，令妻谷麗萍也被帶走調查。但令計劃落馬後，未見谷麗萍被帶走的官方消息，也未見谷麗萍有過任何公開露面。

在令計劃被調查前半年，其兄令政策（任山西省政協副主席）於 2014 年 6 月 19 日被調查，2015 年 8 月 21 日被開除黨籍和公職。2016 年 12 月 16 日，令政策因受賄 1600 多萬人民幣被判處其有期徒刑 12 年半。

令計劃被宣布調查前兩月，其弟令完成也傳出被調查的消息。令完成是一名商人，化名是王誠。關於他的信息和處境眾說紛紜，沒有確切的官方消息。

令計劃妻弟、黑龍江省公安廳黨委委員、副廳長谷源旭，

2014 年 12 月底也被帶走調查。谷源旭妻子羅芳華也於 2015 年 1 月被曝遭調查。

2014 年 6 月至 7 月，令計劃的姐夫、運城市副市長王健康曾消失 54 天。運城官方解釋說，這 54 天王健康「請假了」。多名知情人對「政事兒」說，王健康已於 2015 年 7 月 12 日被帶走調查。

令計劃落馬後，他的多個朋黨隨即跟著被調查。

2015 年 1 月 16 日，國家旅遊局副局長霍克被調查。霍克之前長期在中辦工作，是令計劃的直接下屬，兩人被查的時間間隔僅為二十多天。

同一天，中紀委還通報，國家安全部副部長馬建被調查。馬建被指與令計劃關係密切。

1 月 31 日，民生銀行行長毛曉峰被帶走調查。毛曉峰也曾是令計劃下屬，關係密切。

香港雜誌 1 月曝出，令計劃家族被查封資產高達 837 億元人民幣，流出境外資金有 45 億美元。令計劃家族的腐敗與周永康家族的貪腐可謂並駕齊驅。

極力掩蓋

這場「計劃風暴」起源於北京一場蹊蹺的車禍。

車禍發生在 2012 年 3 月 18 日凌晨四點，北京市海淀區保福寺橋附近濕滑的環路上。令計劃兒子令谷駕駛的一輛法拉利跑車失控撞橋解體。車上三人被甩出車外，男子當場死亡，兩女重傷送醫。重傷的兩名女子皆為 25 歲的藏族美女。多家媒體報導稱，三人「衣衫不整」。

據悉，撞毀的「法拉利458」，只能坐二人，卻擠了三個人。當時下雪路滑，法拉利在轉向時，坐中間偏左的女郎因離心力關係，在強大的慣性下，身子自然偏向左邊壓住了男子，致使該男子無法操作，釀成慘禍。

案發後，率先到達現場的當然是交管民警，緊接著又有兩批武裝力量火速趕抵。其一是令計劃私自調動的中央警衛局人員，其二是中央政法委幹員。兩班人馬支開交警，全權接管，嚴密封鎖消息。據報導，相關方面火速封鎖現場、火速清洗馬路、火速拖走並銷毀殘骸，死者以假名火化。

就處理車禍問題，時任政法委書記周永康和令計劃商談。當時周永康表示，全面封鎖車禍消息，願意支援令計劃進入常委。作為回報，令計劃確保中央不再追究周永康，停止中紀委已經開始的調查，確保周與薄熙來和薄谷開來的謀殺案做完全切割。同時周永康和令計劃決定成立一個來自周、令陣營的兩人小組，協作消除車禍「傳聞」。

當夜，令計劃得到時任政法委書記周永康的協助，將令公子車禍消息壓下來。至此，也暴露了令與周聯盟的陰謀，暴露了令計劃身為胡錦濤貼身祕書，同時又是江派人馬的兩面人身分。

令谷車禍前三天（3月15日），剛發生薄熙來被免事件。3月19日即車禍第二天晚上，北京安全力量出現異動，軍事政變的傳言在網上流傳，一時間消息相當混亂。

這場號稱改變中國政治格局的車禍發生第二天，《新京報》和《北京晚報》即有報導，還發布了現場圖片，但沒有透露死者身分。這些報導隨即被從網上刪除，「法拉利」和「法拉利撞車」等關鍵詞搜索被屏蔽。警方、消防部門和幾家當地醫院均拒絕評

論此事。中宣部下令《北京晚報》不得傳播那張照片。

第二天，《環球時報》英文版報導說，一夜之間網上關於這起撞車事件的所有信息幾乎全被刪除，引發人們懷疑已死亡的駕車者的身分。

令谷死亡近三個月之後，令谷的社交網路帳戶上還發出了帖子：「謝謝，安好，勿念。」這個貼子起到了平息傳言的作用。但後來的消息顯示，這條訊息是假的，是其他人用令谷的化名發布的。

《紐約時報》說，這一作假行為是壓製法拉利車禍消息的眾多複雜手段之一。在十八大上仕途看好的令計劃極力隱藏其子之死，包括胡錦濤在內的中共領導層都不知道。

令計劃將整個事件瞞著胡錦濤，其後隨同胡錦濤出巡辦事，他一直若無其事，神情輕鬆，甚至談笑風生，毫無喪子之痛，被網友稱作「用特殊材料做成的黨員」。

江、曾發難

本來一場車禍在北京是再小不過的事情，但不尋常的後續處理驚動了北京市長郭金龍。

香港《前哨》雜誌 2012 年 9 月的文章說，首先是市交管部門被「相關部門」打招呼禁止跟進，接著網上閃電刪盡相關網文。政爭漩渦中心的郭金龍高度敏感，運用「現管」之便，通過手中交管、殯葬、醫療諸部門，迅速搞清車禍真相——死者為令計劃的獨子令谷（化名王子雲），事發時疑正與兩名美女大學生「車震」中。

　　郭金龍第一時間向自己的「幫主」詳盡匯報。「幫主」如獲至寶，一聲令下，偵騎四出……

　　據說「成果」是震撼的。24歲的令公子擁有各款名車101部，其中肇事後變為廢鐵的法拉利，價值560萬元，屬其「藏品」中的「中價車」。此外蘭博基尼、卡迪拉克……絕版的、限量發售的……林林總總，總共價值少說五個億。

　　「幫主」當機立斷：就以此為突破口，由車主查車位車庫，由車位車庫查所屬物業，由車位物業查業主身分……順藤摸瓜，一查到底，連根拔起深埋土中的大蘿蔔。

　　令公子擁有的101輛名車，分別停泊在近90處物業車庫車房裡，物業多為天價近郊獨立別墅，鬧市高層大廈的豪宅單元也為數不少。而物業業主，全為令氏家族四兄妹（令路線、令政策、令方針，令完成）、令妻谷麗萍親屬，他們本人或為他們所擁有、控制的公司、基金，總體樓價保守估算不少於50億。

　　接著「以樓查樓」。根據令氏、谷氏物業業主姓名，以及其掌控公司的高層要員姓名，追查一干人等與地產商、地產公司的利益關係，說白了即所占股權份額。性質囊括建造業、租賃業、屋業管理，範圍拓闊至全國各省加港澳國際。再然後更上層樓，調查延至令太太全權「奉獻」的幾大慈善基金。

　　據說初步查出令氏家族涉貪至少人民幣3500億元！

　　等到2012年6月下旬，揭幕中共權力交接的北戴河會議即將來臨，換屆的北京市委會議也召開在即，江派的「超齡書記」劉淇實在「超」不下去了。郭市長的「幫主」江澤民、曾慶紅，轟然一聲向眾人拋出上述「炸彈」。

　　被打了個措手不及，令計劃百口難辯，胡錦濤目瞪口呆！

朱鎔基晃著滿頭的白髮，連連驚呼「想不到，真想不到……」朱還痛斥令計劃「無人性」。

本來胡錦濤想讓令計劃接北京市委書記這個肥缺，然後作為跳板入常。江派此時順理成章提出無可辯駁的建議：具備五年北京工作經驗的郭市長，是最適合的書記人選。於是，65 歲的郭金龍「立功受獎」，扔下返鄉行囊，意外地撈了個北京市委書記。

江澤民和曾慶紅並進一步藉此在十八大人事上向胡錦濤施壓。

這裡半路殺出的郭金龍究竟是何許人？《前哨》指出郭金龍不是團派乃江派。文章說，南京出生的郭金龍南京大學一畢業便「發配」巴蜀，三十餘年仕途，從川官、藏官、皖官當到京官，從未做過共青團幹部。雖然與胡錦濤先後赴西藏就職，但中間隔了一年多無從交集，團派胡派之說理據何來？2007 年胡總雖已「扶正」有年，但將郭調京任二把手絕非出自胡的意願，換個角度講，江派死黨京城霸主劉淇，臥榻之旁豈會容留一個團派副手貼身監視？

文章指郭近十餘年的平步青雲，全賴兩任中組部長曾慶紅和賀國強的提攜，他當然是曾、賀身後總舵主江澤民的馬仔。

郭金龍是江派人馬，從 2015 年「追查迫害法輪功國際組織」的追查通告，也可以得到證實。通告指出，自江澤民鎮壓法輪功以來，郭金龍緊跟其後，使得其先後任要職的西藏自治區、安徽省、北京市的法輪功學員均遭受嚴重迫害。尤其是他在北京任職期間竭力參與迫害，使北京市成為迫害法輪功最嚴重的城市之一。

關於這場車禍的調查還有一種說法，即傅政華調查了車禍原

因，沒有理會周永康的警告，將實情報告給了中共高層。最後江澤民在 2012 年北戴河會議上藉機發難。

無論哪種說法，最後結論都是殊途同歸。

兩面人蔣潔敏

2013 年 9 月，多家媒體報導，被調查的國資委主任、前中石油董事長蔣潔敏涉入法拉利車禍事件。車禍後，有數千萬元款項從中石油的帳戶轉到了車禍中受傷的兩名女子家人帳戶，蔣潔敏因此曾受調查。

大陸媒體報導，蔣潔敏是周永康的親密盟友，而周永康被指通過石油交易獲取不正當利益。但蔣潔敏又如何甘願為令計劃輸送數千萬元款項？原來他也像令計劃一樣，腳踩兩隻船，投靠兩個主人。這在中共官場司空見慣。

《前哨》2013 年 12 月的文章說，綜合蔣潔敏和周永康兩人交代的內容可知，車禍發生後，令計劃曾求助周永康幫其擺平事端，掩蓋真相。周三次動用公安部門修改其子令谷的身分證信息，同時動用網監手段，派人操縱其社交網路帳戶，做出令谷仍然在世的假象。

而周永康所不知的是，與此同時，他的昔日馬仔蔣潔敏也與令計劃搭上關係。蔣應令要求，從中石油的帳上打出數千萬元人民幣，給兩名車禍重傷倖存的藏族女生家屬，作為封口、做假口供以及補償費用。

車禍真相暴露後，2012 年夏天，蔣潔敏被相關部門約談詢問。他當時的職務是中石油董事長。但蔣在半年後的十八大上，

不僅官升一級，獲委正部級的國資委主任，而且還當上了中共中央委員。

2013 年 8 月 31 日，在習近平橫掃「油老虎」的狂潮中，蔣潔敏中箭落馬，終於交代了這筆既無財務記錄也無正常收據的巨額賄款。調查中的周永康於是也被問到同一問題，他專門向中央寫了一份數千字的「情況匯報」，稱自蔣離開勝利油田後，與他已多年未有聯絡；令計劃向二女付數千萬元「封口費」事有耳聞，但不知何人提供，更想不到出自蔣的中石油「小金庫」。

其實蔣潔敏已經投靠了當時炙手可熱、一手遮天的令計劃。能夠順利升入中委，是令一手操盤促成。儘管十八大前令已失勢，為了報答蔣的投靠，之前已為蔣鋪好升遷路。但是，也有港媒稱蔣潔敏的升遷是周永康的安排。

抓捕蔣潔敏，已經臭不可聞的中共對外放風「自己面子上也不好看」。《鳳凰周刊》曾對蔣潔敏的落馬評論道，致使中共新一屆中央組建不到十個月就不得不查辦一名剛剛進入中央委員會的委員，開了一個極壞的先例，「極大地損害了自身的形象」。

北京一位知情人士說：「你看這隻令狐狸多厲害，周永康、蔣潔敏同時為車禍案不遺餘力擦屁股，而兩人對於對方的角色卻完全不知情。不過如今真相水落石出了，你再厲害也救不了自己的命了。3000 萬是什麼概念？死緩的劉志軍無期的薄熙來統統被你超越啦！」

據說胡錦濤對令背後的評語是，「那個人啊，機關算盡太聰明，自作自受吧。」

殺人滅口

為了掩蓋這場車禍，令計劃還涉嫌殺人滅口。法拉利車禍發生半年後，其中一位傷重送往醫院治療、正在康復中的姑娘楊吉突然死亡，醫院聲稱是猝死。但香港《亞洲周刊》2012 年 10 月的報導質疑其中另有隱情。

報導說，楊吉傷得比較嚴重，生命一度垂危。但經過醫院一段時間的全力搶救後，醫生告訴家屬說，姑娘已完全脫離了危險期，性命保下來了，但會落下終身殘疾。

病情好轉的楊吉開始感到寂寞，躺在床上，她手拿著iPhone，到處找人發簡訊、聊天。2012 年 9 月，楊吉感到不舒服，醫生給她打了一針，楊吉昏睡過去後就再也沒有醒來。醫院宣布她突然死亡，家屬都不敢相信這是真的，從死神處走回來的楊吉怎麼又被奪去生命？

有人向《亞洲周刊》表示，中共的高官家屬連外國人都敢毒死，還有公安高官參與隱瞞，一個中國公民又算得了什麼？他懷疑死因另有內情，但無奈，楊吉的遺體早被火化。

北京知情者說，有高官弟子早就多次提醒日夜守候在病房中的楊吉家人，勸姑娘不要與外界聯絡，要保持低調。「事情很複雜，因為全世界都在打聽這宗交通意外背後的故事。」

冰櫃藏屍

除了調動中央警衛局，動用數千萬封口費，涉嫌殺人滅口，令計劃還以「冰櫃藏屍」來喊冤，說兒子遭到報復性政治謀殺。

《前哨》文章說，其實在令計劃視權位高於生命的價值觀中，和政治得失相比，兒子只不過是一件工具，若妨礙其仕途攻略，必毫不猶豫地棄之一隅。而正因為是工具，若能用以避凶擋災，自會不失時機地拎將出來。一年多過去後，撞車事件引發的「圍觀潮」已消退，當時沒流一滴淚而遭朱鎔基痛斥「無人性」的冷血父親令計劃，突然「人性回歸」，大聲呼起冤來。

令計劃通過身邊人傳話境外媒體，「假名火化」乃有人造謠，愛子遺體至今仍存放在零下 20 度的冰櫃中，並斷言令谷同學並無「車震」，只是趕赴派對途中出事，而且事出蹊蹺，絕非一般尋常車禍，而是恐赫威脅未果的報復性政治謀殺。令計劃曾向中央提出申訴，要求對其子車禍死亡展開調查，揪出幕後殺兒凶手，並誓言真相一日不大白，愛兒冰屍便一日不解凍。

2016 年初，還有另外一椿傳聞，難辨真假。海外媒體報導說，出事的法拉利是河南商人郭文貴為討好令計劃所送。令谷的法拉利車禍當晚，其正在開車去郭文貴的盤古大觀給國安部原副部長馬建送兩位美女。2015 年 1 月 16 日馬建被公布調查。海外消息指，馬建涉及周永康和令計劃案，並利用管道透過海外華人洗錢。馬建還涉嫌散布虛假消息、構陷高官，並涉及與多名女性通姦等。

一場車禍演繹出這麼多離奇的劇情，暴露了這麼多複雜的關係，可以說是令計劃始料未及的。

人算不如天算，作惡者欲蓋彌彰，可以說是天意。

第二節

令與薄周江胡的真實關係

據傳令計劃（左）由薄一波一手推上位，是薄家一顆棋子，與薄熙來（右）是暗中勾結的死黨。（Getty Images）

　　令計劃案中，最複雜也最令人關注的是令計劃和胡錦濤、江澤民、周永康、及薄熙來之間的關係。

　　令計劃是胡錦濤一手提拔的嫡系嗎？還是江派安排在胡身邊的臥底？令計劃在胡錦濤和江澤民之間究竟傾向於哪一方？令計劃和薄熙來是什麼關係？令計劃和周永康在法拉利車禍之前就有交易嗎？理清楚這個「蜘蛛網」，中共政壇近年來一鍋粥的亂鬥也就清楚了。本文將試圖解開這些謎團。

大內總管

　　令計劃在法拉利車禍中原形畢露，在此之前，沒有人懷疑令計劃對胡錦濤的忠誠。

　　令計劃 2007 年 9 月至 2012 年 9 月擔任中共中央辦公廳主任，該職務有「大內總管」之稱。任職期間，令計劃經常陪同胡錦濤出訪，但照片很少見報。據大陸媒體報導，令計劃在中央決策中扮演重要角色，具體細緻到安排胡錦濤何時收看《新聞聯播》。

　　香港《明報》2011 年 3 月 12 日報導了一則新聞，突顯令計劃在中共中央運作中的樞紐角色。

　　3 月 11 日下午 3 時 57 分左右，中共最高法院院長王勝俊正在兩會主席台上宣讀報告。一名工作人員走上主席台，將一份文件交給令計劃，再遞到胡、溫手上。胡、溫在主席台先後批示，而這名工作人員一直半蹲在令計劃旁邊等候。批示後，胡、溫分別向這名工作人員交代了幾句，工作人員再回到令計劃旁邊，令計劃簽名後也叮囑了幾句。

　　之後，工作人員叫主席台第二排主管救災的國務院副總理回良玉離場，令計劃也跟著離場。約十分鐘後，回良玉返回主席台座位，同時叫中央軍委副主席郭伯雄離席，此時主管外交的國務委員戴秉國也離席。

　　至 4 點半，郭伯雄、戴秉國先後返回座位，令計劃也返回座位，顯示這宗緊急公務處理完畢，主席台恢復平靜。

　　至於這宗「十萬火急公務」到底是什麼，報導最後說「仍是個謎」。但上述動作無疑讓人看清楚令計劃作為「大內總管」在中共中央運作中發揮的作用。

　　一名在胡錦濤辦公室工作了六年的官員被降職，他發牢騷透露，胡錦濤一直深藏不露，讓人搞不懂怎麼回事。但他明顯感覺到，領導胡辦的是令計劃，「決定中國大小事務的，也是令計劃和令計劃這樣的祕書，而不是總書記本人在統治中國。」這篇文

章 2010 年 9 月發表在博訊網。

瞞天過海

2012 年 3 月法拉利車禍發生後，令計劃本想瞞天過海。事情敗露後，令計劃求助胡錦濤。

《亞洲周刊》稱，2014 年 7 月底，令計劃去胡錦濤家拜訪，懇請胡錦濤能出面與習近平溝通求情，他堅稱自己絕對沒有違法違紀，兄弟間家族裡的一些事，自己並不知詳情。在中央辦公廳任職那麼多年，工作中難免得罪一些人，黨內有人想藉此下手妖魔化他。

《明鏡月刊》援引胡錦濤身邊人員透露，令計劃痛哭流涕，向胡錦濤保證說，「如果全國幹部都貪污腐敗，我令計劃也是清官，我每一天都為總書記忠心耿耿地工作，回家只是換身衣服，哪有時間腐敗……」但胡對令這番表演沒有表明態度。

還有媒體報導令計劃甚至向胡錦濤下跪求情。

2012 年 11 月，胡錦濤全退後痛定思痛，他發現很多事情被令計劃蒙在鼓裡出賣。尤其令胡不能容忍的是，在許多重大人事及工作安排上，令完全沒有如實匯報，甚至是刻意欺騙。提拔蔣潔敏和劉鐵男就是實例。

據《前哨》2013 年 12 月報導，劉鐵男在發改委可謂「萬人憎」，多番專業考試又不合格，但 2006 年突然從司級位上提拔為副部級的東北辦副主任。一片譁然之中，部領導的理由竟是：「劉鐵男已經改正了那些缺點。」其後又「帶病」升任正部級能源局長，一切都是令計劃假胡之名突擊提拔這位山西同鄉。

外面知道劉鐵男是江澤民的人，但劉鐵男通過丁書苗張羅的高官俱樂部——西山會也同時攀上了令計劃。

於是，胡錦濤對令計劃案不再說話。甚至有人傳出他背後的感言：「劉鐵男、蔣潔敏都完蛋了，都不關我事，不是我要提拔的。那個人啊，機關算盡太聰明，自作自受吧。」

之後，有報導說，胡錦濤向現任中共總書記習近平表明，無論是誰涉嫌腐敗，習都可儘管放手去查，言外之意就是他不會干涉調查令計劃，這為最終收拾令計劃達成了一定的默契。

令胡無交集

令計劃有意無意營造印象，好像他是胡錦濤看中，從團中央一路提拔上來的嫡系團派。

查看官方公布的簡歷可以發現，令計劃 1979 年調入團中央時，胡錦濤還是甘肅省建委的副處長。1982 年 12 月，胡錦濤首次調入團中央，任書記處書記，當時令計劃正借調河北省一年，其後又為補學歷到中國青年政治學院學習兩年。直到 1985 年胡調離團中央外派貴州省委書記後，令計劃才結束學業返回團中央，做到 1995 年。而胡錦濤直到 1992 年還遠在西藏當一把手。這 16 年間，令計劃和胡錦濤幾乎沒有交集。不能說在團中央待過，就都是胡錦濤的人，何況胡錦濤那時候還到邊遠地區任職，自身前途未卜。

德國之聲中文網曾報導稱，令計劃真正的升遷之路，是在 1995 年，胡錦濤成為「接班人」的三年之後。令計劃在中共團中央宣傳部部長位子上，被調入中央辦公廳，擔任調研室三組負責

人。當時胡謹言慎微，正觀察高層風向，不可能為自己調兵遣將。

隨著令案發展，2014 年 8 月，海外多家媒體報導，胡錦濤向身邊人士重申，令計劃雖然曾給他當過多年大祕和大總管，但根本就不是他的什麼「自己人」，也不是他親自提拔的什麼團派成員。

消息人士說，提拔令計劃擔任中央辦公廳主任的不是胡錦濤，而是令計劃身後的利益集團，其中包括「太子黨」的勢力，也可以說令計劃是諸多勢力在胡錦濤身邊安插的「眼線」。

薄一波「養子」

令計劃不是胡錦濤提拔的，那麼他在仕途關鍵點上究竟是被何人提拔？

據多家媒體報導，令氏兄弟的父親令狐野，在延安時曾與後來擔任過中共中央副主席的汪東興長期共事，是晉察冀邊區第一任醫藥局長。薄、令兩家在那時候就有了淵源：令計劃父親令狐野和薄熙來父親薄一波，本是一對往來頻繁、有多年交情的山西密友，而薄一波幾乎將令計劃視為養子。1979 年，薄一波重新獲權剛一年，就將令計劃上調團中央。

消息人士說，令計劃調到團中央及以後的晉升，都是「中共八老之一」的薄一波一手安排和提撥的，令計劃是薄家的一個棋子。

辛子陵 2015 年 1 月也對澳大利亞國家廣播電台表示，令計劃案件是薄熙來案件的延伸。令計劃家族與薄家有很深的歷史淵源。

他說，2007年令計劃能成為胡錦濤的大內總管、中央辦公廳主任，也是因為有共青團和薄一波這兩個背景，胡錦濤能夠接受他，江澤民也能通過。薄一波對江有恩（江初登總書記大位，陳希同揭露了江的生父江冠千在汪偽政府任職問題，鄧想換掉江，是薄一波出面說情，使江度過了危機），江則以扶持薄熙來相報。所以，薄一波是一手托兩家。令計劃則成了一個腳踩兩隻船的人物。胡錦濤與江澤民矛盾激化後，令計劃事實上成了江派在胡錦濤身邊的臥底。

生死同黨

那麼，令計劃與薄熙來關係如何呢？

海外媒體報導，薄熙來每次來京，都要經過令計劃安排與胡錦濤密談數小時。六常委到重慶山城朝拜「唱紅打黑」，也都由令計劃一手安排。

媒體還曝出當年陳良宇因上海社保案落馬，策劃、實施者正是時任中辦副主任令計劃與時任商務部長的薄熙來。兩人之後的升遷也證實了這一點。薄在陳良宇倒台之後，於中共十七大順利進入政治局；令計劃後也被升為中辦主任。而在上海社保案之前，身為中央政治局委員的陳良宇一度被視作中共十七大入常熱門之一。雖然陳良宇也是江家幫，但薄熙來想達到自己的目的會不擇手段。

那麼外界一直流傳令計劃是倒薄推手，這又如何解釋？

《前哨》的文章說，「如果沒有薄一波，作為一個邊城處級幹部的兒子，令計劃努力終生，恐怕最多也只能爬上個廳級官位

吧。挑明這一家族淵源，自然也粉碎了令計劃扮演反薄英雄的計畫。而事實上他不僅不是反薄英雄，反而是如假包換的薄熙來同黨。」

文章舉了一個例子。王立軍被押進京的第二天，2012 年 2 月 8 日，重慶市政府新聞辦發布消息稱：「據悉，王立軍副市長因長期超負荷工作，精神高度緊張⋯⋯現正在接受休假式治療。」同時重慶門戶網站「華龍網」上，出現一份王立軍的精神狀況診斷書，由第三軍醫大學附屬醫院開具，稱王「存在嚴重抑鬱狀態和抑鬱重度發作，建議組織干預，對患者實施治療」。

與此同時，千里之外的北京，軍方 301 醫院裡，由令計劃督陣，正命令精神科醫生對王立軍進行「真人診斷」。其診斷結論是「間歇性精神病」，印證了重慶軍醫大千里隔空的「醫療斷症」。

《紐約時報》中文網 2013 年 8 月 31 日的報導也證實，令計劃安排的「這次檢查可以被用來為薄熙來開脫」。

「如果王不是在安全部手中，而是在政法委手中，薄谷開來的如意算盤便打響了（開精神病診斷書是谷的建議），王必將在精神病院中經『組織干預』迅速治療至傻至死。」《前哨》的文章說，這種事「相信只有生死與共的同黨才能做得出來」。

令周聯盟

2014 年 12 月 22 日，令計劃被宣布落馬。大陸財新網隨即發出報導說，法拉利車禍後，「為掩蓋兒子死因，令計劃與當時的政法系統負責人達成了某種政治約定。但這個約定隨即敗露，

令計劃的政治道路由此逆轉。」但這裡沒有披露是何種「政治約定」。

袁紅冰所著《台灣生死書》一書中披露了這個「約定」：法拉利事件發生後，周永康約令計劃密會，首先讓令計劃翻閱一祕密檔案。檔案中，令計劃家族成員仗其之勢，在山西壟斷煤礦，濫權貪瀆，做買官鬻爵之捐客以斂財，暗開賭場以致暴富等惡行惡狀，事無鉅細，皆記錄在冊。令計劃閱後，冷汗遍體，目眩神搖。於是二人達成默契：周永康助令計劃在秋天召開的中共十八大上進入政治局常委之列；令計劃助周永康同薄熙來切割，全身而退。

令計劃和周永康在這次聯盟之前究竟是何種關係？

《前哨》2012 年 9 月文章說，令周之間早已暗通款曲，早已私定有限合作「君子」協定。所謂「有限」，他當然不會愚蠢到捨棄最大、最強的利益源頭胡錦濤。

文章說，2010 年開始，為滲透周永康控制的政法委，胡錦濤以加強部門間合作力度為由，要求令計劃以書記處書記身分，每月不得少於一次，與政法委正副書記周永康、王樂泉例行聯席會議。令計劃深知老周憑川油有數百億身家，一來二往之下，令、周二人居然化敵為友，在胡錦濤眼皮下合作無間。

令計劃效忠的是金錢利益，不完全是江派或者胡派，所以腳踩兩船。這也是為什麼江澤民、曾慶紅也打他，胡錦濤也不救他。

從大陸媒體披露的令氏家族腐敗情況可以看出，雖然令計劃案與周永康案相連，但令計劃也有一個龐大而獨立的腐敗集團，與周氏家族腐敗等量齊觀。

總幫主駕馭「新四人幫」

「新四人幫」，即令計劃、周永康、薄熙來、徐才厚組成新四人政變集團，架空胡錦濤，還要向習近平奪權，坊間對此一直津津樂道。

2015 年 3 月 15 日，中共《人民日報》原副總編輯周瑞金在財經網上刊文稱，周永康被指與薄熙來、徐才厚、令計劃案都有牽連，他夥同李東生、蔣潔敏等人，更是或串聯、或並聯，組成了一張巨大的貪腐網，到了幾乎可以「遮天蔽日」的地步。

這是大陸媒體比較直白地說出了周、薄、徐、令四人聯盟「遮天蔽日」。

辛子陵 2016 年初對澳洲廣播電台表示，「說令、周、薄、徐是個政變集團，其最終目標是推翻習近平，奪取最高權力，這符合事實；但突出令計劃，把令計劃擺在首位，這就不符合事實了。薄熙來政變成功了，薄熙來是一把手，令的地位會上升，比如進政治局，甚至當常委，但還是個幕僚。在這個反黨集團裡輪不到他掛帥，他也掛不起帥來。」

辛子陵說，「造這個輿論，是要反貪打虎止步，掩護老老虎、老虎王。當年抓出王（洪文）張（春橋）江（青）姚（文元），說是『一舉粉碎四人幫』，結束文化大革命。因為四人幫的幫主是毛澤東，應該是『五人幫』，至於四人幫，是為了保護毛澤東。新四人幫的提法是要保護總幫主和他的軍師。這樣說，你懂的，聽眾和讀者也會懂的。」

這裡的總幫主和軍師指的就是江澤民和曾慶紅。

　　中紀委公布令計劃落馬後，原上海大學教授、在上海市金山區經營農場的張炎夏在新浪博客發了兩文，記述張家和陳良宇家幾十年交往中的一些軼事。

　　文章最後說，「其實有些話到現在還是不能說的。令和薄因為已經被判，有問題的我可以說，但這不會是兩個人的問題，令、周、薄，是三駕馬車，只有一人駕馭，大家早晚會知道是誰。」

　　「我們不妨想想，周被抓了那麼多時間才宣布，顯然是有阻力，而且阻力必然來自比周職位更高的人。而令一被抓馬上就宣布了，顯然沒阻力，為什麼呢？最簡單的解釋是阻力來自同一人，清除了抓周的阻力，抓令就沒阻力了。而沒有按照正常程序公布，在夜裡突然宣布，說明習也怕夜長夢多吧，避免節外生枝。」

　　身在大陸的張先生能說到這個地步已經不錯了。這裡的「只有一人駕馭」，當然是指上文提到的總幫主。

　　張炎夏最後語重心長地說，「習主席，你任重道遠。」

　　以上都證實了《新紀元》之前的報導：由於擔心迫害法輪功遭到清算，由江澤民主導、曾慶紅主謀，江派在十七大後制定了薄熙來、周永康聯手政變、廢掉習近平的計畫。該計畫由時任政法委書記周永康和時任重慶市委書記薄熙實施，在中共十八大上讓薄熙來接替周永康的職位，掌管政法委「第二權力中央」；待時機成熟後，聯合江澤民在軍中的勢力，意圖在十八大後兩年內，趕習近平下台，推薄熙來上位。

　　不過現在應該加上，令計劃以中辦主任的身分，居中聯絡，暗中策應。

　　時事評論員夏小強指出，令計劃作為江澤民安放在胡錦濤身邊的「暗釘」，這一點在通過令計劃調任統戰部長後的作為得到

進一步證實。令接手統戰部之後，統戰部加強向海外輸出迫害法輪功政策，在台灣、香港、美國，受統戰部控制的特務組織對法輪功的打壓變本加厲，甚至給出國訪問的習近平製造難堪。在迫害法輪功的問題上，令計劃的臥底身分暴露無遺。

時事評論員李林一表示，令計劃作為中辦主任，在協調中共這部龐大機器迫害法輪功的問題上，是難辭其咎的。「610」是中共專門迫害法輪功的政法系統。但是中共黨委整個系統、整個專政機器，必須是中辦發號施令、協調運作，才能使中共對法輪功的迫害達到如此慘烈的深度和廣度。

綜上所述，令計劃由薄一波一手推上位，是薄家一顆棋子，與薄熙來是暗中勾結的死黨。令計劃不是胡錦濤一手提拔，胡錦濤的性格和不作為給了令計劃很大的空間，以至於令計劃可以「挾天子令諸侯」。令計劃的工作角色和見風使舵的本性，使他與薄熙來、周永康、徐才厚沆瀣一氣，形成「新四人幫」政變集團。令計劃利益至上腳踩兩隻船，亦江亦胡也非江非胡，在胡錦濤和江澤民矛盾激化時成了江派安插在胡錦濤身邊的臥底，一度成了江澤民手中一個棋子。

第八章

令計劃搞幫派圖政變

周永康、薄熙來、徐才厚、令計劃四人在政法系統、黨系統、經濟系統、軍隊系統大量安插自己的人馬，試圖聯手把薄熙來推上政治局常委、主管政法委，把令計劃推上常委，讓周永康留任人大委員長，並等待時機把習近平拉下馬。

令計劃被曝是新四人幫成員之一，大搞幫派團夥、圖謀政變，令外界跌破眼鏡。（Getty images）

第一節

搞幫派圖政變內幕

中共官場一直有「胡家天下令家黨」之說。作為中辦主任，令計劃（下）假胡錦濤（左上）之名構建自己的政治勢力。（Getty Images）

　　網上流傳一個笑話：「向常年戰鬥在敵人心臟的胡錦濤致敬」，並列出胡錦濤身邊一大堆落馬的「老虎」。「現在人們終於體會胡錦濤為什麼總是苦著臉。因為他身邊：

　　「管政法的是壞人：周永康，政法委書記，
　　管公安的是壞人：李東生，公安部副部長，
　　帶軍隊的是壞人：徐才厚，軍委副主席，
　　管政協的是壞人：蘇榮，全國政協副主席，
　　管國家資產的是壞人：蔣潔敏，國資委主任，
　　管科學家的是壞人：申維辰，中國科協黨組書記，

管信訪的是壞人：許傑，中共國家信訪局副局長，

副主席、部長、司長、局長以及地方諸侯許多也是壞人，

就連長年給自己寫文件出主意的大內總管也是壞人，

胡主席啊，你這十年也太不容易啦！整個一個戰鬥在敵人心臟裡啊！」

說的是笑話，卻是殘酷的現實，中共官場就爛到這個地步。

十八大政變名單

「周永康被指與薄熙來、徐才厚、令計劃案都有剪不斷、理還亂的牽連；他夥同李東生、蔣潔敏等部屬，更是或串聯，或並聯，組成了一張巨大的貪腐網，到了幾乎可以遮天蔽日的地步。」大陸財經網 3 月 15 日這篇文章被廣泛轉載。

在中國官場，「遮天蔽日」有擅權、謀反的意思。周、薄、徐、令四人在政法系統、黨系統、經濟系統、軍隊系統大量安插自己的人馬，試圖聯手把薄熙來推上政治局常委、主管政法委，把令計劃推上常委，讓周永康留任人大委員長，並等待時機把習近平拉下馬。

2015 年網上流傳一個涉薄、周政變 18 人的「封官」名單。這份名單包括：薄熙來、劉雲山、梁光烈、黃奇帆、蔣潔敏、周本順、羅志軍、夏德仁、趙本山、司馬南、孔慶東、吳法天、張宏良、薄瓜瓜（薄熙來之子）、劉樂飛（劉雲山之子）、薄谷開來、徐才厚、徐明。其中大部分人已經落馬被抓或死亡，後來還加了新被抓的、號稱政變後「將出任最高法院院長」的前河北省委書記周本順。有報導說習近平是按照這個政變名單抓的人。

　　還有一份被稱為「令計劃名單」的「十八大封官」名單，據
稱是令計劃2012年初和周永康一起制定的。其中令計劃的四大
心腹都「榜上有名」，如江蘇省委書記羅志軍被令計劃和周永
康定為公安部長，江西省委書記強衛也變成中央政法委書記人
選等。

　　這個政變集團以薄、周、令、徐為中心，形成了三支團隊。

　　明鏡網的消息說，最核心的是「決策團隊」，全是「黨和國
家這一級的領導人」。除了時任中央政治局常委周永康、中央政
治局委員薄熙來、軍委副主席徐才厚上將之外，還有前中央軍委
常務副主席郭伯雄上將、前中央政治局常委李長春。

　　第二團隊，是「執行團隊」，主幹是令計劃的鐵桿幹將們組
成的「西山會」，曾有人稱其為「令計劃的禦林軍與敢死隊」，
主要由進入中委和候補中委的山西籍官員組成。

　　第三團隊，是「支援團隊」，人數眾多。

官員祕密檔案

　　這個政變集團除了對參與人員封官許願，還利用國安特務的
力量對付政敵。

　　據博訊2016年2月報導，周永康自2007年出任政法委書記
以後，密令中共國安部利用最先進的特務手段，建立了一個針對
全國廳局級以上官員的祕密檔案庫，由國安部副部長馬建等人負
責。數以萬計的官員政要被列入其中，包括習近平、李克強在內。

　　這個黑檔案庫在周永康與令計劃等人結盟後，被雙方共同利
用，為上千名他們認為是「異己勢力」的官員作了標籤，收集他

們的不利材料，必要時放出，致這些政壇對手於「死地」。

直到周永康垮台時這個系統還在運作。據報導，對習近平、溫家寶家人不利的傳聞就是通過周永康的親信、時任公安部副部長李東生向外釋放的。

2014 年 12 月 29 日，中共政治局開會聽取中紀委報告，中紀委書記王岐山將周永康、令計劃在國安部所設祕密檔案庫的情況擺出時，全場一片譁然。

神祕「西山會」

「紅牆綠瓦，豪車美女，紫檀黃金……織造出了隱蔽、幽靜的權貴交際平台。誰手握著那張通往西山飯局的門票，似乎也就坐上了權力晉級的直梯。那種權力膨脹的速度，並不亞於他們故鄉——煤都老闆的財富迭增。一名大內管家成為他們名副其實的『黨鞭』，正是通過他，郭靜華為自己的丈夫劉鐵男獲得了那張門票。」

這是知名調查記者羅昌平在其自述舉報前能源局長劉鐵男的網路書籍《打鐵記》中披露，劉鐵男加入「西山會」後仕途暢達。

「西山會」，由令計劃於 2007 年建立，由山西籍中共中央委員和候補委員組成。除官員外，只有個別獲得身分認可的同籍商人，才能擁有埋單的資格。「西山會」的會議地點位於北京西郊，以不低於三個月一次的聚會頻率保持聯絡。聚會期間有豪車負責接送，手機、祕書、情人必須隔離。

《打鐵記》披露，「西山會」在這一輪政治周期遭遇重創。尤其是在十八大之前，令計劃召集了三次拉票飯局，並將範圍擴

大至「西山會」以外的旁籍人員。這一有違傳統做法的舉動，構成了重大組織人事事故。與會者均因此付出了重大代價。

這個重大代價起源於中共高層對令計劃的調查。據海外媒體報導，5月7日，在令計劃的運作下，全部中央委員被召集進京，閉門「海選」十八大政治局常委名單。投票結果，令計劃名列第三。但這一投票並沒有遵照向退休領導人諮詢和向時任九常委說明情況的正常程式，引起一些高層震怒和懷疑。在有人告密法拉利車禍之後，違規「海選」便成了壓垮令計劃的最後一根稻草。

以下是這些付出了「重大代價」的「西山會」成員：

令計劃，1956年10月22日生於山西平陸。最高任職為中共中央書記處書記兼中共中央辦公廳主任。2014年12月22日因涉嫌嚴重違紀被調查。

令政策，1952年6月生於山西平陸。曾任山西省政協副主席。2014年6月因涉嫌嚴重違紀違法被調查。

陳川平，1962年2月生於山西平陸。曾任山西省副省長，山西省委常委、太原市委書記。2014年8月被調查。

申維辰，1956年5月生於山西潞城。曾任中央紀委委員、中國科協原黨組書記、常務副主席。2014年4月因涉嫌嚴重違紀違法被調查，2014年12月被開除黨籍。

劉鐵男，祖籍山西祁縣。最高任國家發改委副主任兼國家能源局局長。2014年12月10日因受賄罪被判處無期徒刑。

金道銘，曾任山西省人大常委會原副主任。2014年2月27日因涉嫌嚴重違紀違法被調查。

杜善學，1956年2月生於山西臨猗。曾任山西省委常委、副省長。2014年6月因涉嫌嚴重違紀違法被調查。

丁書苗，又名丁羽心，1954 年生於山西晉城。曾任山西省政協委員，中國扶貧開發協會副會長。2014 年 12 月 16 日因行賄、非法經營兩罪判處有期徒刑 20 年並沒收個人財產 2000 萬元（人民幣，下同），罰款 25 億元。

「山西幫」幫主

「西山會」與「山西幫」緊密相連。新華社 2015 年 1 月 3 日發文首次公開承認，近年來落馬的一些「大老虎」背後存在「幫派」、「團伙」，並點名「石油幫」、「祕書幫」、「山西幫」。這裡說的山西幫幫主無疑是令計劃。

「山西幫」的坍塌發生在 2014 年，在幫主令計劃年底落馬時達到高潮。官方報導稱山西是十八大以來反腐敗的主戰場之一。《中國新聞週刊》根據公開資料統計，十八大後，山西省共有 26 位廳級以上（包括副廳級）官員被調查，其中包括四位省部級官員。山西省 11 個地市中太原、大同、運城、呂梁、朔州、陽泉、晉城等地均有官員落馬。山西落馬的省部級高官——人大副主任金道銘、政協副主席令政策、副省長杜善學，分屬山西省委、政協、政府「三套班子」，他們的落馬可謂「一窩腐敗」。

媒體發現，山西落馬高官都與令計劃家族有利益關係。

《內幕》雜誌 2014 年 9 月報導稱，自中央第六巡視組 2013 年底進駐山西後，這個被稱為腐敗的「煤炭大省」開始露出了它的真實面目——中紀委出身的原山西政法委書記金道銘，僅出逃的小蜜就捲走上億錢財；原呂梁市市長丁雪峰為了升官，號稱花了上億現金；還有山西司法廳副廳長蘇浩、監察廳副廳長謝克敏

等高官的落馬，都扯出更多的山西官場腐敗內幕。然而，山西數起腐敗大案的背後都牽扯到同一個利益關聯者，它就是操控著山西省政治資源和煤炭資源的令計劃家族。

在弟弟令計劃中央升官後，令政策的仕途也隨著快速提升。令政策 2000 年 6 月升任山西省發改委副主任，2003 年成為正廳級的常務副主任，2004 年 4 月升任主任，2008 年 4 月升至山西政協副主席，依舊是當地「政治明星」，其行蹤常常在當地黨報、黨刊占據顯著位置。當令計劃在北京大搞「西山會」的時候，令政策成了「山西幫」的代理人。

《內幕》說：「山西省的所有腐敗大案都跟令政策有或多或少的關聯。」令政策在原山西省委常委、副省長杜善學升遷上一直扮演幕後「中間人」角色。山西知情人士稱：「在山西流傳說杜善學花錢買官的說法，由朝裡有人的令政策幕後操作；還有傳聞稱，令政策收下杜善學買官錢後，通過當時還是中央辦公廳主任令計劃的關係，很快就完成了這筆交易。」

北京消息人士則透露，令家兄弟在杜善學花錢買官上「的確起著決定性作用」，「從中紀委已掌握的相關證據看，已經落馬的山西高官的晉升，幾乎都與令計劃有關，無論是金道銘還是申維辰，他們的高升都跟令家兄弟有錢權關係」。

山西省人大原副主任金道銘同時投靠了時任中央政法委書記周永康和「大內總管」令計劃。

從山西媒體檢索到的資料顯示，2009 年 9 月 28 日，金道銘前往山西省司法聽調研，特意提到山西省司法行政工作兩次得到周永讓的表揚，「是十分難得的」。而在 2011 年 3 月山西省政法委宣布主要領導職務任免決定時，稱金道銘兼任省政法委書記是

「經省委研究決定並徵得中央政法委同意的」：時任政法委書記
周永康同意金道銘就任，說明了什麼？是什麼原因讓其得到了周
永康的賞識？金道銘上任後，也時刻不忘「貫徹」周永康的要求。

海外明慧網指出，金道銘在任紀委書記期間壓制本係統法輪
功學員；在任政法委書記期間，追隨周永康，在全省舉辦洗腦班
迫害法輪功學員。

北京政情觀察人士評論說，「西山會」和「山西幫」在令計
劃和令政策兩兄弟的運作下，其成員都變成了「令家黨」。

胡家天下令家黨

中共官場一直有「胡家天下令家黨」之說。令計劃為什麼有
這麼大的能量？作為中辦主任，令計劃掌握中共最核心、最機密
的中央機構之一，直接為中共最高層提供服務，位置之重要，權
力之大，可以說是「一人之下萬人之上」。所以令計劃很容易一
手遮天，假胡錦濤之名構建自己的政治勢力。

《紐約時報》2012 年 12 月一篇報導引述了中共中央組織部
的一名中層官員的話：「官員們說，令計劃打的電話就相當於胡
錦濤的電話。」

2002 年胡錦濤正式接掌總書記之後，「共青團派」逐漸崛起。
據《內幕》報導，團派的迅速崛起，與令計劃的幕後運作有直接
關係。「在令計劃主持中央辦公廳工作後，他實際上就變成了團
派出身的地方大員與胡錦濤之間的聯繫人，尤其是當年曾在團中
央一直共過事的，如袁純清、羅志軍等人，早就跟令計劃有過多
年的往來，何況令已變成胡錦濤之外的團派第二號實權派人物，

一些團派出身的地方幹部，如當過北京市委書記的強衛，還有任過湖南團省委副書記的秦光榮等人，更是極力巴結令計劃。」了解團派的北京消息人士說。

秦光榮也是積極追隨薄熙來、周永康的江派大員。薄熙來落馬前去雲南考察，雲南省委書記秦光榮在兩天行程中一路陪同，甚至一起到軍事基地。秦光榮與周永康也有利益輸送。自江澤民1999 年迫害法輪功以來，秦光榮一直積極參與。據不完全統計，雲南省有上千名法輪功學員遭到非法抓捕、抄家、關押、被劫持到「洗腦班」、近 500 名法輪功學員被非法勞教、300 多名被非法判刑、至少 44 名法輪功學員被迫害致死，對此，作為雲南主政者秦光榮負有不可推卸的責任。

2007 年下半年，令計劃升任中央辦公廳主任，成為名副其實的中南海「大內管家」後，胡錦濤對十七大的人事布局，特別是對部分團派高官的卡位和調整，基本上都是由令計劃進行操作。

「這時的令計劃手握大權，地方團派大員對其唯命是從，他不但掌控著中央辦公廳，而且也遙控著團派人馬的升遷」，上述消息來源稱。於是江西省委書記強衛、江蘇省委書記羅志軍、雲南省委秦光榮等，都成了令計劃的心腹。

令計劃一手遮天還表現在薄熙來「唱紅打黑」上，胡錦濤一度被矇騙。

令、薄兩家是多年的世交。薄熙來 2008 年開始在重慶「唱紅打黑」，全國各路人馬都去重慶捧場。十七屆政治局常委胡錦濤、吳邦國、溫家寶、賈慶林、李長春、習近平、李克強、賀國強、周永康九人中，只有胡錦濤、溫家寶和李克強三人沒有去重慶。

六常委去重慶表態，都是由令計劃一手安排。

第二節

兩項前所未見的罪名

原中樞機構掌門人、中辦主任令計劃偷盜大量黨國機密，失勢後還將這些機密弄到美國。（Getty Images）

2015 年 7 月 20 日，令計劃被「雙開」。官方公布的罪名中有兩項前所未見，分別是「嚴重違反政治規矩」、「違法獲取黨和國家大量核心機密」。令計劃一案被高層認為是中共建政以來，最錯綜複雜、政治影響最嚴重的案件之一。

盜出數千份機密文件

在中共中央機關中，有一個神祕的機構，擔負著保衛所謂「黨和國家核心機密」的職責。這個機構名為中央保密委員會，委員會下設的辦公室名為中央保密辦，和國家保密局是「一個機構、兩塊牌子」。保密辦或保密局在保密委員會的領導之下，而保密委員會主任一般由中央辦公廳（簡稱中辦）主任兼任。所以，當專案組在前中辦主任令計劃家中搜出 2700 多份有「中辦」字樣

的密件副本時，工作人員大驚失色。

　　據《博訊》雜誌報導，這些中辦文件大部分屬「祕密」級，部分屬「機密」級，甚至還有「絕密」級，涉及中共政治、經濟、軍事、外交和文化等諸多方面，不少文件上面有中共總書記習近平和其他政治局常委的圈閱和批示。雖然這些文件都是影印本或電子版，但數量之多、性質之嚴重，實屬罕見。

　　這些機密文件大部分是 2012 年 9 月以後發出的，也就是令計劃離開中央辦公廳、轉任中央統戰部長後才發出的。調查發現，令計劃是通過他在中辦的心腹死黨取得這些文件的，其中包括時任中辦祕書局局長霍克和中辦機要局有關處長。這些人當年都是令計劃的手下，得令的關照提拔而受重用。

　　據《動向》雜誌報導，令計劃在接獲中央政治局命令調離中辦等候另用時，被給予十天交班工作時間。但令要求增加一周時間，被批准。同年 12 月中旬，新任中辦主任栗戰書、中組部長趙樂際提出和令計劃核校交班，清點有關文件、資料。令計劃十分抗拒，指：「已交接清點完畢，總書記胡錦濤和新屆政治局常委、中央書記處常務書記劉雲山已簽署，確認無誤。」

　　令計劃還精心毀滅一批絕密文件。消息指，2013 年 9 月、2014 年 4 月及同年 10 月，中紀委、中央書記處和中組部三次和令計劃談話，甚至亮出底牌指：有 70 多份文件失落，20 多份文件外洩，令的工作日誌本有漏上交和作假情況。

　　據知，在令計劃 2003 年主持中辦工作後，中央政治局、中央書記處、中紀委先後接到 120 多件舉報，多是有關對令計劃涉及違紀違法活動及家屬在經濟領域中的違法犯罪活動，全部被令打入冷宮，不少舉報原件被令計劃親自毀滅。

據高層消息，令計劃毀滅文件是利用調離中辦前的交接期，在夜間值班時親自處理的。令計劃用化學溶劑毀掉文件，溶劑殘餘物質留在制服上。制服是由中辦後勤處統一洗滌的，有關人員在洗滌時發現情況向上級作出報告，當局才發現令計劃有意銷毀絕密文件。

令完成——不確定的政治核彈

令計劃長期工作的中共中央辦公廳，是中共最核心、最機密的中央機構之一。令計劃 1995 年 7 月進駐中辦任調研室三組副組長。2003 年 7 月任中辦副主任主持常務工作。2007 年 10 月任中央書記處書記、中辦主任，另任中共中央最高層多個小組成員。令計劃參與中辦工作 16 年之久，直接涉及到中共十五屆、十六屆、十七屆政治局常委會的核心祕密。

因此令計劃一案被中央政治局、中紀委、中央政法委和專案組認為是建政以來最錯綜複雜、政治後果最嚴重的案件，甚至會有難以預料的破壞性。當局預料，令計劃利用落馬前一年多的時間精心策劃，離開中辦後還大量竊取中共核心機密，顯然是有目的有動機的。可能是因為他預感自己政治末日將到，要為自己尋找救命稻草，以那些核心機密，要挾當局換取自己一線生機。但這些核心機密是否已經外洩，外洩多少，最令高層憂慮。

例如，關於令計劃弟弟令完成的去向目前仍然是個謎。2014 年 10 月，有媒體傳出令完成被調查。2015 年 3 月，海外媒體曝出令完成攜帶大量機密文件逃到美國。關於令完成的去向，至今沒有權威媒體或者官方機構發布確切消息。海外博訊和明鏡網則

咬定，令完成逃亡在外，成為中共的「政治核彈」。

令完成的公開職務是經商，但長期在中辦、國務院部門擔任「聯絡」工作，有七個化名在境外活動：朱國賓、諸世界、王誠、程美英、彭修石等。

消息指，令完成在 2014 年 7 月其大哥、山西省政協副主席令政策被拘查後不久已出逃美國，相信他是得到信息，提前出逃，免被中共「滿門抄斬」。接近令完成的消息指，令完成隨身攜帶有大批中共機要文件，令或是以此作要脅，逼當局要對其兩個哥哥和家人刀下留情，否則會引爆手中的「政治核彈」。中共有關部門設特別行動組展開追蹤監督其行跡，傳派出上百人到國外追緝，並和美、加、歐多國聯繫展開合作通緝。

明鏡的報導指，令完成的出走是「文革」以來最嚴重的出走事件。他攜帶的機密一旦對外洩露，對中共的摧毀力將石破天驚。因為令計劃是十多年間橫跨江澤民、胡錦濤和習近平三個時代的掌握最多最高最深機密的大內總管。

分析說，令計劃的腦海中掌握什麼，令完成的電腦中可能也就擁有什麼，哪怕他手頭沒有什麼實物和書面材料，而只有記憶，也同樣不得了：他若對外界「口述歷史」，披露若干內情，就足以讓中共若干高層人士身敗名裂。

分析指，其中像令計劃和周永康聯合利用國家間諜力量收集到的中共高層醜聞，這些高層之間、與各方包括外國各種勢力所做的各種政治、經濟、人事方面見不得人的交易，中共十六大、十七大到十八大從醞釀籌備開始的權力博弈，江澤民集團在迫害人權、活摘器官利益鏈中的驚人黑幕，乃至外交、軍事、政治、經濟、文化各方面的情報……無一不是高度敏感，「可以讓一批

政要頃刻瓦解，讓另一批權貴一朝覆亡」。

據稱，令完成現在已是國際情報界追逐的目標，他們認定，令計劃掌握中共核心機密至少十年，這名小弟必定擁有足以叫眾多中共高層膽顫心驚的材料。

中辦大清洗

2015 年 12 月底，令計劃落馬後，在習近平批示下，中辦主任栗戰書主導對中共中央辦公廳進行了大清洗。

博訊稱，這場行動是 1976 年四人幫倒台後所未見的。原中辦工作人員要人人表態，副處以上要寫述職報告，總結自己過去兩年的工作以及「遵紀守法」情況。中辦至少有三名副主任、四名局長被調離。三名副主任分別是調往中共中直工委的張建平、調往中共社科院的趙勝軒和調往南水北調辦的王仲田；四名局長分別是調往法制辦的夏勇、調往國家旅遊局的霍克、調往國家人口衛生與計畫生育委的陳瑞萍、調往中聯部的丁孝文。其中霍克調走一個月後就被公開處理，傳王仲田亦已停職接受調查。

據悉，王仲田、霍克不僅涉嫌政治問題，還存在經濟問題，包括與北大方正集團存在權錢交易黑幕。北大方正董事長魏新、行政總裁李友已因捲入令計劃事件，正在接受調查。

此外，還有近百名處級以下的官員被調離、辭退或接受調查處分。

與此同時，官媒報導習近平在 2014 年先後三次視察中辦並講話。習在講話中要求中辦「絕對忠誠」。

官媒還全文刊載習近平早年在福建省任職時的《談談祕書工

作的風範》講話稿，其中習近平尤其提到，「（祕書）不能認為『機關牌子大、領導靠山硬』而有所依仗、有恃無恐，更不允許濫用領導和辦公室的名義謀取個人私利。」

據悉，中央辦公廳作為中共中樞神經，保密制度規定得相當嚴密，原則上有十「不」：不該說的機密，絕對不說；不該問的機密，絕對不問；不該看的機密，絕對不看；不在私人通信中涉及機密，等等。

中辦還詳細規定，如字紙簍內的字紙，應每日清燒一次，燒時要進行檢查；特別機密和重要的廢紙，必須立即燒燬，不得放入字紙簍內；凡機密事項，不得用電話傳述；夜晚送的祕密文件，應二人同行，等等。

博訊說，在這種嚴密制度下，令計劃可輕易盜取數千份機密文件，說明中共這個中樞神經已病入膏肓。

監聽眾高層 收集黑材料

官方通報令計劃「嚴重違反政治規矩」，可能還表現在以權力要脅和利益收買等方怯，買通中共高層身邊人員或相關人士，監控眾多中共高層，包括他的老闆胡錦濤。

如令計劃買通中南海電話局（俗稱三九局）專管「紅色機子」的女話務員，通過她們對各名中南海高層的通話信息進行監控。被監聽者包括時任總書記胡錦濤，以及眾多政治局委員、常委、黨政軍高層等。

三九局紅色話機班的女兵都經過嚴格挑選、受過嚴密保密訓練，由總參謀部管，但平時工作歸中辦管。令計劃作為中辦主任，

他提出的要求，往往被下面的人視為上級指示，故女兵們不以為異，只會服從，應其要求將有關通話記錄「報告」給令。

據悉，「三九局」女兵從全國徵選，政治審查非常嚴格。她們集中住在中南海軍營，不許外出住宿，不許隨便外出，不許與親友通信，不許向親友透露自己的工作地點和任務，更不許在接通紅色機子後，偷聽通話人的電話。

中共高層的紅色機子在軍用保密網內，只配給中共黨、政、軍領導人，省部級或正軍級以上幹部，有的大型央企一把手也有。

除了監聽高層，令計劃還利用職務之便，建立了自己獨立的情報系統。令計劃的情報系統是依中央辦公廳「調研」功能而行的，而「調研」在中共政治中就是情報活動的一種，如國安部的前身即名為「中央調查部」。據悉令的情報系統早就針對習近平在作業。

更可怕的是，令計劃與周永康等結盟後，與周永康的國安情報系統結合，雙方共同利用這些情報系統，為上千名他們認為是「異己勢力」的官員作了標籤，收集他們的不利材料，包括不正當的男女關係等，待必要時放出，致這些政壇對手於「死地」。

2012年4月26日，《紐約時報》引自10多名與中國共產黨有聯繫的消息來源稱，薄熙來為了強化自己在黨內的地位，對中共高層官員展開了大規模的竊聽活動。薄熙來通過王立軍在重慶建立的系統對包括常委在內的幾乎所有中共高官進行了監聽活動。其中包括胡錦濤與中紀委副書記兼監察部長馬馼、重慶市委常委兼政法委書記劉光磊間的通話。

明鏡網同年4月披露，是周永康下令薄熙來和王立軍收集最高領導層的黑材料，包括胡錦濤、習近平和溫家寶等。

中央警衛局政變疑雲

令計劃落馬起因於私自調動中共中央警衛局掩蓋兒子車禍一案。2015 年中共「兩會」前夕，海外傳出中央警衛局局長曹清和副局長王慶被調職的消息。曹清調任北京軍區副司令員的消息已獲中共軍報證實，但王慶一直下落不明。有媒體指，王慶是令計劃親信，因捲入令計劃案被調查。

博訊稱，王慶與令計劃私交甚密，屬死黨關係。在當局決定調查令計劃後，王居然同情令計劃，並透露出對習近平不滿，有不利於習近平的表露。習在獲悉有關情報後，立即做出對中央警衛局高層「換馬」的決定。

2015 年 3 月初中共「兩會」前，在中辦主任、中央警衛局政委栗戰書安排下，由中央軍委委員張又俠上將出馬，抽調北京軍區第 38 集團軍一個連特種部隊，對中央警衛局進行清洗。其方法是以學習為名，召集中央警衛局全體營級以上幹部軍官集中，然後由張又俠宣讀中央軍委和總參謀部改組中央警衛局的命令。

根據命令，中央警衛局局長曹清中將調任北京軍區副司令，副局長王慶少將調任解放軍信息工程大學（鄭州）副校長。同時部分與王慶關係較密切的校級軍官，被停職接受軍紀委審查。所有被點名停職的軍官，要立即交出配槍，由會場外的 38 軍特種部隊接走。

被現場繳械的包括宣布調職的局長曹清中將和副局長王慶少將。兩人還被要求立即乘車到各自新單位報到，不能再回辦公室。據透露，當時會場氣氛相當緊張，幾十名號稱是中南海大內高手的中央警衛局軍官，面對外面荷槍實彈的野戰軍特種兵，無人敢

有異議。

報導稱這次動用近衛野戰軍，拿下有意謀反的中央警衛局部分將官，是習近平上台以來最危險的一次經歷。

隨後，曹清中將依然以中直機關全國人大代表身分，出席 3 月 5 日開幕的全國人大會議，他所穿軍裝佩戴的「北京軍區」臂章被香港媒體拍到。

消息指，雖然曹清最後證明與王慶、令計劃的陰謀無關，可以正常履職，但對中央警衛局出現這麼大的漏洞，仍負有一定責任。

中央警衛局負責中共最高領導層的安全保衛，屬於中共軍隊的編制，聽從中共中央辦公廳的調動。

近兩年來有傳言，習近平多次遭未遂暗殺，皆中共內部所為，其中包括十八大前周永康集團欲發動政變加害習近平。

報導稱，中共十八大前後拿下的前政治局委員、重慶市委書記薄熙來，前政治局委員、中央軍委副主席徐才厚，前政治局常委、中央政法委書記周永康，都有力量、有辦法對習近平下毒手、搞暗殺乃至發動政變。

2015 年的消息稱，周永康一度認為末日來臨，於是孤注一擲、策劃暗殺。第一次是在會議室中放置定時炸彈，另一次是趁習近平在北京 301 醫院做體檢時打毒針。消息人士透露，這些暗殺都是由其助理和警衛譚紅實施，譚據悉也在 2014 年 12 月 1 日被帶走。

因此，時任局長曹清的中央警衛局也被認為並沒有盡到保衛習近平的責任。

習近平掀起打老虎運動後，多次在內部講話中表示，要將個人生死置之度外，印證暗殺、政變的傳言不虛。

中國政變大陰謀

第九章

江派搞第二次政變

周本順是周永康第一次政變的參與者，但沒有馬上被抓。直到
2015 年中共北戴河會議前，周本順參與了和江澤民、曾慶紅
的第二次政變，並炮製了一份向習近平當局發難的絕密報告，
即所謂「政治核彈」，最終被習近平迅速拿下。

周本順是周永康的鐵桿，被曝涉及政變，並追隨中共江澤民集團殘
酷迫害法輪功的血腥政策，而被海外「追查國際」追查。（大紀元
資料室）

第一節

周本順河北掌權實錄

周本順落馬前的十天

　　2015 年 7 月 24 日晚上，中紀委發布消息，中共前河北省委書記、省人大常委會主任周本順「涉嫌嚴重違紀違法」，接受組織調查。周成為中共十八大後首個落馬的在任省委書記。

　　周本順的落馬在預料之中。從周本順主政河北以來，其是否會落馬一直引人關注。

　　從四川省委副書記李春城十八大後落馬開始，周永康黨羽尤其是「祕書幫」李華林、冀文林、沈定成、郭永祥、余剛等接連被查，唯有周本順主政河北頗令外界驚訝。當時，周本順入駐河北在相當意義上被認為是平安過關。在 2014 年周永康案正式公開後，周永康舊部紛紛表態與其做政治切割，周本順態度「堅決」尤為惹眼。

不過，中紀委官網 2015 年 7 月 24 日傍晚的公布，又顯得有些突然，因其白天還坐在主席台上開會。據中共官方消息，河北省委書記、省人大常委會主任周本順「涉嫌嚴重違紀違法」，接受調查。

7 月 14 日至 15 日，中共河北省第八屆委員會第十一次全體（擴大）會議在石家莊開了兩天。陸媒稱，周本順在會上作了「重要講話」，稱「河北發展的春天已經到來」。

落馬前的十天裡，周本順每隔兩三天就上《河北日報》頭版。繼 7 月 15 日省委八屆十一次全體（擴大）會議之後，18 日、21 日、24 日，該黨報均報導了周本順的行蹤。

7 月 18 日，《河北日報》連發三條關於周本順的消息。7 月 20 日下午，周本順主持了中共省委常委「三嚴三實」專題教育第二次學習研討會。北戴河會議在即，7 月 22 日，周本順專程到秦皇島市北戴河區調研，《河北日報》24 日頭版刊發了該報導。

7 月 24 日，「京津冀協同發展」工作推動會議在北京召開。周本順也到會，並且在主席台上就坐。根據新華社當天下午發布的圖片，這次會議上，主席台中間就坐的是政治局常委、國務院副總理張高麗，張的右側是國務委員王勇，而周本順就坐在王的右邊。看上去，一切如常。

然而當晚央視《新聞聯播》播放這次會議時，與會的京津地區黨政主要負責人在會上發言，新聞裡均給了特寫鏡頭，而河北省則只有省長發言的鏡頭，再沒出現周本順的身影。

據悉，周本順應該是在會後被中紀委人員直接帶走的。

傳習近平對河北提出要求 周本順抵抗

　　周本順十八大後主政河北，看似主政一方位高權重，但周永康案餘波不斷，其本人也從未離開人們視線。2013 年中共啟動整風，習近平南下督陣河北，促令省委常委互相批評，施壓意圖明顯。

　　2013 年 7 月中共第一批所謂「黨的群眾路線學習教育實踐」活動中，習近平坐鎮聽取河北省委常委們「互轟」。在那次會上，周本順被四名省委常委批評，其中包括現已落馬的梁濱和景春華。據悉，會議期間，習近平一邊聽一邊記，「不時插話詢問」，「多次進行深入點評」，公開稱這次專題會只是一個開端，不能以為過了這一關就可以萬事大吉了，警告意味濃厚。

　　隨後，此畫面罕見在央視上被公開報導。

　　也有說法指當時習近平還祕密對河北提了三個希望。

　　原《文匯報》記者姜維平在 7 月 28 日發表博文《周本順被抓，習、王再下一城》說，習近平親自到河北開座談會時對河北提出了三點希望：（一）希望河北省委省政府能夠在「京津冀一體化」的戰略上有所作為；（二）盡快清理已經是烏煙瘴氣的河北官場，特別是河北的「公檢法」系統——其由於冤假錯案不斷，導致官民矛盾激化，甚至成為威脅北京的定時炸彈；聶樹斌案安排在河北省高法重審就凝結著習的願望，但周本順一直在干預和拖延；（三）對河北的污染企業進行重點整治，減輕北京陰霾的壓力。

　　文章指，河北的領導班子在周本順的慫恿下，常委級的高官早成了沒頭的蒼蠅，四處亂撞，公事辦得像一團亂麻，他們都無心進行正常的工作，各打自保的小算盤。

這點或許可以從 2015 年中紀委對河北的說法中一窺究竟。

2015 年 2 月 12 日中共官媒《人民日報》披露的 2014 年 12 月 26 日河北省委常委的一次會議上，省委書記周本順再次遭受同事們的炮轟，被指責工作不力，執紀「失之於寬，失之於軟」。據披露，當時各常委一起炮轟周本順，列舉其至少四大問題。

周本順則稱：「對中央當前先解決『不敢腐』的決策布署是完全擁護的，但一到具體實踐上，就怕懲治力度大了，震動太大，特別是在動一些重要幹部時，總怕影響一個地方一個部門的穩定發展。」

當天中紀委官方網站刊發措辭嚴厲的文章，反擊「反腐影響經濟」論。文章寫道「為官避事平生恥」，該做的事就必須做。那些認為反腐敗會讓幹部變得縮手縮腳、明哲保身，為官不為、不願幹事的觀點完全是為不幹事、怕擔當找的藉口和託詞。

周本順在河北書記任上屢次就腐敗問題表態

和此前落馬的大多數官員一樣，周本順在任上也屢次就腐敗問題表態。

2013 年 3 月，周本順在上任河北後，表示要自覺接受各方面的監督，「做到自己清、家人清、親屬清、身邊清」。

四個月後，一次河北省會議上，周本順說：「領導幹部必須看透錢的本質，『貪如火，不遏則自焚；欲如水，不遏則自溺』」等。

2015 年中共兩會期間，被問及河北省此前落馬的原組織部長梁濱、原省委祕書長景春華時，周本順首先表態認為中央對反腐

敗形勢判斷「完全正確」，同時他特別強調，「河北正從這些案件中吸取教訓，進一步加大查處腐敗案件的力度……」

而誰能知道，河北原組織部長梁濱的落馬，竟可能是周本順出賣給中央所導致的呢？

傳周本順出賣了梁濱

雖然周本順抵抗習近平的三點要求，但危機之下，有傳聞指周本順出賣下屬和高官，以換取過關。

至此算上周本順，河北本屆常委成員落馬人數已達三人。這三人職位都非常關鍵：省委書記、組織部長、祕書長。

2014 年 11 月 20 日，中紀委宣布，河北省委常委、組織部長梁濱「涉嫌嚴重違法違紀」被調查。2015 年 1 月 26 日，中紀委通報指梁濱收受巨額賄賂、禮金禮品，其親屬收受他人財物，其本人有通姦行為，給予梁濱「雙開」處分。

當時《重慶晨報》引述一名不願透露姓名的河北政界人士的消息說：「馬超群橫行霸道，梁濱脫不了關係。特別是梁濱事發後，關於其在人事方面的腐敗更加撇不清了。」

就在梁濱落馬約一周前，即 2014 年 11 月 12 日，河北省秦皇島市城市管理局原副調研員、北戴河供水總公司原總經理馬超群案被調查。據陸媒報導，從馬超群家中搜出「現金約 1.2 億、黃金 37 公斤、房產手續 68 套」。

《人民日報》海外版微信號「俠客島」的文章說，非常靠譜的內部信源披露，抓馬超群是周本順親自點名過問的。當時馬超群訛詐北戴河的一個知名企業，並且號稱「告到省長那裡也沒

用」，結果這家企業直接找到了周，之後馬超群落馬。

港媒《爭鳴》曾報導說，馬超群被宣布交付訴訟程式後不到一周，河北省委常委、組織部長梁濱「被帶走」。有一些了解河北官場的人士稱：周本順開始「出賣人了」，說明他已「（從江系）轉向了習近平陣營」。梁被帶走是周本順「賣人」的一個環節。

周本順抓馬超群或另有目的

小官巨腐馬超群曾稱北京某高官是其乾爹，這也是最為外界猜測的地方。有報導稱，這名高官是曾慶紅。也有港媒稱，與馬超群合影的人可能是河北籍高官（最後以正國級退休）。

報導還稱，在馬超群案被宣布後，河北立刻傳言四起，指稱上涉正國級退休高官在腐敗方面並未過關，2014 年夏季出現在秦皇島景區也是假動作。還有，在該正國級退休高官原籍紛傳一名前少數民族常委跳樓自殺。這名自殺身亡的前常委與正國級官員家族關係密切，他是上述退休正國級家族在原籍的「白手套」無疑。前正國級官員胞弟進河北常委在當地爭議也很大，但梁濱最後還是放行。

雖然以上報導並沒有具體點出這個正國級退休官員是誰，時政評論員方林達分析，從港媒曝光材料的情況來看，馬超群的乾爹和後台很大可能是江派前常委、也是江澤民的親信賈慶林，而梁濱案也有可能牽出賈慶林的家族。周本順順水推舟抓了馬超群或為自保而出賣了賈慶林。

梁濱被抓 傳周本順提交調職報告

2015 年 3 月 3 日，中共兩會正式拉開序幕，與此同時，中紀委公布河北省委常委、省委祕書長景春華正在接受組織調查。這是繼原河北省委常委、組織部長梁濱之後河北落馬的第二個「大老虎」。對此，編輯部在北京的多維網的評論文章說，聯繫之前落馬的省委祕書長與省委書記的待遇，景春華的落馬對於「發配」河北兩年多的周本順來說不是一個好消息。

文章說，曾經擔任周永康大祕的河北省委書記周本順本來就是帶著「污點」在使用的幹部，他雖然「成功」向習近平「投誠」，保住了官位，還被調往京畿重地河北當任省委書記一職，但是上任以來，所發生的事情著實稱不上順利，而是「屋漏偏逢連陰雨」，在省委書記的位置上屢屢發生危機。

中共官方稱，梁濱、景春華屬於「帶病提拔、邊腐邊升」。查閱景春華、梁濱的升官簡歷顯示，景春華的升遷主要涉及周本順等三名河北省委書記，而梁濱的升遷主要涉及兩名山西省委書記。

河北官場先是由晉籍人士梁濱在省委組織部長位置上案發，後又由於本籍的省委祕書長景春華落馬而導致「近百名廳及副省官員等待過關」的情形。

港媒報導稱，2014 年 9 月初，習近平親自批給周本順一封「謠言性」老幹部舉報信。信中說：「河北省十一個地級市的正副組織部長總共四十人，只有廊坊市的常務副部長沒給梁濱送過錢。」信中還列舉了兼任政府老幹部局長的數位市級組織副部長的姓名，以及他們「以慰問老幹部名義」給梁濱及「省委其他重

要領導」送錢的數額及交割方式。對此,周十分被動,據傳已三次向中央遞交了請調報告,意欲「快速離開河北」。

石家莊百姓說:「程維高好來沒好走,周本順也一樣!」當時還有北京的消息預測:有可能周是繼袁純清、秦光榮之後第三位被中央免職的省委書記。

《北京青年報》下的微信公眾號「政知圈」發文,部分證實了周本順請辭的說法。文章透露:河北當地有過兩次周本順要「離開」的傳聞,一次是「你懂的」(周永康)落馬以後,另一次則是2015年的1月或2月,中共兩會前夕。「因為在此前長期在政法委工作,即使到了河北以後,其身邊依舊有軍職工作人員,這也引起河北當地不少議論。」

同時,周本順作為河北書記對迫害法輪功仍不收手。一個具體的例子是:2013年11月15日,周本順還直接策劃了石家莊「11‧15」大抓捕事件,再次大規模綁架17名法輪功學員。

第二節

周本順其人

周本順被指是一個非常邪惡的人，心狠手辣，幹盡喪盡天良的勾當。（大紀元合成圖）

周本順仕途升遷軌跡

周本順，湖南漵浦人，曾長期在湖南工作。1982 年，周從長春地質學院石油物探專業畢業後被分配至湖南省地質學校任教。1982 年 10 月，周本順由湖南省地質學校團委副書記轉入仕途，成為湖南省地礦局一名副科級幹部，並在湖南省政策研究室完成副科到副廳級的跳躍。

1995 年，周本順轉正任邵陽市市委書記。2000 年 11 月周由湖南邵陽市委書記升任湖南省公安廳廳長、黨委書記。一年後，在原頭銜前面加上了「湖南省省委常委、政法委書記」。

2003 年 11 月，周本順成為中央政法委副祕書長。

2008 年周本順為政法委祕書長。

2013 年 3 月，周本順從中央政法委祕書長、中央綜治委副主

任任上，直接空降河北，成為這塊京畿重地的省委書記。

在湖南提拔周本順的據說是王茂林

查看周本順的仕途軌跡，不難發現周的仕途一直與迫害法輪功的「610」系統那些關鍵人物有關。

周本順落馬後，微博上「劉耘博士」談到和同僚的一段往事中提到：「有次我和省委老書記聊到他，老書記對這位自己一手提拔的『年輕幹部』在新老書記之間的矛盾中出賣自己很傷心。一個人，如果在利益面前沒有定力，就很容易出事。」

網名「義陽郡王李抱真」猜測認為，這應說的是王茂林與楊正午之爭。據此，網名「亦忱」斷定，「在宦海中賣主，乃第一壞品質」「記住，忠孝是立身官場的不二準則。任何賣主求榮的官員，能有好下場的不多。無論是誰，也無論他的官有多大，概莫能外。否則，官場就沒有規矩可言了。聽懂了嗎？規矩、規矩、規矩，這才是最要命的兩個字。」

上面提到的那個提拔周本順的老書記王茂林，其在 1998 年 1 月至 1998 年 9 月期間，任湖南省委書記、省人大常委會主任，而周本順正是在其任上時於 1995 年轉正邵陽市市委書記。楊正午是時任湖南省長。

此後，1998 年 9 月至 2000 年 6 月，王茂林出任中央宣傳思想工作領導小組副組長；2000 年 6 月至 2001 年 9 月，任中央宣傳思想工作領導小組副組長、國務院「防範和處理 X 教問題辦公室」主任、黨組書記。

王茂林任職的「防範和處理 X 教問題領導小組」，其前身為

「中央處理法輪功問題領導小組」，下設「610」辦公室。辦公室的第一任主任就是王茂林，2001 年 9 月，劉京接任王茂林成為辦公室主任，直到 2009 年由李東生接任。

資料顯示，「610」組長先後由三個江派常委李嵐清、羅干、周永康出任。

周本順接連被羅干和周永康提拔

1995 年周本順當上邵陽市市委書記，王茂林提拔了他；2003 年 11 月，周本順成為中央政法委副祕書長，提拔周本順的是時任中央政法委書記羅干；2008 年後周本順成為政法委祕書長，提拔他的人被認為是時任政法委書記周永康。2013 年 3 月，周本順成為河北省委書記，周永康的作用明顯。

換句話說，周本順的幾次仕途飛躍可能與「610」的頭目王茂林、羅干、周永康提拔他分不開。

就連官媒都對其仕途跳躍提出質疑。

周本順落馬後，中共喉舌《人民日報》海外網旗下微信公號「俠客島」發文也對其任職河北省委書記提出質疑：

「一般來說，省委書記這樣重要的地方大員一職，本來就很少有『空降』，一般都由省市區行政首腦升任，或是異地調任；放眼目前全國所有在任的地方『一把手』，不包括周在內，只有 5 人在任地方書記之前從中央空降，其餘 25 人均為省市區長升任。

「而在這 5 人中，大多此前在中央也有實職『一把手』經歷，比如國家行政學院黨委書記、中央編辦辦公室主任、中聯辦駐港聯絡處主任，等等。周本順的中央政法委祕書長，顯然不屬

於此列。

「換句話說，目前放眼全國，在任地方『一把手』之前的經歷中，周本順有些『另類』。同樣，從 1985 年以來的 30 年間，周本順的所有中央政法委祕書長前任，也都沒有轉戰地方任『一把手』的經歷。」

「他是唯一一個。」

周本順仕途中的罪惡

1995 年 8 月，周本順任湖南省邵陽市委書記。1999 年 7 月 20 日江澤民宣布迫害法輪功後，周多次主持、參加迫害法輪功的會議，驅動省各地中共官員加重迫害，周本順是 1999 年 7 月至 2000 年 11 月期間迫害邵陽法輪功學員的第一責任人。

周本順在 2002 年 10 月 23 日湖南省廣播電視網路傳輸和電信業務安全培訓班上，叫囂要迫害法輪功。2003 年夏季，他接受中華英才記者採訪時，表示對法輪功要加大迫害力度。周本順還指使湖南各地建造迫害法輪功的洗腦班，指使公檢法部門肆意抓捕、冤判法輪功學員等等。湖南省至少有 49 名法輪功學員被迫害致死，周本順負有主要責任。

周本順的表現，給當時江澤民和政法委書記羅干留下深刻的印象。

海外「追查迫害法輪功國際組」（簡稱：「追查國際」）曾發布報告顯示，2008 年 11 月，時任中央政法委祕書長周本順陪同中央政法委書記周永康出訪澳大利亞。追查國際調查員以總參二部部長楊暉的身分，就中共大量活摘法輪功學員器官的罪行對

周本順調查取證。周本順承認：「我們的國家活摘法輪功器官的這樣的事情，我們國家存在著這樣的事情。」對於「出行的人員幹部當中，有哪些人是涉及或接觸過這一國家機密的？」的提問，周本順迴避直接回答，強調需通過使領館聯繫。

周本順從 2003 年至 2013 年先後擔任中央政法委副祕書長和祕書長，作為迫害法輪功、活摘法輪功學員器官罪惡的高層執行者和組織協調者之一，是掌握大量活摘等核心機密的主要成員，涉嫌犯有群體滅絕罪、反人類罪。

中共十八大後，周本順對迫害法輪功仍不收手。據海外明慧網消息，2013 年 6 月 10 日，周本順在秦皇島製造「610」冤案，18 名法輪功學員被野蠻綁架、抄家、酷刑折磨。

10 月初，河北省委所謂「防範和處理 X 教問題領導小組」辦公室（即「610」辦公室）針對法輪功給各單位發出通知。2013 年 12 月中旬，河北衛視公然播放誣蔑法輪大法的節目。

當年 11 月 15 日，周本順還直接策劃了石家莊「11·15」大抓捕事件，17 名法輪功學員再被大規模綁架。《大紀元》獲悉，2012 年周永康在河北省搞了一個「國安維穩」試點，之後一年多來不斷有法輪功學員被非法抓捕，執意執行該政策的就是周永康的心腹周本順。

據該次被綁架的 17 名法輪功學員聘請的律師透露，這次綁架的藉口是製作、發送真相日曆。此前河北省發生了臭名昭著的綁架案，以致引發多起民眾按手印要求釋放法輪功學員的事件，如河北泊頭「300 手印」要求釋放法輪功學員王曉東事件、河北正定「700 手印」要求釋放法輪功學員李蘭奎事件、河北唐山「562 手印」聲援法輪功學員鄭祥星事件、河北唐山「5300 手印」要求

釋放法輪功學員李珊珊事件。

2012 年的河北泊頭「300 手印」事件曾驚動中南海。

周本順牽線周永康和令計劃的結盟

2012 年開始，周本順開始涉及令計劃案。

當年 3 月 18 日凌晨，令計劃的兒子令谷在北京駕法拉利跑車載兩名女大學生飆車出事後，周本順奉周永康之命到現場「善後」，內幕重重。

據港媒報導，在 2012 年 3 月「法拉利車禍」後兩天時間裡，令計劃出動了中央警衛局控制消息擴散。同時，周永康和令計劃決定成立一個二人小組，與周永康控制的北京公安協作消除「傳聞」。這個小組的兩個人分別是令計劃的妻弟谷源旭和時任政法委的祕書長周本順。

在處理車禍賠償金，作為封口費給兩個女孩的家庭時，兩人同意，賠償金的總額最高在 3000 萬到 4000 萬元人民幣。一半由原中石油董事長蔣潔敏出，一半由谷源旭出。

據稱，在 24 小時內，周本順和谷源旭讓北京警方三次篡改「令谷」的身分信息，其名字和在北京的居住地等信息全部改過。周、谷還徹底刪除了警方的車禍記錄。網路微博上車禍見證者的曝光材料被刪掉，兩篇新聞報導在印刷前也被拿下。

據悉，神祕車禍發生後，迅速引發大量網民關注和猜測議論。京華一記者主任說出事的男司機可能是某領導子女，隨後，此條新聞被迅速從網易、搜狐、騰訊等文章刪除。

當年海外媒體曾披露，周本順和谷彥旭私自將死者令谷姓名

改為姓「賈」，導致京城一度傳出事件與前中共全國政協主席賈慶林有關。外界認為，當時江派要員賈慶林倒向胡、溫「倒薄」，有人藉「法拉利事件」放風威脅賈慶林，讓賈嚇出一身冷汗。有報導稱，賈慶林知悉後大怒，向江澤民投訴。

2014 年 12 月份，已任黑龍江省公安廳副廳長的谷源旭被帶走調查。

現居美國的海外著名民運人士唐柏橋也證實這一點，周本順落馬「是因為令計劃的原因」，「法拉利事件以後，實際上是周本順牽的線讓周永康跟令計劃聯盟」。

唐柏橋透露，令計劃和周永康雙方都有致命的弱點，令計劃因兒子的車禍遇到了大麻煩，而周永康則因為死保薄熙來引火燒身，所以他們最後結盟。

唐柏橋透露，周本順和令計劃曾經都在湖南大學商學院管理工程專業讀碩士。「他們之間的關係非常非常深，而同學的關係遠遠超過這個那個派系之間的關係。」

唐柏橋表示，周本順被抓是一件非常大的好事，應該值得慶祝的一件事情。「因為他掌握的政法委的機密和周永康有一比，過去周本順當周永康的祕書長七八年期間，他是鎮壓機器裡的『二把手』，而且是具體操盤的人。這個人非常邪惡，非常心狠手辣，幹盡喪盡天良的勾當，李東生那些人也都不過是周本順的馬仔。」

周本順落馬後，有陸媒指，中紀委曾正式約談周本順，要求他就三年前車禍事件的處理過程作出詳細交代。據稱，接受調查期間周可以自由活動，但不能出境外訪，離開北京要先向專案組報告，取得同意後才可行動。

第三節

習近平的追擊

對於周本順落馬的直接原因眾說紛紜。有說法認為，周本順的落馬是習近平清理周永康和令計劃的餘部。也有從經濟角度解釋周本順落馬的原因。還有前媒體人曝出周本順參與政變而遭抓捕的消息。

習近平清理周永康令計劃餘部 政變「名單」被應驗

2015 年 7 月，中共國家行政學院教授汪玉凱向《鳳凰周刊》表示，周本順應涉周案不淺。中央選擇在周永康被判刑後、北戴河會議召開之前拿下周本順，是經過深思熟慮的。他說：「北戴河會議召開，意義重大，容不得半點馬虎，必須保證會議的絕對安全。」

早在薄熙來、周永康傳出聯手政變後，便有一份 18 人名單

在外流傳。名單顯示，薄、周政變成功後，周本順被許諾將出任中共最高法院院長。這份名單包括：薄熙來、劉雲山、梁光烈、黃奇帆、蔣潔敏、周本順、羅志軍、夏德仁、趙本山、司馬南、孔慶東、吳法天、張宏良、薄瓜瓜（薄熙來之子）、劉樂飛（劉雲山之子）、薄谷開來、徐才厚、徐明。

目前，除周本順落馬外，政變主角周永康、薄熙來、蔣潔敏、薄谷開來、徐才厚、徐明都已落馬。其中周永康、薄熙來被判處無期徒刑；薄熙來妻子薄谷開來被判處死緩；中共前軍委副主席徐才厚在被起訴期間死於膀胱癌；蔣潔敏案已在 2015 年 4 月被開庭審理，將擇期宣判；原大連實德集團總裁徐明被中共相關部門控制。

有分析稱，如今周永康、薄熙來、徐才厚、周本順、蔣潔敏等先後落馬，當局的反腐結果似乎是使這一政變「名單」逐漸應驗。

在這 18 人名單中，江蘇省委書記羅志軍、政治局常委劉雲山是目前還未落馬的在政變名單上的最高級別官員。

而這個說法似乎也被消息人士證實。

親習近平、胡錦濤陣營的消息人士牛淚 2015 年 7 月 30 日發文透露：周本順因為心存僥倖，試圖矇混過關，不珍惜過去兩年習近平多次給予的悔過機會，始終不向「組織」坦白問題，終於惹得習近平失去耐心，被王岐山一雙大手，劈頭揪進了秦城監獄。

周本順串聯江澤民 北戴河政變陰謀被破

2015 年北戴河會議前，周本順突然落馬。此後，前香港媒體

資深記者姜維平在 7 月 28 日發表博文《周本順被抓，習、王再下一城》稱，由於河北是京畿重地，習、王再下一城，表明在與江澤民，曾慶紅的決戰中，他們已穩當地控制了局勢，正逼近最後的勝利。

周本順因緊跟周永康，並長期在市、省中央級的公檢法領域任職，培植了一大批親信，成為周、薄、徐政變集團的重要成員，他所起的作用不可低估。

文章引用可靠的消息來源說，「河北幫」主要成員為：周本順、梁濱、景春華和河北政法委書記張越（他們均為省委常委），北京的背景人物為馬建、王其江（已被調離中政委常務副祕書長之位）、周永康、江澤民和曾慶紅，金融界背景為戴相龍、郭文貴、車峰、曾偉等人。這個貪腐「大老虎」的利益集團官商勾結，盤根錯節，經營多年，實力驚人。他們已成為目前阻撓改革的最大障礙，雖然，有的已落馬，有的已流亡，有的已被抓捕，但總根源還在，江澤民還想東山再起，所以，周本順還不甘心順從，他要集結反對習、王的中共黨內各派力量，進行一場反攻倒算。

在被查處的前半年，周本順祕密起草了一份《河北政情通報》，由張越直接呈送給曾慶紅，並進而轉呈江澤民。這份絕密報告主要內容是：（一）就河北而言，反腐已經走上邪路，變成了二次文革。反腐擴大化，冤枉了很多官員，造成官不聊生，大家無心工作，互相推諉不作為，政府職能部門其實已處於癱瘓和半癱瘓狀態；（二）反腐導致河北省經濟嚴重下滑，從而使下崗待業人數激增，社會矛盾迅速激化；（三）習近平、王岐山反腐只是為了清除異己，打擊政敵，反腐已經政治化；（四）習近平、王岐山、李克強將經濟問題和社會矛盾的責任推脫下移，造成地

方和中央的嚴重對立；（五）習近平、李克強、王岐山把目前的諸多問題推到前幾屆主要領導頭上，認為是他們（鄧、江、胡）幾代吃了「肥肉」，「硬骨頭」留到了現在。

這份綱領性、指向性明確的文字總結說，是習、王在有意製造幾代領導人的對立，撕裂了黨內團結，應當承擔責任。

消息人士說，這份《河北政情通報》是由周本順授意，張越一手操辦，組織人力撰寫的。他把所有責任和問題全部歸咎於中央，推到了習、王反腐的頭上，應和了江澤民和曾慶紅的口味，他們看到這份報告後，如獲至寶，認為是北戴河會議向習近平、王岐山發難的一顆「重型核彈」，威力無比。他們認為《河北政情通報》所反映的問題帶有普遍性，具有典型意義，一旦拿到會上便會引起共鳴，對習、王群起攻之，大獲全勝，但是，提前外洩的這份綱領性文字，卻幾乎同時擺上習近平和江澤民的案頭。

不過，這份被江、曾看重的「政治核彈」卻被與其對立的河北其他官員稱之為「政治臭蛋」。周本順被抓，這顆「政治臭蛋」成為笑柄。

北京新聞界消息人士透露，「河北幫」在周本順「幫主」的帶領下，各省市遭到反腐整肅的一些官員，通過各種方式祕密聯繫，訂立攻守同盟，一方面消極怠工，故意搞事，牽扯對立派的精力；一方面整理「黑材料」，準備在北戴河會議上發難、攪局，拉習、王下馬，他們對習近平和王岐山陽奉陰違，暗地裡一直在效忠於「江澤民、曾慶紅集團」。本來習近平對周本順的態度一直處於矛盾狀態，不想在這個時點上於京畿重地大動干戈，但事與願違。

文章最後說，儘管還沒動江澤民和曾慶紅，但周本順的被抓，

說明習近平、王岐山沒有絲毫妥協，「河北幫」炮製「政治核彈」變「臭彈」，已揭示了後台的面紗，下一步，貪腐的總根子，不拔也無法向世人交代，假如抓捕了江澤民和曾慶紅，中國的政局就將大變。

習近平對官場的震懾

周本順落馬，加上此前的令計劃被「雙開」，郭伯雄案被公開，連續給中共官場以極大震懾。

名為安德列的作者撰文《周本順落馬北京欲擒故縱？》說，習近平發動打貪以來有個特點，就是有點「欲擒故縱」。落馬前幾十個小時，還是讓你「堂堂正正」地煎熬。令計劃被公布「罪行」前一周，12 月 15 日還在黨刊《求是》寫文章，在文章中，令計劃不僅至少 16 次引述習近平講話精神，而且在每個小標題後，都緊跟同樣的八股文用語：「習近平總書記強調」，八個小標題，重複了八次。

連用八個「習近平總書記強調」，可見活到何等顫顫驚驚的地步。至於周本順，就在中紀委宣布「調查」的前兩天，還前往秦皇島北戴河區進行推進城鄉統籌發展的調研。河北省的黨報《河北日報》刊登了這條消息。他在調研中強調「讓城市和鄉村變得更加富裕、更加美麗」。話音剛落不久，翻身落馬。現在再要上《河北日報》網查這篇文章，已經無影無蹤。

自十八大習、王反腐開始，中共官員幾乎個個人心惶惶，有如驚弓之鳥。周本順落馬後，官媒的評論震懾說：「在『老虎』的行列裡，周本順就像一個新的信標，提示著反腐敗的深度與烈

度，它再一次提醒那些有著腐敗劣跡的人，不要以為過了一關就萬事大吉，越往後執紀越嚴、處分越重。而那些風聲一過就故態復萌的人，你不會知道什麼日程表正在等著你。」

北京傳媒學者喬木在《周本順被查再顯寒蟬效應》一文中說，也許周本順毫無徵兆地被查，當局要的就是一種寒蟬效應和威懾心理。經濟上不乾淨、政治上站錯隊的官員，都有可能被抓，但要不要抓、什麼時候、什麼方式被抓，則不是官員所能料到，只能在戰戰兢兢中繼續遊戲。

喬木說，有時想想中共的官員也挺可憐的。逃跑吧，天網恢恢，厲害如王立軍也只能往美領館跑，最終束手就擒。自首吧，萬一上邊並沒有打算查你，自我暴露不光上司震怒，也會讓同僚仇恨。瞻前顧後、患得患失，很難安心工作，只有像寒蟬一樣苦熬。

在時事評論員石久天看來，也許習近平的震懾效應還有另一層深意。

石久天說，2012 年 6 月 6 日，湖南邵陽「六四鐵漢」工運領袖李旺陽「被自殺」。有報導說，李旺陽被殺就是時任中央政法委祕書長周本順授意的。此舉導致香港引發大規模的抗議浪潮，要求徹查李旺陽死因，讓之後「七一」訪港的胡錦濤相當難堪。

「在習近平訪美之前，中共出現了大規模抓捕維權律師的行為，似與胡錦濤當時處境相近。此時拋出當年胡錦濤訪港前的幕後黑手周本順，是否還有另一層震懾的含義呢？」

第十章

活摘器官——
巨變前的黑暗

2000 年起，成千上萬的人從中國大地上失蹤。他們被綁架，在深夜從監獄被集體轉移，不知去向。同時，中國大地上出現了一具具被掏空內臟的屍體。這是 21 世紀所有恐怖故事中最恐怖的一章。（本章轉載《大紀元》評論員夏禱的文章）

中共江澤民集團利用其掌控的中共軍方系統直接參與了活摘法輪功學員器官，用活人建立了全球最大的活體器官庫，以此牟利。（大紀元合成圖）

第一節

無名的殘缺屍體

追查國際組織調查取證後確認：1999年以來，江澤民為首的中共犯罪集團，利用整個國家機器，對上億法輪功修煉群體犯下群體滅絕罪、反人類罪。（大紀元合成圖）

2000 年起，成千上萬的人從中國大地上失蹤。他們被綁架，在一個深夜從監獄被集體轉移，沒有帶任何個人的衣物。他們的私人用品、被褥放在倉庫裡，人卻不知去向。

同時，中國大地上出現了一具具無名的屍體。屍體上有許多奇怪的傷痕，一道大縫線橫過烏紫色塌陷的胸腹。打開縫線，胸腔裡卻是空的。

更多的人死後沒有留下蛛絲馬跡。一年一年過去，他們的親人焦心地等待他們的消息，卻渺無音訊。他們就這樣從中國大地上消失了。很多年後，這世界才知道發生在他們身上的故事。

毫不誇張地說，這是二十一世紀所有恐怖故事中最恐怖的一章。這個故事一直是中共的國家絕對祕密，直到 2016 年，一連串波濤洶湧的事件把這驚人的機密推到了世人眼前。

高一喜事件

2016 年 4 月，牡丹江市發生了一件事。故事的主角叫高一喜，49 歲，年富力強。4 月 19 日，高一喜被非法綁架，關入牡丹江市第二看守所。十天後，他的家人去看守所要人，卻被告知高一喜已死的噩耗。

家人趕到火葬場，公安堵住通往屍體的通道不讓家屬接近，並謊稱法律要求在 24 小時內解剖屍體。高 16 歲的女兒跪求他們，然而不久後公安聲稱遺體已解剖完畢，兩名特警扭住小姑娘的雙臂，讓她遠遠看一眼父親的遺體。

活摘器官受害人，黑龍江牡丹江市法輪功學員高一喜。（明慧網）

兩米外，高一喜雙目圓睜，胸腔鼓起來，腹腔塌陷下去，一手高，一手低，左右手拚力往外掰，緊握雙拳，手腕上有鐐銬烙出來的深深的刻痕，臉上的表情痛苦萬分。

高一喜離奇的死亡背後是什麼驚人的內幕？

你聽說過蘇家屯嗎？

2006 年，來自中國的安妮在美國舉行記者會。安妮是瀋陽蘇家屯的遼寧省血栓病中西醫結合醫療中心（簡稱「蘇家屯血栓醫院」）醫院的護士，她的前夫是蘇家屯血栓醫院的外科醫師。她說出的事震驚了所有的人。蘇家屯有一個地下室，2002 年，裡面

曝光蘇家屯集中營事件的女證人安
妮。（大紀元）

關押了約六千個法輪功修煉人。她從來沒有進去過，只能遠遠瞥見那些被關押的人。每年，那些人減少約兩千。到了 2006 年，那裡沒有一個人活著出來。

「從 2003 年開始，我前夫精神恍恍惚惚的。他抱著沙發枕頭看電視，你把電視給閉了，他都不知道。」「我丈夫的情緒很反常，經常出現恐懼，睡覺的時候經常盜汗、做噩夢、尖叫。當時他心裡也很害怕，他跟我說出了一些真相。這些學員一般都是被注射一針使心臟很快衰竭的藥物，然後把他們推到手術台摘除眼角膜、腎臟、或心臟。有的學員根本就沒有咽氣就被摘除腎臟。他做了兩年半這樣的手術，最後他拿著手術刀手都會顫抖。」

這些參與活體摘取器官的醫生許多患上了憂鬱症，有些人依靠嫖妓、酗酒來減輕焦慮。

「我丈夫有記日記的習慣。有一篇日記是這樣寫的：當這個病人昏厥之後，他用剪刀剪開這個病人衣服的時候，從衣服的口袋裡掉出來一包東西。他打開一看是個小盒子，裡面有個圓的法輪章。上面有個紙條，寫著：祝媽媽生日快樂。我丈夫受了很深很深的刺激……」

老軍醫揭露的地下集中營

遼寧省血栓病中西醫結合醫院（蘇家屯醫院）的鍋爐房，即為焚屍爐。（明慧網）

安妮揭露蘇家屯不久，一名瀋陽軍區老軍醫揭密：「全國類似蘇家屯的祕密集中營至少有 36 個，位於吉林的代號為 672-S 的集中營關押了超過 12 萬法輪功學員和異見人士；吉林九台集中營的關押人數超過 1 萬 4000 人……」

早在 2000 年 10 月 1 日，法新社報導：中共在東北、西北建了兩個容量 5 萬人的集中營。根據前美國智庫研究員、獨立新聞調查記者伊森·葛特曼（Ethan Gutmann）的報告，近年在新疆塔里木沙漠中興建世界最大的勞改營，關押約 5 萬法輪功修煉者、維吾爾族人、重罪犯。

有多少法輪功修煉人在深夜被喚醒緊急集合，關入密閉的長途火車，穿越大半塊國土，關進不見天日的地下集中營？在裝載牲口的火車、巴士上，他們遭遇了什麼？到今天為止，沒有人描述過這些地下集中營。然而安妮曾經這樣說過：

「法輪功學員的表情和一般的監獄人的表情不同。其他人在監獄裡都有家屬，只有法輪功學員被送過來，家屬不知道（由於

中共對去北京上訪的法輪功學員採取株連政策，為了不牽連家鄉
的各級政府部門、單位和親屬，許多遭非法拘捕的法輪功學員不
報姓名地址）。法輪功學員很多人絕食抗議，不吃飯已經很虛弱。
每個人給一張紙，如果不煉了，不煉法輪功了，按上手印，就馬
上釋放。一個人出去了，裡面的人不知道。他們會覺得被釋放，
可能被告知帶到外面治療。帶出來的人先打昏，注射麻藥。」

　　和我們今天熟悉的納粹集中營電影一樣，這些在黑暗中進行
的事驚心動魄。

　　2000 年開始，成千上萬的人從中國大地上失蹤。一直要到
很多年以後，人們才知道發生在他們身上的事情。這是崛起了的
PRC 許多祕密中最黑暗的一個。

法輪功修煉人的回憶

　　「很多大法弟子的消息再也沒有了。」蘇家屯曝光後，許多
法輪功修煉人回想起自己的經歷。2001 年，各地勞教所對非法
關押的法輪功學員做了全面體檢。不合作的人被壓在地上強行抽
血，詳細盤問器官病史。教管並且告訴獄警不要打這些修煉人的
眼睛，後腰：「腰子有用。」

　　《穿越生死》的作者王玉芝在絕食一百天後闖出勞教所，之
後她輾轉逃到了加拿大。在活摘器官曝光之後她恍然大悟：自己
今天能生還，是因為當時全身從腎到皮膚沒有一件健康的器官。

　　「我經常聽到他們撕裂人聲的喊聲，我不知道他們叫什麼名
字，這些學員都被編號，他們在經過這種酷刑後都下落不明，一
批一批的都被挪走。」

「許多的法輪功學員在流離失所後，特別是大量農村的法輪功學員，流離失所以後，他們常常是我們早上還在一起，晚上就不見了……。就說這些失蹤的，被抓捕的法輪功學員隨時或時時都會發生，六年來遍及全中國就是這樣。」（《穿越生死》）

「在 01 年左右，大量的法輪功學員由於中共的鎮壓去北京的各個部門上訪，當時派出所的人員說，你們再這樣就把你們抓到大西北去，江澤民下令要在大西北建立一個集中營，把這些學員都送大西北，與世隔絕。當時我們幾乎所有的學員都知道這一情況。」「警察告訴我，說你不報姓名和地址就給你剖心挖肝，連屍體都找不著。我的姐姐在馬三家迫害中進行了一系列的身體檢查。所以這是一個邪惡的事，我今天能來到這裡也是死裡逃生。」（劉玉梅，被聯合國營救到芬蘭的法輪功學員）

「我在河北滄州看守一所的時候，一個姓董的獄醫跟我說：『你不要再絕食抗議了，你們的命不值錢，看守二所的大法弟子楊妹就是絕食插胃管插死的。身體還有溫度就進行屍體解剖，把五臟全部掏出來弄了一桶還冒著熱氣。』」

「惡警恐嚇我說：『你以為你是誰？你想見誰就見誰，你還別覺得你怎麼著，別看你拿的是外國護照，我們照樣讓你失蹤。你大概好久沒回中國了吧，中國現在的國情你可能還不太清楚，看來我得好好給你洗洗腦。中國有幾千個叫劉青青的，失蹤你一個不算什麼，誰看見你到這兒來了，我們也沒看見，問我們，我們也不知道。像這樣失蹤的人多了，你聽明白了嗎？』」

「河北三河市看守所已關了一百多位四川來的法輪功學員，他們衣服單薄，有的還背著簍子，生活很困難，但都非常堅定。不管警察怎麼用電棍毒打他們，就是閉口不說從哪來。後來又陸

陸續續地進來一批又一批。警察及四川駐京辦事處的人員說：『在東北和新疆都有關你們的集中營，不報姓名，就把你們送進去，再別想出來，誰也不知道你們在哪。』一輛又一輛的大巴士拉著不報姓名的大法弟子開走了。這裡每天都有幾百個大法弟子被送進來，後來又被拉走。」

「車開到一個收費站時，便停下來等候。不長時間，陸續來了許多載滿大法學員的車，一小時左右便組成了長長的車隊，開上京津唐高速路。當時高速路被封了，路面都是冰雪，煞是悲涼。車隊到達唐山看守所，車剛停，每輛車上來一位醫生，對大法學員逐個號脈，然後轉移到一輛輛軍車上去……」

「凌晨三點多鐘左右，突然緊急集合，全部被綁架的大法弟子被裝進大客車急駛而去。車上的惡警詭言怪語說：送你們到兩個地方去，一個是馬三家，還不轉化，就送到另一個地方。那一天大雪封路，車外一片雪茫茫。大客車開了一整天，晚上六點左右到了一個地方……車到後，突然出現一個非常陰森的交接儀式，兩方面惡警各站一邊，儀式凝重、正規。從此以後，很多大法弟子的消息再也沒有了。」

（以上來自明慧網）

來自軍人的回憶

作為活摘器官罪行的主要參與者，這些年來，來自軍人目擊者的見證陸續出現，驚心動魄。以下是一位丹東軍人的回憶。

「2000 年 12 月的一天，天很冷。大約凌晨一點左右，突然我們部隊被緊急集合起來，全副武裝開往丹東火車站，把火車站

層層包圍後，過了一會兒，從天津開來的一列火車進站了。從火車上下來幾個軍官和幾個穿白大褂的軍醫。他們和我們的軍官詭祕的交接一會兒後，我們部隊的一部分被抽出負責押運火車，其中我們連也被抽出，我們每倆人負責一節車廂。上車前，我們並不知道押送什麼，只是感到這次氣氛很緊張、很不尋常。上車後，我們才吃驚的發現，這是一列平時專門用於拉牲口的列車，每節車廂都沒有頂棚。但是，這次裡邊拉的並非是牲口，而是煉法輪功的，男女老少都有，據說是到北京上訪的。他們一個個都被用手銬吊在車廂頂部一根根鋼梁上，像白條雞一樣。……不知過了多長時間，火車終於到達目的站——瀋陽蘇家屯。」

「這次『任務』完成返回部隊後，我們才知道這次『任務』過程中出大事了。原來，我們連的黑龍江雙城的戰友，在押運法輪功（修煉人）的過程中，看到吊著的法輪功學員，大部分是女的，其中很多是老太太，有的甚至穿的衣服很單薄，心裡難受得實在無法承受了，據說他當時出現幻覺，看到吊著的人都是自己的媽媽。於是，他就和拿手銬鑰匙的另一名戰友商量，希望把那些人放下來暖和暖和，結果被拒絕。憤怒之下，雙城的戰友向空中鳴槍，嚇得那個戰友趕緊把煉法輪功的都放了下來。」

這一名軍人後來被嚴刑拷打，卻一直閉口不語。眼看就要被折磨死的時候，有人聯繫上他的舅舅（據說是某地方的武裝部長），花了許多錢才把他救回老家。（2013 年 3 月明慧網）

中共的新事業

進入新世紀，發生了一件奇事：各國病患紛紛去中國接受移

植手術，並且在最短的時間內得到了他們在自己國家要等候一、兩年的器官。他們等待的時間有時一兩周，快的三、四天，最快的四小時。如果這個器官有排斥反應，可以馬上再換一個。有時，為一個病人準備的備用腎臟能有兩、三個。近年來更開通了綠色通道，為重病人緊急移植。1999 年以後，急診移植十分普遍，上海第一人民醫院為了一個病人連換八個肝的驚人案例。「為了一個人的生命，八個人失去生命！」（大衛・喬高）

各省醫院中住入了不同種族不同膚色的人，床位緊張。在杭州一家醫院，來自世界各地的患者有白人、黑人，有韓國人、日本人。東南亞國家的病人組團去中國，十幾個人同時換器官，許多醫院一天做十個、二十個手術是常事。

2007 年，世衛公布中國是全世界移植器官手術最多的國家，也是人體標本的最大輸出國。2000 年是一個分水嶺。在 2000 年之前，1991 至 1999 年的九年加起來，全國肝臟移植手術不到 200。然而光是 2000 年一年就施行了 250 例，此後一路飆升，2005 年一年超過 4000 例。

2006 年，天津一家器官移植醫院做了 2000 個肝移植手術。一位德國醫師說：「這個數字比整個德國一年的手術還多。」

如果上面的數字驚人，各大醫院公布的數字更叫人咋舌。據追查國際報告，某一大城市的醫科大學兩個附屬醫院每年做 2000 至 3000 例移植。事實上，每年做 1000 至 2000 器官移植手術的醫院在全國有很多。另外，瀋陽老軍醫透露：由於有巨大的活體供體來源，許多軍醫院大規模私下進行器官移植。

每年，來自各國的病患源源不絕的去中國接受移植器官。去大陸做器官移植手術的韓國人每年多達 1000 人；每個月都有

約 30 名以色列人前往中國大陸接受器官移植手術；台灣每年有
3000 至 5000 人組團由仲介為媒赴大陸做移植手術。英國、以色
列、美國、韓國、日本等近 20 個國家的病人遠赴中國接受器官
移植。

各省蓋起了大型器官移植中心。各地醫院大做移植器官手
術，一家中醫門上的對聯寫著：「中醫腎病與時俱進，腎臟移植
一馬當先。」目前，據最新調查報告，中國大陸至少有 700 至
900 家醫院做器官移植手術。

「在一切與人類活體有關的出口產品中，中國產值居世界第
一，中國在全世界已形成了巨大的器官交易網，中國已成為國際
活體器官交易的中心。2000 年後，中國占世界活體器官移植總數
的 85％以上。」（2005 年上報中央軍委資料）

在崛起了的新中國，出現了一個蒸蒸日上，傲視全球的新
事業。

標上價錢的人體器官

這活摘器官巨大的供體庫來自何方？根據國際特赦組織估
計，中國每年祕密槍決的死刑犯約數千人，遠遠無法匹配器官移
植龐大的需求。這些數字高達百萬以上的器官的來源成為一個
謎。由於大陸的臨床報告作者不能說明供體的來源，2014 年國際
器官學會拒絕中國學者向大會提交的論文。

一旦我們把在 1999 年 7 月開始的對法輪功的嚴酷迫害，以
及全國數百家勞教所、地下集中營裡關押的數百萬法輪功學員和
這些數字連在一起，一切就得到了解釋。

這個罪行最粗糙的一個環節是：肝 X 萬、腎 X 萬、心 X 萬、皮膚 X 千，這些價錢公布在網站上，隨著國際市場的擴大和仲介的加入，價錢節節攀升，這些年已翻了許多倍。據中國醫科大學第一附屬醫院國際移植網路支援中心，在中國做一個腎移植 6 萬多美元，肝移植 10 萬多美元，肺和心臟器官在 15 萬美元以上。

2006 年，單是山西省一間人民醫院移植腎的年獲利就高達 2.6 億元。在當代中國的 GPD 中，活體摘取器官獲取的暴利所占的比例要叫人倒吸一口冷氣。當被問到器官的來源時，醫院人員兜售員一般說道：「有，有健康的法輪功學員。你來嘛，來了就知道。」

瀋陽老軍醫曾說過：中共「公開宣布法輪功學員為階級敵人，同意對其進行任何符合經濟發展需要的處理手段，無須上報！也就是說，法輪功學員不再是人，而是產品原料，成為商品。」

是什麼鏈條在背後推動著，把這些成為商品的人體器官輸送到各醫院，獲取暴利？

國家殺人機器

1999 年 7 月，江澤民開始鎮壓法輪功，綱領是「打死白死，打死算自殺」。此後，從軍隊、武警、醫院、公安、監獄、勞教所到政法委系統、法院，都參與了活摘法輪功修煉人器官的罪惡，參與者眾多。官方、警方、監獄一條龍的運作器官的交易。這個罪惡的鏈鎖把所有的人都綁在了一起。

「這場屠殺是以活體摘取法輪功學員器官的殘酷方式實施的，是在中共官方的祕密組織和保護下，在司法系統和軍隊、武

警、地方醫療機構相互配合下進行的系統犯罪，是群體滅絕罪、反人類罪！在實施犯罪中，軍隊、武警醫院和器官移植中心為活體摘取法輪功學員器官的主要場所。」

「涉嫌參與犯罪的有 31 個省市自治區相關的醫院和器官移植中心，這些地方分別位於北京、天津、上海、重慶、河北、河南、山東、遼寧、吉林、黑龍江、安徽、湖南、湖北，江蘇、浙江、廣州、廣西、福建、四川、雲南、貴州、陝西、甘肅、新疆等地。」

「將法輪功學員作為活摘器官供體的命令直接來自當時的軍委主席江澤民，總後勤部則利用軍隊系統和國家資源，將到北京上訪而不報姓名的法輪功學員和各地被非法拘捕的法輪功學員驗血編號，輸入電腦系統，利用軍車、軍航、專用警備部隊和各地軍事設施和戰備工程作為集中營，統一關押，統一管理，成為國家級的活體器官庫。」

「總後勤部通過各級管道將供體調配到軍方醫院和部分地方醫院，其運營模式是向醫院提供一個供體直接收取現金（外匯）的血腥交易。」

「從 1999 年起，僅活摘法輪功學員器官帶來的純利潤已經可以達到了中共軍隊一年軍費預算的規模了。由中共總後勤部主導的活摘法輪功學員的器官，其相關信息是作為軍事機密對待。中共總參謀部利用其情報系統，全力阻擋真相向世界傳遞。」（以上來自追查國際報告）

這項保密行動被嚴格執行。2006 年 5 月 7 日，瀋陽老軍醫披露：「近日總後勤部負責人（中將軍銜）向全國各地方相關軍事機構轉發了在北京祕密結束的一個會議精神，要求『針對特別軍事監管管理區（即集中營）問題的信息大量外洩』問題，進一步

封閉法輪功的信息管道，強化保密體系，並重申對洩密行為的嚴厲處罰。」

事實上，整個器官移植的過程都受到嚴密監控。

「在進行器官移植的過程中，如果器官移植失敗，被移植器官人員的資料和屍體必須在 72 小時內全部銷毀。整體的資料和屍體，甚至是活人焚毀必須經軍事監管人員認可。軍事監管人員有權逮捕、關押、強制處決任何洩露消息的醫生、警察、武警、科研人員等。」（瀋陽老軍醫致《大紀元》信）

潛水艇中戴腳鐐的人

2003 年 4 月，中國北海艦隊 361 號潛水艇失事，潛艇上 70 人全部遇難。361 潛艇出航後一直保持靜默狀態，直至失事也沒發出求救信號，失事多天後海軍方面才獲知。人們推測，潛艇是在執行絕密任務中出事。因為執行這種絕密任務的，出現任何事故，不許發出呼救信號。

361 潛艇被急匆匆拖回港口，倉門打開後，眾人驚呆了：艇倉內死難的不光是穿著海軍軍服的官兵，還有眾多戴著手銬、腳鐐的普通年輕人。這些人是法輪功學員。

在中國的出口產品中包括巨大的活體出口，由軍艦運送到國外，在國外進行器官移植。移植後，人體直接焚毀。根據瀋陽老軍醫的消息：「中國在海外有機構專門處理被活體移植的屍體，很多中國在海外的使領館都參與其中。」「這些出口的活體幾乎都有偽造的自願資料，具體的方式不詳，了解的是 2005 年出口活體超過 940 人。」

這些活體都伴隨偽造的捐獻自願書。「我接觸的資料中僅這種偽造的代簽資料約有 6 萬多份，都是什麼本人自願進行某種器官移植，並承擔一切後果，甚至還有移植心臟，許多的簽字都是一個人的筆跡。」

人口販賣所得鉅款由海軍將領、司令員分贓。被判死緩的前中共海軍副司令王守業家中查到人民幣現金 5200 萬元，美元現鈔 250 萬。在其辦公室發現的私設小金庫帳號內有存款 5000 餘萬元。他曾以福利為名，分發近 2000 萬元給同僚。

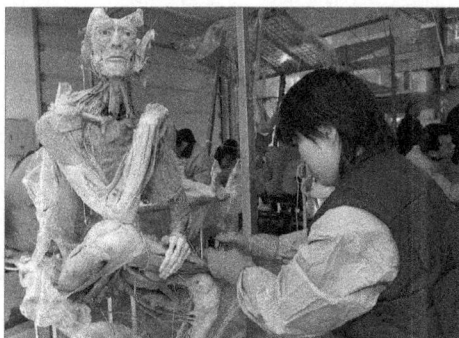

遼寧大連的屍體加工廠。2004 年 2 月 2 日。（AFP）

屍體加工廠

除了活體出口外，活摘器官還有一樁相關的全球事業。

世界巡迴展出塑化人體展。屍體標本絕大多數都是中國人，屍體展覽公司承認屍體來源為中共警方。

「這都是真的，我可以作證，我負責肝臟那塊加工組裝。這

個人體標本的確是用真人做的。」一位朝鮮族的李先生曾經在哈根斯位於遼寧的屍體加工廠工作一年半，他透露了其中恐怖的內幕。

廠裡「所有的員工全是醫學院畢業的，不是醫學院畢業的不要，一般人在那兒（精神上）受不了。」

「有的屍體是孕婦，你知道吧？有一個車間是屍體處理，在這兒先泡。太不尊重人了。你可以什麼都不信，但是最起碼要相信人是有尊嚴的，死的人也是有尊嚴的。那個大池子裡邊跟豬一樣泡，那裡邊全是福馬林藥水。」

「那一個大池子一次泡四、五個人，好的標本是兩個人一個池子，不好的有四個人、五個人一個池子。這還不算呢，等到最後從半成品到成品的時候，那時就不像人樣了，就像塑膠一樣，你知道那貨櫃車嗎？一次就進四、五輛，那裡邊裝的全是屍體，都是用塑膠袋裝著。」

森冷的車間裡，20 個解剖台一字排開。台上面，從男到女、從幼到老的遺體靜靜躺著，被一群穿手術衣的人使用解剖鑷和解剖鉗解剖和肢解。

薄熙來當上遼寧代省長後，大肆擴建瀋陽馬三家勞教所等多家勞教所，接納各地因不報姓名而無法遣返的法輪功學員。這些人成為大量的活摘及人體標本來源。

因販賣法輪功學員器官、盜賣被殘害的屍體獲利巨大，當年大連、瀋陽市及遼寧省高層、軍警、公安和醫學系統、黑道仲介等參與其中。這件事在遼寧省高層、大連、瀋陽高幹子弟、醫學圈子內知道的人很多。

故事才開始

在法輪功學員外，據推測，死刑犯、藏民、維吾爾人、政治犯、少數的基督徒構成了這活體器官供體庫的約百分之五。一個曾和死刑犯關在同一間牢房裡的囚犯說：「死刑執行日期由監獄和附近一家醫院協定，當醫院需要器官時，即是對犯人行刑的日子。器官移植所獲利潤由醫院和獄警對半平分。」

在巨大利益的推動下，器官移植進入了流水線作業。仲介在全球各地招攬生意，有病患看見醫院上下對這些仲介畢恭畢敬。

由於利潤巨大，黑社會介入了這地下生意。在他們的安排下，十幾個病人一起住入醫院，由幾個內科醫生同時動手術，或是換心或是換肝、腎，然後一起帶著那不知屬於誰的器官出院回家。他們不會想到，這些新鮮的器官是在同一天從同一個「供體」身上，開膛破肚摘取下來的。

《血腥的活摘》一書中描述了幾名主刀醫生圍繞供體，同時摘取心、肝、腎，以供在醫院等待的來自不同國家的病患移植。供體的器官要在同一時間取出、移植，以達到最高的收益。取下的器官放在冰桶裡，由救護車飛快送到醫院。許多醫院直接把供體運入醫院，在現場分別摘取器官，就近移植。

「我記得我們住的那層病房，是中國他們所謂的移植病房。那一整層樓都是移植病房，又有的病房住十幾個人，到底怎麼會有那麼多的器官？」《活摘》紀錄片中，台灣移植病人的妻子無奈地說道。去了中國後這些病人才發現，有些醫院只有半夜做移植手術；鬼鬼祟祟，像是在掩蓋什麼；問起器官來源，有些醫院告訴你不要過問。

接受器官移植後，這些病患回到自己的國家，有些人活下去，許多人罹患癌症或感染各種病變而死亡，更多人性格，甚至性向發生突變。

科學研究發現，人體的每一個細胞都帶有人的信息，每一個細胞都是一個全息系統。手術後，這些病患在體內攜帶一個陌生人的記憶活下去。為了器官的鮮活度，活摘器官時只打極少的麻藥，因此，這記憶包括被屠殺時的極度懼怖和痛楚。

下面是位曾經在天津第一醫院的器官移植中心，即亞洲最大器官移植中心工作人員的見證。那裡接納了大量來自各國的病患。

「當時在器官移植方面不是國與國之間的聯繫，而是以黑社會化的中間商為互動的紐帶。」

「器官移植不是誰都能做的。有的器官移植不成功，人當時就死去了。有的有著強烈的排斥反應；有個男性患者到醫院前是個很正常的人，做了器官移植後精神就失常了，在病房裡光著身子跑啊、跳啊、喊啊；還有一個女性移植器官後生理上很快發生了變化，她的嘴旁開始長鬍鬚了，說話聲音變的粗聲大氣的，脾氣也變得男性化了，明顯的是個男的。這些也絕不是個例，我在那裡工作的期間，時不時的就有這樣的患例發生。當家屬問醫生怎麼會這樣？醫生卻說是藥物的不良反應。那些家屬也很無奈，他們複雜的心情真的是難以言表……」

「這裡做移植的醫生都是三個人一組，多少個組就不知道了，都是整夜整夜地做，翻譯就跟家屬坐在走廊的椅子上等，肝移植要十幾個小時的時間。」

對許多人來說，接受器官移植只是故事的開始。

目擊者的證言

從 2000 年到現在，無數法輪功修煉人消失，杳無音信。

「我曾經聽我前夫說過，大多數人都是身強力壯的，好多人還沒有咽氣，他們的器官就被摘除，被摘除後很多人就被直接丟在焚屍爐中，沒有任何跡象。」（蘇家屯事件女證人安妮）

還記得蘇家屯嗎？它的焚屍爐僱用農民焚燒屍體。農民從屍體上摘下手錶、戒指，從嘴裡掏出金牙後推入焚屍爐，化為一縷灰煙。

「我有幾次在半夜很晚的時候看到從醫院大樓禁用的電梯裡，四、五個 40 多歲的男人往外推死人，那個電梯平時是禁止使用的，可能連著暗道。我看到推出來的屍體很奇怪，都用醫用綠布包紮著，包的非常緊，也非常厚，超過對普通屍體的處理程度。」「我還看到過幾次，從外面往禁用電梯裡推人的，用布蓋著，不讓看。」（重慶醫科大學附屬第一醫院工作人員李金珍）

「這裡的醫生哪裡是動手術，簡直就是在殺人，血噴得到處都是，手術室的地上全是血，我們用水管沖，都要沖兩個小時才乾淨。」（重慶醫科大學附屬第一醫院清潔工）

隨著活摘器官的曝光，更多活摘器官的目擊者站出來作證，包括歷年來對死刑犯的活摘。

「有的人被摘取器官，不是一槍打死，而是先打倒，然後抬到事先準備好的車上，趁人還活著開膛破肚，剖取器官。有的人疼得挺不住哀求說：快一點的，先讓我死，求求你們！」（法輪功學員回憶被關押在大慶龍鳳看守所期間，聽一個牢頭獄霸所說）

2009 年，一位曾在活體摘取器官現場擔任警衛的前公安向追查國際揭露了他親眼見證的罪行。2002 年 4 月 9 日，遼寧省公安廳某辦公室將一位 30 多歲的女性法輪功學員轉移到瀋陽軍區總醫院 15 樓的一間手術室。在這名女學員完全清醒的情況下，沒有使用任何麻藥，摘取了她的心臟、腎臟等器官。

2011 年，訪民鄧光英被關在重慶女子勞教所四大隊期間，親眼看到法輪功學員徐真被強摘器官而死。下面是鄧光英的證詞。

「是我親眼看見是這樣的，他們把徐真抓上來就使勁瘋狂地打，把全身都打腫了！然後叫她寫出捐獻器官的自願書，她不寫；不寫就把她全身扒光，用一個小小的機器把嘴巴摁起，摁起之後用礦泉水瓶子，灌了十瓶水。」

「她在被挖眼睛的時候是 2011 年 10 月 20 日凌晨 2 點過 7 分，我看了鐘的！她的慘叫聲，轟動了整個四大隊，『它們活挖我的眼睛啊！』她的叫聲驚天動地。」

當時同被關押的法輪功學員胡英說：「就是兩、三點吧，聽到很悽慘、恐怖的一聲慘叫，當時嚇得都睡不著覺了，都嚇醒了，我們是在二樓，她是在四樓，就聽到慘叫聲，聽不到她喊的是什麼。」

穿白衣的劊子手

救人的醫生護士變成殺人的屠夫。在這些人身上，我們看見了活摘器官最深刻的罪惡。

據追查國際調查，目前，全中國做器官移植手術的醫院大多和活摘器官有關。一些大學的附屬醫院如北京大學、清華大學等

都參與了活摘器官。

摘器官的主力是軍隊，由軍隊培養各大軍區年輕的專業移植醫生隊伍，接受軍隊紀律管理。軍醫、醫科大學被稱為器官移植的「黃埔軍校」。這支隊伍周遊在各大軍區的當地軍隊和地方醫院進行手術。在這些操刀的軍醫中，有人因為表現突出晉升為將軍，更多人受不了良心的折磨而亡。至今，共七名軍醫專家、副院長自殺。

2007 年 5 月，上海第二軍醫大學著名器官移植專家李保春從他平時等待腎源的 12 樓跳下死亡。「沒人知道他當時想著什麼，也沒有留下一句話。」李保春死前幾個月經常失眠，靠吃安眠藥維持，後來吃任何藥都不見效。

2010 年，84 歲的黎磊石從南京自家 14 層高樓跳樓身亡。他教出許多器官移植醫生加入這手上沾著鮮血的行業，死前精神壓力極大。

衛生部指定開展肝移植、腎移植的四川大學華西醫院遭紀委巡視，前院長石應康貪腐金額高達十億，2016 年從 20 樓跳下。

2013 年，山東大學齊魯醫院換肝「一把刀」，年方 50 的肝移植主任姜旭生在家中刎頸、割腹自殘而亡，身上有多處刀痕。

2014 年，上海腫瘤醫院泌尿外科副主任張世林從 8 層樓自己辦公室窗戶跳下。張世林有時一周做 17 台手術。2012 年開始，他一進手術室就心慌，無法集中心神，原先開朗的個性變得少言寡語，獨往獨來。

自殺之外，更多的醫生遭報橫死或被滅口。

2007 年，烏魯木齊空軍醫院大夫師龍生被一司機撞倒在地後，又再被一輛車二次碾過去，整個人被碾成肉餅，像是殺人

滅口。

四川德陽人民醫院院長范天勇遭遇離奇車禍而亡。巨大的山體滑坡，飛石像長了眼睛一樣砸向他胸腔腹腔的臟器，同車的人卻都平安無事。

石家莊市第一醫院院長肝腎移植專家鄭志敏晚期肝癌住院治療，醫院嚴密封鎖消息，謝絕任何來訪，不許洩露鄭志敏的病情。醫院的人說：「心虛啊，怕人家說是遭了報應！」

許多醫生因「濫用器官移植」或貪腐、違法違紀而被逮捕。包括 309 醫院的院長高小燕；廣州軍區總院腎臟科的副主任朱雲松；吉林大學第一醫院院長王冠軍；湘雅醫院的張養德。

另外，出現了一大批活摘主刀醫生非正常死亡，醫院隱瞞實情的現象。而即使還活著，無數的主刀醫生過著生不如死的日子。天津第一醫院的沈中陽靠吸白粉做移植手術，許多醫生酗酒、嫖妓麻痺自己，或是患上嚴重的憂鬱症，如安妮的前夫。正如安妮所說：「也有參與的醫生說是被調到其他醫院，但其他醫院根本沒有這個人，也不知道這些醫生去了哪兒，也許被滅口，也許自己選擇匿名隱藏在這個世界。」

追查國際 2015 年公布的名單上，全中國涉嫌參與活摘的醫生共 9500 名。

當中共的祕密被曝光

2006 年活摘器官的罪行曝光後，「蘇家屯」三個字被屏蔽，中共用死刑犯掩蓋移植器官的來源，並推出禁止人體器官販賣的規定。此後，到中國移植器官的外國人被要求取一個中國名字，

費用在各種要挾下攀高，醫院卻不開收據。

2007 年，中共祭出了鼓勵捐贈器官的政策。同時，全國無數洗腦班、監獄、醫院特殊區塊和地下集中營內仍囚禁著數字龐大的法輪功修煉人。活摘器官轉向更隱蔽的操作，同時收緊了對外的供體供應，以至食髓知味，欲罷不能的醫院、醫生把手探向社會，形成了地下器官移植黑市，於是近年出現多起挖眼、挖內臟的恐怖事件。

在十年來不懈地調查下，上海、天津、黑龍江等地的一些醫院、勞教所和法院已承認參與了活體摘取法輪功學員的器官，然而這反人類的滔天大罪一直沒有廣為人知。中共與各國之間有一個不成文的交易：活摘器官是一個不能曝光的祕密。這個祕密一旦成為各大報的頭條新聞，中共將失去在世界上的立足之地。

第二節

黑暗十年

左圖：美國國會通過 343 號決議案譴責中共從法輪功學員身上強摘器官。圖為決議案發起人之一，佛羅里達州資深國會眾議員羅斯・雷婷恩。（大紀元）

右圖：加拿大政要大衛・喬高（左）與大衛・麥塔斯（右）2011 年 6 月 28 日在台北立法院舉行《血腥的活摘器官》中文版新書發表會，揭發這個星球上前所未有的邪惡。（大紀元）

　　自從活摘器官頭一回曝光在世人眼前，距今已逾十年。從一開始時人們的震驚和無法相信，這十年來，活摘器官的罪行隨著海外調查和媒體的一步步曝光，觸及的面越來越深越廣，引起的反響也越來越大。

　　2016 年 6 月以來，活摘器官已成為國際媒體重磅報導的事件，崛起的中國多年來不為人知的罪行成為國際社會關注的核心。

　　下面，我們很快追溯一下這些年來活摘真相的發展。

　　2006 年 3 月，安妮在華盛頓記者會上首次曝光蘇家屯活摘器官的祕密。

　　2007 年，加拿大政要大衛喬高（David Kilgour）、大衛麥塔斯（David Matas）發布《活摘器官報告》。

2010 年，西班牙立法禁止人民去中國做器官移植手術，違者將受到起訴。

2012 年，歐洲議會、美國國會先後舉辦活摘器官聽證會。

2013 年，奧地利最老的報紙《維也納日報》（WIENERZEITUNG）以頭版新聞報導中共活摘器官的罪行。

2013 年 12 月 12 日，歐洲議會全體大會通過了「停止中共活摘器官」緊急議案。

2014 年 2 月，芬蘭主流媒體《赫爾辛基日報》和《晚報》大幅報導了對活摘人體器官的指控。以色列各主流媒體報導了法輪功學員受到了殘酷迫害。葡萄牙三大電視台之一播出《紅色制度下的法輪功》，在全國引起震動，葡萄牙人奔相走告。

2015 年，《活摘》（又名《大衛戰紅魔》）紀錄片榮獲美國廣播電視文化成就獎（皮博迪獎）。

2015 年 6 月，台灣立法院通過《人體器官移植條例》修正案，規定民眾無論在國內外接受或提供器官移植均應以「無償捐贈」方式為之，違者最高處 5 年徒刑。若醫師涉及仲介，最重可吊銷執照。2015 年底，聯合國禁止酷刑委員會要求調查中共強摘器官。

罪行現場：中國

就在活摘器官被曝光於國際的同時，在中國，這滔天罪行的現場，現任當局也展開了祕密調查。

2013 年，習近平成立 25 個調查小組，其中 5 個小組長級別是中將。這些小組去全國各地解放軍醫院、武警醫院做調查，調查結果是國家機密。同年，有習近平背景的《財經網》披露全國

黑市器官買賣網絡，稱之為「涉及軍方醫院和地方法院的一起器官刑事案件」。

與此同時，王岐山大力抓捕貪官污吏，第一個被抓的就是薄熙來。這些貪官被判刑時，罪名多是嚴重的違法違紀，然而他們真正的罪名卻是和活摘法輪功學員器官有關。周永康、薄熙來、徐才厚、令計劃四人被稱為「新四人幫」。薄熙來在遼寧建屍體加工廠；周永康及其子把法輪功學員和死刑犯掉包，換取暴利；郭伯雄、徐才厚指揮軍中活摘器官的調度。

2014 年 12 月，衛生部副部長黃潔夫向全世界宣稱：2015 年 1 月 1 日起，中國停止使用死囚器官，公民自願捐獻成為器官移植供體的唯一合法來源。然而紅十字會公布的數據顯示，2015 年只有約 2766 人自願捐贈。同時在此期間，器官移植不減反增。

活摘：現在加速進行式

2015 年 9 月，習近平宣布裁軍 30 萬。軍隊是活摘器官的核心，習大動作裁軍被解讀為整頓軍隊，直搗活摘器官的總部。在這之後，各地醫院加足馬力做器官移植手術。為了以最快速度把人換成鈔票，殺人滅口，活摘器官達到了瘋狂的速度。追查國際向各地器官移植醫院調查，顯示移植器官的手術正在加班加點，晝夜不停地做。

2016 年 3 月，華西醫院醫生調查錄音：「我們每年都做得很多，做得很多，我們腎移植，我們整個病房都是腎移植。我們每天都在做。」

3 月 1 日，北京朝陽醫院肝移植醫院調查錄音：「肝移植我

們一直在做，已做了十多年，做了 1000 多例了，因為我們的供體來源很豐富，病人最多最多等兩周時間，我們還有一個重病人的綠色通道，今年（2016 年 1 月、2 月）已做了十多例，價格一般是 70 來萬。」

綠色通道是為重症肝衰竭病人做急診移植，最快四小時可以拿到器官。

隨著活摘作業越來越流水線化，關押活體供體的地方從地下集中營延伸出來，來到了移植醫院隱祕的地方。如北京航空醫院地下室、山東省警官總醫院內院、北京公安醫院，許多大量做器官移植手術的醫院直接就關押著法輪功修煉人。這些地方陰森悽慘，門禁森嚴。

山東省警官總醫院分為內外兩個院，外院開放給一般人和警察。兩道鐵門後為內院，關押的是從監獄、勞教所、看守所直接轉來的法輪功修煉人。內院實質上是一所多了醫生和醫療設備的監獄，是一所人間煉獄。

吉林大學第一醫院的腎移植中心設於陰暗的地下室。這間醫院的門前戒備森嚴，該院鄰街的正門和三個側門，每個門至少兩個保安人員手拿步話機，虎視眈眈地觀察著進出人員。

「北京東城區王府井大飯店北面的東廠胡同 5 號，在這個小胡同裡是北京公安醫院，門口沒有單位的牌子。這裡設有迫害法輪功學員的專門『病房』，坐電梯轉到隱祕、陰森的地下室，內有監控器、竊聽器，每個床頭上鎖一隻腳鐐，床沿上掛著手銬，不時傳來陣陣慘叫聲和電棍發出的吱啦聲。有的法輪功學員整日被銬在床上遭強迫插管灌食長達數月之久。」

就是在這些地方，還有看不見的地下集中營，各種軍事設施，

關押著大量的修煉人。直到活摘器官的罪行停止，這些修煉人將
在最短的時間內被一個個屠殺，不留痕跡。

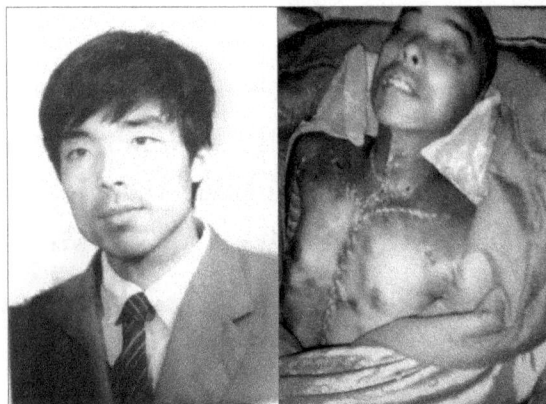

黑龍江省大慶 44 歲的法輪
功學員王斌於 2000 年 9 月
24 日在大慶男子勞教所被
當眾活活打死，死後內臟
被野蠻盜摘。（明慧網）

大逆轉

2016 年 4 月，發生了牡丹江市高一喜事件。

在這之前，只有很少的親人親眼看見被活摘器官的修煉人慘
烈的軀體。2000 年 9 月，大慶油田勘探開發研究院計算機工程師
王斌被毒打致死，內臟被野蠻摘除，遺體放在醫院太平間裡，心
臟、大腦被剖出。王斌的妻子偷偷拍下他巨大傷痕切過胸腹，顏
色紫青，慘不忍睹的身軀，多年來，這是活摘器官最直接的證據。
這時，活摘器官的滔天大罪才開始。

16 年後，當高一喜胸骨凸起，腹腔塌陷的身軀出現在親人的

眼前，被他 16 歲的女兒親眼看見，即使是隔著幾尺——當這一具帶著活摘器官證據的身軀再次出現在世人眼前，我們知道，距離活摘器官這罪行浮現世人眼前的日子近了。

在這之後，國際上發生的事情和王立軍叛逃一樣戲劇化，高峰迭起。

2016 年 6 月 13 日，美國國會眾議院一致通過 343 決議案，要求中共停止強摘法輪功學員等良心犯器官；

6 月 22 日，人權律師大衛 · 麥塔斯，前加拿大聯邦部長大衛 · 喬高和記者伊森 · 葛特曼發布《血腥的器官摘取/大屠殺：更新版》（BloodyHarvest/TheSlaughter:AnUpdate），厚達 300 頁。報告指出，經過「核查和確認有 712 家醫院在從事肝臟和腎臟移植」。2000 年以來，每年器官移植手術的實際數字在 6 萬至 10 萬例之間，2000 年至今做的手術可能高達 150 萬例。

2016 年 6 月 22 日，美國國會第三次「中共強摘器官」聽證會表示：對法輪功的迫害是「中國近代史上最大的恥辱。」

6 月 23 日，美國國會通過 343 號決議案，要求中共停止強摘良心犯器官

通過 343 號決議案之後，世界各大媒體密集報導中共強摘法輪功學員器官。美聯社、美國有線新聞網 CNN、《新聞周刊》、《華盛頓郵報》、美國之音、自由亞洲電台；加拿大《環球郵報》、電視台 CTV；英國《每日郵報》、《泰晤士報》、《獨立報》；紐西蘭《先驅報》；澳洲《澳洲新聞集團》；日本《外交家》雜誌等媒體譴責中共活摘器官的國家機器罪行為「恐怖」、「納粹」。自從活摘器官曝光之後，這以中共軍隊為核心的國家機器罪行前所未有的被曝光在國際社會面前。

6月28日，英國保守黨人權委員會發布對華人權報告——《最黑暗時刻》，並呼籲英國國會議員發起立法禁止中國器官旅遊，並敦促各國對從事器官摘取的醫生發出旅行禁令。

7月，歐洲議會制止中共活摘器官的48號書面聲明獲得超過半數議員簽字連署。

在活摘器官的祕密曝光十年後，終於，國際上對活摘器官的聲討進入白熱化。

我今是屠夫

《血腥的器官摘取／大屠殺：更新版》有一個沉痛的結論：「這個更新版調查報告的最終結論是，中共令整個國家參與到大規模謀殺之中，而受害者主要是無辜的法輪功學員，但也有維吾爾族人、藏族人以及家庭教會成員，中共這樣做的目的是獲得用於移植的器官。」「摘取法輪功修煉者器官的數量比我們原先估計的大得多。最終的結論是，中共利用國家機器在進行大規模屠殺。」

在美國國會通過343號決議案前兩天，中共牡丹江市「610辦公室」綜合科科長朱家濱在電話中承認活摘了高一喜的器官，器官摘後「賣了」。

調查員：你把人家的器官摘完了，那就沒事了？朱家濱哪！

朱家濱：賣了！

調查員：啊？

朱家濱：都賣、都賣了。

調查員：賣了就可以了，你說得這麼輕巧啊？那高一喜要是你的親兄弟，你也這樣說話嗎？

朱家濱：那不是人那玩藝兒，屠戮了，開腸破肚，就摘了，就賣了唄。

調查員：跟你說朱家濱哪，你呀，是「610」的頭目，國際網站寫得很清楚，你知道「610」當初就是江澤民鎮壓法輪功，鎮壓法輪功設立的一個非法組織，你們這個部門就是違法的，是凌駕於法律之上的，你知道嗎？

朱家濱：不知道啊。

調查員：你們參與活摘高一喜器官，你還這樣說話，你良心沒有了？你良心何在啊？

朱家濱：有啊，在這兒呢，我看撲通、撲通跳呢！你要是出現在我面前，我也把你活摘了，你信不信？

調查員：你要知道，善惡有報是天理，知道這個道理不？

朱家濱：不知道，我就知道摘完賣錢，這是我的道理。你不知道我外號叫什麼名嗎？

調查員：殺人償命，你知道嗎？

朱家濱：我剛才跟你說了，你現在要有膽量，站到我面前，我一樣把你活摘了，老子外號叫屠夫，下回吧，下回給我打電話別叫我名，我改名了，我今叫屠夫。

調查員：我跟你說，你迫害法輪功，活摘法輪功學員高玉喜的器官，一定要追查你的刑事責任，你知道嗎？

朱家濱：追查吧，老子天下第一，老子怕啥，老子叫屠夫，專門幹活摘的！

江澤民當年說的「打死白死，打死算自殺」等於是向中國的公檢法司發下了死亡總動員令，使人們犯下滔天大罪而不自知。這個中央指示造成了麻痺良知的共犯結構，在整個中國打造一座

直接通向地獄的牢籠。

2006 年，瀋陽老軍醫就曾經說過：「這些人眼中，這些被進行器官移植的人員已經不被作為人類看待，而是如牲畜一樣的動物，作一例、兩例或許還心有餘悸，但是一旦經過幾千幾萬例的過程後，一切都被改變，活體移植，活人焚燒都變得麻木。」

「中國的那些獄卒說，你是法輪功，你就不是人，我們可以對你做任何事情。包括強摘器官。」（大衛‧麥塔斯）

就在 343 決議案通過，全世界媒體報導活摘的同時，2016 年 6 月，南京、貴陽、新疆等地數十名法輪功學員被暴力抽血，警察稱要建立法輪功人員資料庫，血型 DNA 全部入庫。據稱 2016 年 5 月，江澤民殘餘勢力下達命令，全國公安建立數據庫將每個法輪功學員血型 DNA、手印、腳印等全部入庫，以加緊對法輪功迫害。

就在國際媒體同聲譴責中共活摘器官的時候，活摘器官正在瘋狂進行和擴大中。

歷史巨變的前夕

中共活摘器官已將中國醫界拖下深淵。這龐大的共犯結構已把中國打造成一座地獄。當地獄的門打開，裡面的群魔一一現形，崛起的中國黑暗的祕密就將揭示在世人面前。

早在 1848 年，《共產黨宣言》道出了共產黨的真實身分：「一個幽靈，共產主義的幽靈。在歐洲大地上遊蕩。」一個世紀以來，共產黨已在世界上殺害了幾億人。它殘害的不只是人的肉體，還是人的靈魂。在整個共產國際，它所做的就是撒旦的作為。它所

敛取的，就是人的靈魂。在 21 世紀，活摘器官：這星球上從來沒有的罪惡再一次揭示了共產黨毀人倫、滅良知的本質。

上個世紀末，蘇聯、東歐共產政權土崩瓦解。唯一剩下的共產大國：中國改頭換面，形成了資本主義、共產主義合體的奇異面貌。直到今天，中華人民共和國力圖掙脫解體的必然命運，然而，距離中共解體時日已無多。

中國正在面臨歷史的巨變。且看今天的中國：陰霾鎖半壁江山，洪水覆蓋了大半國土，從邯鄲到邢台，多少村莊和人被滾滾黃水激流怒瀑帶走。彷彿是噩夢重演，百姓圍堵街心，在官員面前跪下來，熱淚滿面的臉上是恨和絕望。又一次，中共不顧百姓死活打開了洪水的閘門。六十年後和六十年前一模一樣，已成為經濟軍事大國的中共反人性的本質紋風未動。

在這歷史巨變的時刻，活摘器官在國際上大面積曝光是一個巨大的信號。當這反人類的罪行揭露在世人面前，像是那件國王的新衣，1989 年坦克之後早已失去合法性的中共就將在咒語中解體。不久的將來，像是二戰後人們打開納粹集中營大門，我們打開緊閉的鐵門，走出蘇家屯，走出那 36 間沒有人知道在何處的地下集中營，那關押著千萬名修煉人的人間煉獄。

中國政變大陰謀

第十一章

孫政才
藉重慶模式搞政變

由於孫政才繼續暗中推行「重慶模式」，不少人心裡還保留著未來薄熙來東山再起的幻想。所以王岐山指責孫政才「處理薄、王遺毒不力」，是政治立場的大事。

孫政才到重慶後，繼續暗中推行重慶模式，這讓薄熙來政策的陰魂不散。圖為重慶紅岩革命史博館一景。（Getty Images）

第一節

兩代「西南王」的祕密

孫政才（上）同薄熙來（下）的落馬
有諸多類似之處，但又有所不同。
（Getty Images）

新一代「西南王」快速落馬

2017 年 7 月 12 日，孫政才還在重慶以組長身分主持召開重慶市委會議並發表長篇講話；7 月 13 日，他興沖沖赴北京，出席中共「第五次全國金融工作會議」；但他剛下飛機，就在機場被中紀委的黑衣人帶走。

7 月 15 日，金融會議結束的當天，習近平當局宣布免去孫政才重慶市委書記的職務，由貴州省委書記陳敏爾接任。當時官媒並沒有提孫政才「另有任用」，外界紛紛披露，孫政才被調查。

9 天後的 7 月 24 日，重慶市委書記兼中共政治局委員的孫政才被當局立案審查。比其前任薄熙來快五倍。2013 年薄熙來從被

免重慶書記到被立案審查歷時 26 天，如果從王立軍闖入美領館開始計算，薄受查前攘攘了 45 天，但孫政才僅用了 9 天。

有分析說，究其原因，是因為薄案發時距離十八大尚有半年時間，而孫落馬時離十九大召開最多只有三個多月，時間緊迫。

重慶陽奉陰違 薄王遺毒仍在

事實上，孫政才落馬，早有先兆。

2016 年的新年，習近平首選去重慶考察調研，接待陪同的是重慶市委書記孫政才和重慶市長黃奇帆。當時一些觀察家都頗感意外，不太明白習近平此舉的用意，認為重慶在孫政才的主持下未見什麼大動靜；也有人猜測這將是重慶官場變動的信號。

2017 年 2 月，中央巡視組對重慶「回頭看」的通報給出了更明確的信號。通報中，官方嚴厲批評重慶官場：貫徹習近平的講話精神有差距，一些幹部「帶病提拔」，一些領導幹部十八大後不收斂、不收手，「清除薄、王（薄熙來、王立軍）思想遺毒不徹底」，國企腐敗形勢依然嚴峻，等等。孫政才當時表態說：「嚴肅對待、誠懇接受、照單全收、堅決整改。」

當時就有評論認為，作為中共十九大的熱門人選，遭到這樣嚴厲的，並且不留一點面子的批評，就是相當明確的信號了，臨到十九大前翻船的可能性也很大。

據港媒 3 月披露，中央巡視組向重慶市反饋巡視「回頭看」情況時，批重慶市委明哲保身，違背當局對重慶工作意見的指示；「黨政領導班子拉山頭、搞派系」。

報導還說，巡視組公布反饋情況前夕，王岐山、趙樂際、栗

戰書代表政治局、中紀委、中央書記處召見孫政才等人，批評他們放任巡視組在上輪巡視後提出的問題繼續惡化、積壓，對中央「搞陽奉陰違」。

巡視組領導成員姜信治當時更是放重話：「回頭看」發現的問題表現在下面，根子在上面；「市委書記」和市委成員「要把自己擺進去」，自覺擔責。

十九大內審第一關未過

接下來是中共有關十九大「關鍵人選」的內部評議。據港媒披露，孫政才在第一關就不合格。而曾率隊巡視重慶的第 11 巡視組長徐令義，也許因調查有功，已升任正部級巡視專員，相當於中紀委副書記。

第一關是 4 月中旬結束的地方考核，主要由地方部門、各界上層（人大、政協、民主黨派、黨代表）審議；第二關是中央調研組的考察、查核；第三關是中共政治局、十九大籌備領導小組總評議，提初步意見。

據稱，孫政才的結果是地方部門考核不合格、中央考察合格、中央總議待考。也就是說，假如沒有何挺、王珉等人在獄中的招供，如果郭文貴在海外沒有鬧得那麼人的動靜，中央的最後結果也還可能是合格。

6 月 16 日，重慶市副市長、重慶市公安局長何挺被免職。何挺是孫政才的下屬兼老鄉和朋友，長期在中共政法系統任職，被視為江派前常委、政法委書記周永康的馬仔之一。

孫政才到底犯下什麼罪過，7 月 25 日中共官媒刊文說，孫政

才被查，說明當局「不會向重權折腰」。文章表示，「眼看他起高樓，眼看他樓塌了」；雖然現在尚不清楚孫政才違犯了什麼，但是可以想見，「他的問題應該非常嚴重」。

25日台媒《聯合報》報導，孫政才應該犯下的主罪是習近平提的「七個有之」：即「搞團團伙夥、拉幫結派的有之；……搞自行其是、陽奉陰違的有之；搞尾大不掉、妄議中央的也有之，如此等等。」

有評論說，由於年齡優勢，孫政才曾被視為總理李克強的接班人。這次孫落馬，外界認為，習近平打破了三項中共黨內約法，包括七上八下；派別平衡；隔代指定，主要領導人連任不能超過兩屆等等。

從孫政才落馬時間來看，這是習近平在北戴河會議前向政治對手發出的警告，這顯示「習才是黨內決定性的聲音。他能夠按照自己的意願進行人事安排。」

薄熙來與孫政才相似之處 迫害先鋒

孫政才落馬前，同薄熙來一樣都是中共政治局委員，都是重慶市委書記，都曾被視為中共的新一代領導人選。兩人都是在中共新一屆全國代表大會前被突然免職，後被宣布調查，都掀起中共政壇震盪。

孫政才被免職前，重慶市公安局長何挺已落馬，二人是同鄉好友。而5年前，也是重慶市公安局長王立軍的出逃，牽出薄熙來，薄王兩人關係也一度非常密切。在政治上，一個在重慶高調「唱紅打黑」，另一個則是沒有清理「唱紅打黑」的餘毒，譬如

被薄熙來「唱紅打黑」運動中虛構的 640 個「黑社會」的民營企業家，孫政才一個也沒給平反。

另外，孫政才和薄熙來落馬的相似關鍵點，還是兩人都是江派迫害法輪功的急先鋒。薄熙來在落馬前，因其手上有「殘酷迫害法輪功的血債」而成為江派安排的「接班人」，孫政才也因迫害法輪功名列法輪功網站的「惡人榜」。

江派最突出的特點就是貪腐，以及在法輪功問題上執行血腥鎮壓，正因為江派欠下那麼多血債，故而不敢失去權力，深恐一旦後來者掌權，對江派的殺人罪行和錯誤政策進行糾偏和平反，江派就會被送上審判台，就如同「文革」後，四人幫被審判一樣。故而，江派拚命想把習近平打下去，以躲避自己的罪行被清算。因此，法輪功問題成了江派與習陣營的分水嶺和區分線，法輪功成了中共政壇最核心的問題。

孫政才在吉林任職期間，2010 年省內就發生了至少 29 起法輪功學員被迫害致死的案例，其中遭迫害離世的法輪功學員包括曾經插播長春有線電視網向民眾傳播真相的梁振興，以及高智晟律師採訪過的孫淑香。至孫政才離任的 2012 年，據統計，吉林省各地的各種迫害程度有增無減。

此外，據「海外追查迫害法輪功國際組織」的通告指，重慶政府自 2015 年 7 月以來，對依法向最高檢察院、最高法院控告江澤民的法輪功學員進行各種迫害。據不完全統計，截至 2015 年 11 月底，先後有近百人被送至「洗腦班」強制洗腦，66 人被抄家、搶奪財物，50 多人被強行綁架到派出所或街道辦事處（鎮政府）限制人身自由，20 多人被拘留，數百人被入戶騷擾、強迫簽字或按手印。

《大紀元》曾在 2016 年 6 月盤點中共十八大後因迫害法輪功而遭到報應的百名高官，從第一個國家級別的江派落馬高官薄熙來開始，到周永康、徐才厚、郭伯雄、令計劃、蘇榮、劉淇等，到現今的孫政才。他們在江澤民集團中位居高位，也都是參與迫害法輪功的核心人員。

民間輿論顯示，儘管表面這些高官被以腐敗的名義落馬，但其結局都是因為迫害法輪功而遭到惡報。

薄熙來和背後江派的政變陰謀

薄熙來主政重慶期間，一心想讓自己與眾不同，從而達到「鶴立雞群」的效果，以此來躋身進入政治局常委，進而取代習近平。新紀元周刊出版社在「中國大變動」系列叢書的 013《薄熙來翻供真相》，008《薄熙來王立軍案被掩藏內幕》，003《薄谷開來案中奇案》中，詳細介紹了薄熙來作為江澤民、曾慶紅選中的接班人，積極謀劃政變，以伺機推翻習近平。

2012 年 2 月，如果沒有王立軍的出逃，按照江澤民、曾慶紅、周永康的安排，薄熙來就會在十八大時進入中央政治局常委，接替周永康擔任政法委書記，進入十八大常委，等到了 2014 或 2015 年後，江派就會利用各種動亂，如昆明血案、天津大爆炸、股災等方式，破壞習的執政環境，最後在中共十九大前用薄熙來取代習近平。

薄熙來在落馬前，因其手上有「殘酷迫害法輪功的血債」而成為江派安排的「接班人」，因為鎮壓法輪功就是江澤民一個人武斷的決定。江派策劃在十八大先奪取政法委，然後再鞏固武警

部隊的武裝力量，鞏固輿論、重慶模式的政治綱領等，待各方面成熟後再廢黜和逮捕習近平，以繼續維持對法輪功和民眾的高壓控制。

這是江派的奪權政變陰謀，然而「人算不如天算」，王立軍走進了美國領館，成為薄熙來落馬的導火線，令江派想陰謀政變、推薄熙來上位的陰謀也徹底失敗了。

2017 年習近平、王岐山公開表示，要把黨內的陰謀家、野心家拉下馬，其中，薄熙來、周永康、徐才厚、郭伯雄、令計劃，這五虎的真正罪行，就是都參與了江派的政變陰謀。

重慶模式類似「土改」 殺人越貨

新紀元書籍介紹說，深諳共產黨整人伎倆的薄熙來，明白中共改革開放幾十年後積累的社會矛盾中，最尖銳的就是貧富分化，一部分人先富起來了，但並沒有帶動更多人致富，相反，中國的兩極分化在全球都是最嚴重的國家之一。於是薄熙來沿用中共在土改時「殺地主、分田地」的流氓手法，殺富濟貧，搞出了個「唱紅打黑」的「重慶模式」。

在西方國家，也是在效率和公平之間來回擺動，以美國為例，偏重經濟發展效率的共和黨，採取低稅收的方式鼓勵富人創業，而偏重貧富公平的民主黨，就會採取高稅收的方式，把富人的錢分一部分給窮人，全世界都是這樣循環往復的。中國在經歷三十多年的改革開放後，強調的經濟效率，積累的大量的社會矛盾，這時就應該搞些左派提倡的「公平」。

當年薄熙來在重慶先是「唱紅」，搞了「將軍後人合唱團」，

爭取中共老人、軍中江派勢力及毛左勢力的支持，同時通過「打黑」的名義，由王立軍出面組建了二百多個專案組，將不聽他話的私營企業老闆、官場對手等，整成「黑社會」進行打擊，並抓住經濟問題來牽制對手。

這樣，600 多位民營企業家被薄熙來打成了「黑社會大佬」，其上千億人民幣的財產進了薄熙來的手中。

自由亞洲電台評論指出，「唱紅」就是用「唱紅歌」的方式把老百姓騙「傻」，傻得只認薄熙來為「老大」，確認薄上位接班的野心；「打黑」就是把不認同薄的人，主要是有錢人，打成文革式的「反革命」，再合法地掠奪他們的財產，而搶到手的「真金白銀」，一部分用於籠絡不知情的底層百姓，搞假「廉租房」，騙取愚民的支持，一部分用於獎勵和豢養公檢法等專政工具，再指使他們狠狠地鎮壓不滿的人，維護自己的統治；另一部分用於進京向腐敗的上級行賄，買官和賣官。

重慶新聞界的消息人士曾表示，薄熙來搞的「唱紅打黑」，實際上是一場地方性的紅色恐怖運動，是文革式的泯滅人性、親情和良知的一場人類大災難。重慶「打黑」也被外界認為是野心勃勃的薄熙來欲進軍中南海的一場政治鬧劇。

薄熙來曾經在其團隊中公開表示，他上台後，要殺 50 萬那種所謂的右派，也就是支持改革開放的人，包括溫家寶等人。這讓很多有產階層很害怕，他們擔心薄熙來一上來，他們的人頭就得落地。

薄熙來在唱紅打黑過程中，幾乎踐踏所有的司法程式，從意識形態上完全回到文革狀態。當時在江澤民、曾慶紅等江派人馬的暗中操控下，全國很多人到重慶去學習，中央政治局常委都去

了很多人，加上薄熙來暗中控制百度等搜尋引擎，強調所謂社會主義公有制的均貧富，欺騙了不少人，讓薄熙來確實成了全國左派的標竿和旗幟。薄熙來在打黑過程中也非常殘暴，短短一兩年就抓了 6000 多人，大部分是冤案，民營企業老闆的資產被沒收了 1000 多億。

在這個過程中，有些警察想按法律走，不聽他的話，薄熙來就以黑社會保護傘的名義抓了 2000 多名警察，其中很多是酷刑折磨，然後造成冤案逼供。其中還湧現出一批非常能酷刑折磨的酷吏，比如有一個小民警叫做熊峰，被王立軍稱為是 50 年少見的警界奇才，為什麼呢？殘酷、酷刑折磨非常心狠手辣，被人稱為「萬州熊」，有點殺人不眨眼，很快被提成了副隊長。

重慶模式是中共文革滅絕人性的血腥土改的翻版，其危害在《九評共產黨》中做了詳細的介紹。薄熙來還利用太子黨陳元，從國開行借了數千億來製造虛假的重慶繁榮和所謂廉租房工程，這些做法早就讓重慶財政破產了。

2012 年 3 月 15 日薄熙來被抓後，江澤民、曾慶紅馬上活動，讓江派人馬張德江來接管重慶，張德江當時已經是副總理了。派這麼高職位的人到重慶來兼職，因為江派想收拾、蓋住重慶這塊「紅寶地」，2012 年 11 月，十八大張德江入常以後不能再兼任，於是江派就把自己人、吉林的孫政才給拿過來，目的一是蓋住薄熙來在重慶所做的一切黑事，二也是把孫政才這個江派選中的接班人上位，當上重慶市委書記，就必定成為政治局委員。

孫政才到重慶後，藉口所謂的「不折騰」，基本延續了薄熙來路線，比如唱紅，孫政才組織了 600 多名幹警學習什麼「紅岩精神」，到紅岩那邊去。另外，當初王立軍被免去重慶市公安局

長以後，實際上是周永康跟江澤民兩人提議用何挺代替，就是讓他繼續在重慶待下去執行江派的路線，而何挺也是孫政才的同鄉好友。

由於孫政才繼續暗中推行重慶模式，這讓薄熙來政策的陰魂不散，不少人心裡還保留著未來薄熙來東山再起的幻想，有人還覺得薄熙來是被冤枉的，等習近平下台後，薄熙來可能還出來接著主事，等等，這些思潮對習近平執政構成了巨大干擾。所以王岐山指責孫政才「處理薄、王遺毒不力」，這不是工作態度上的小事，而是政治立場的大事。

第二節

孫政才是江派勢力的接班人

孫政才（左）主政北京順義區期間將地皮低價批給曾慶紅（右）兒子曾偉，從而獲得曾慶紅「賞識」。遭曾偉侵吞巨產的魯能集團成為順義新城開發商。（新紀元合成圖）

接近中南海的消息人士告訴《大紀元》，十八大之前，胡春華和孫政才代表的兩大派系就是當時最有勢力的兩大派系：團派和江派。孫政才是兩大派系平衡的產物。消息人士還指，孫政才「翻車」，不但是習本人在敲山震虎，而且是中共內部重大的權力重組。

2017年7月16日，作者「逍遙公」在推特發文稱，「習雙規孫政才，點到了江派死穴」，原因是，孫政才當初是由江派推出的中共「接班人」。

「逍遙公」推文稱，當年孫政才在北京農林科學院任職常務副院長的時候，江澤民的妹妹江澤慧是中國林科院院長，江澤慧把孫推薦給江澤民。在江澤民派系栽培下，孫政才不斷獲得提拔重用。

當年十八大的時候，江系對接班人選擇有很大話語權。江派

推舉孫政才。曾慶紅、賈慶林、劉淇是他後台。當年在重慶拿下
薄熙來，換上孫政才是各方妥協的結果。

推文認為，習近平突然廢了孫政才，等於動搖了江派「未來
的希望」。這個重要性比當初拿下周永康，引起的影響和官場震
動要大得多。因為周永康被宣布落馬時已經退休，而孫政才則是
突然被免職，而且被認為是十九大入常「紅人」，又是江派推舉
的「接班」人選。

《新紀元》周刊在541期引述時事評論員謝天奇的分析說，
從孫政才的仕途軌跡可以發現，其江派色彩濃重。

孫政才自上世紀90年代開始一直在北京官場任職，2002年
至2006年，任北京市委常委、祕書長，當時的北京書記為劉淇。
孫政才2006年至2009年任農業部長。2009年至2012年任吉林
省委書記；2012年11月後任任重慶市委書記。

胡溫當政時期，遭遇江澤民干政及江派眾多常委的架空。期
間，孫政才能不斷獲得提拔，並在江派關鍵窩點北京、吉林、重
慶擔任要職，顯示其被江派長期栽培、重用。

早在2006年，北京消息稱，孫政才早已被中央及北京市主
要領導賈慶林、劉淇著意培養；因為2002年任北京市委常委、
祕書長的孫政才已成為賈慶林、劉淇的心腹。

孫政才主政幾年的東北三省之一的吉林省，不僅經濟危機嚴
重，也是迫害法輪功的重災區。之後孫政才主政重慶近五年期間，
頗顯低調；重慶官場顯得異常的平靜，「波瀾不驚」。與習近平、
王岐山的「打虎」浪潮大相逕庭；薄熙來、王立軍的馬仔被庇護，
重慶的「唱紅」、「黑打」等黑幕仍被掩蓋。

劉淇與王岐山激鬥 孫政才是劉大祕

據孫政才簡歷介紹，2002 年，年僅 39 歲的他被提拔為中共北京市委常委，任市委祕書長兼市直機關工委書記，先後伺候過賈慶林、劉淇兩任市委書記。

孫政才作為祕書長與市委書記劉淇共事 4 年，兩人關係相當密切。即使孫政才主政重慶期間，2015 年 12 月劉淇還到重慶調研，重慶官媒當時報導還稱孫政才一路陪同「老領導」。

而現年 75 歲的劉淇是副國級級別，作為中共前黨魁江澤民的心腹，在江澤民一手提拔下，1998 年出任北京市副市長，次年升任市長。在 2002 年中共 16 大上，江點名讓劉淇接替賈慶林擔任北京市委書記、政治局委員。

2015 年 11 月，北京首虎落馬——市委副書記呂錫文因為涉嫌嚴重「違紀」被調查。隨後知名歷史學者章立凡指北京市委書記劉淇不但是呂錫文官路上的提攜者，而且曾經是王岐山的對頭，呂落馬或將延燒到劉淇身上。

2016 年 11 月 28 日，一名資深媒體人發布推特說，已確認中共前政治局委員、北京市委書記劉淇被中紀委內部調查。呂錫文落馬後，為求立功減刑，檢舉了劉淇在土地開發中牟利 140 多億。

時任北京市委書記的劉淇同時任北京市長的王岐山是公開的冤家對頭，雙方人馬曾爭鬥激烈。而當時的北京市委祕書長孫政才，站在了劉淇的一邊。

2003 年，北京爆發薩斯（SARS，中共稱非典）疫情並迅速蔓延，擔任總指揮的市委書記劉淇下令造假數字騙世衛組織。301 醫院著名醫生蔣彥永憤怒之下向外界披露薩斯的嚴重疫情後，

劉淇把責任推到剛擔任三個月市長的孟學農身上,導致孟「引咎辭職」。

時任海南省委書記王岐山,被火線調入北京,接替孟出任北京市長。王岐山上任後做的第一件事就是確保死亡和發病人數得到準確報告。「一是一,二是二,軍中無戲言。」而劉淇力主對外封鎖疫情,以免影響「首都形象」。兩人意見不同,爆發矛盾。

緊接著又是北京奧運的籌備工作,據報兩人對於奧運的費用、建設等各方面的看法都相差甚遠。

據香港媒體早前的報導,劉淇打著籌備奧運為名,二年開支的「招待費」高達 2 億 2000 萬元,各項考察、交際總開支已達 21.6 億人民幣,而籌備工作還有四年多。市長王岐山則在北京市九屆七次全會上公開要求北京市「節儉辦奧運」。

據報,劉淇為排擠王岐山,命人暗中向中共高層寄發舉報王岐山「罪證」的匿名、假名信 700 多封,堅決要把王岐山「搞掉」。王岐山也不示弱,亦發信向中共中央細數劉淇的貪腐等罪行。王岐山還上告中紀委,自己住宅的電話和市長專用電話都被竊聽,時間已長達 2 年多。經有關部門查證,竊聽器是劉淇授意安裝。

當時王岐山和劉淇兩個人各有自己的人馬,兩組人雖在一棟樓裡工作,但老死不相往來。孫政才當時是劉淇的大祕。

據傳「當時北京市委內打成了一鍋爛粥,無法正常工作」。最後胡錦濤等被迫出席北京市委常委會議,責令劉淇做黨內檢查。直到中共 17 大後,王岐山出任中共副總理,劉淇和王岐山這對冤家才算分開。

有評論指,身為北京市委祕書長的孫政才,扮演了劉淇攻擊王岐山的「幫凶」角色。

2012 年 7 月，孫政才主政的吉林省發生引起公憤的「長白山高官封山出遊事件」。孫政才的老領導、剛卸任北京市委書記不久的劉淇到長白山遊玩，吉林省為拍劉馬屁，在遊客高峰期封閉整座長白山，上萬名遊客被逼滯留景區外四、五個小時，引發抗議。

劉淇的車隊回程時，大批憤怒的遊客包圍車隊，投擲塑膠瓶，高喊「反對特權」，又與警察、武警發生推撞，更有遊客稱遭武警毆打。期間有人為防曝光迅速將北京車牌摘下，官員則躲在車裡不敢下車。最後由吉林省官員出面道歉，且安排遊客全部退票，事件才告平息。

2011 年前，孫政才的另一個老領導賈慶林視察吉林，時任吉林省委書記的孫政才也一直畢恭畢敬。

孫政才討好曾慶紅 給魯能順義新城

對一直從事農業研究的孫政才如何突然轉到北京從政，有不同說法。

人民網多年前的報導稱，1997 年，北京市決定派孫政才到郊區縣政府任副職，至於去哪個區縣，可以自己挑選。

報導稱，孫政才選中了順義縣，「順義縣的特點是農業基礎好，這可以好好發揮他的專業特長，而且順義縣的工業很多，工業發展在整個北京市的區縣中也很靠前。」雖然已過去數年，順義區政府一位工作人員對孫政才依然印象深刻。

美國之音引用網路消息稱，是江澤民堂妹江澤慧最先看中了孫政才，把孫推薦給江澤民後，孫不斷獲得提拔。也有消息稱，

出生山東的孫政才早年結識時任中共組織部長的山東老鄉張全景（1999 年，曾慶紅接替張全景任中組部組長）和曾慶紅的太太王鳳清，二者在孫政才的仕途中扮演了重要角色。

孫政才後來上調北京，在北京順義區主政期間，通過將北京順義的地皮低價批給曾慶紅的兒子曾偉，從而獲得曾慶紅的賞識。

一度遭曾慶紅兒子曾偉侵吞巨額財產的山東魯能集團，自 2002 年起就在順義圈地，是最早進入順義的品牌房企之一，當時主政順義縣的正是孫政才。

資料顯示，魯能是倡導順義新城的開發商，先後開發優山美地、格拉斯小鎮，魯能 7 號院等高端地產項目。其中優山美地占地 1000 畝，格拉斯小鎮占地 3000 多畝。魯能不僅開發房地產，也參與市政基礎設施配套，時至今日，究竟是魯能成就了順義新城，還是順義新城成就了北京魯能，這已是一個說不清的話題。

魯能集團和曾慶紅之間的關係，人所皆知。

孫政才此後仕途可用「平步青雲」來形容。孫在順義批出地皮給魯能的同年，成為了北京市委常委、北京市委祕書長，邁入省部級行列。孫也成為江派大員、北京市委書記賈慶林的大總管，成為北京政界的實權人物。之後賈慶林上調中央，江派的劉淇接替賈慶林，孫政才繼續做劉淇的大祕。

多個報導稱，賈慶林成為北京市委書記後，也把福建富商黃如論的生意帶到了北京。香港《東方日報》2017 年 7 月 20 日的評論文章透露，孫政才曾為黃如論在北京地產發展項目「鞍前馬後」。福建富商黃如論已經遭到調查，在 6 月 21 日被免去中共福建政協常委及撤銷其政協委員職務。

孫政才受到張德江的提攜重用

孫政才在曾慶紅、賈慶林、劉淇等江派主要成員的一路提攜下不斷高升。2009 年出任中共吉林省委書記。吉林是江派常委張德江為首的「吉林幫」的老巢。

《東方日報》稱，引發孫政才出局的關鍵問題，是其政治路線。孫政才的仕途從 39 歲跨入副部，就一直平步青雲。據說，孫進入政治局，成為重慶市委書記，是曾慶紅在幕後操作。

香港《爭鳴》雜誌 2017 年 7 月份的報導指，張德江與孫政才有兩層關係。孫政才是三農系的「希望之星」，而三農系的領導人物是張德江，張與孫均有任農業大省吉林省委書記的資歷，且是重慶的前後任書記。

2012 年，在中共十八大當選中共中央政治局委員。11 月，孫政才從吉林調到重慶任市委書記，張德江的建議起了重大作用，這裡面有吉林省幫派因素。

與劉雲山之子 在吉林醫院權錢交易

孫政才 2009 年 11 月由農業部空降吉林省時，媒體形容是「農業專家入主農業大省」。然而一些資料表明，在孫政才主政的整個期間，吉林省官方合作甚密的，卻是金融業當時一支全國最大的人民幣產業基金。

2017 年在吉林省內又有多地的「中信長生腎病醫院」獲省衛計委核准設立。據稱，這家醫院是以連鎖型態在吉林全省範圍內建立血液透析中心和以透析中心為主的腎病醫院。目前有資料顯

示，該醫院在長春市、遼源市、吉林市、德惠市、雙遼市、榆樹市、琿春市等地開設了 10 至 15 家的血透中心（醫院）。

據時事評論員陳思敏調查，中信長生腎病醫院的母企業是「吉林省中信長生醫院運營管理有限公司」，但它也是一家子公司，其母公司是由中信集團、中信證券成立的中信產業投資基金管理有限公司（以下簡稱中信產業投資基金）。

在吉林官方政務新聞中，曾如此介紹過中信產業投資基金：「擁有著強大的股東背景」。而外界皆知，中信產業投資基金之所以傲視群雄，非因其 2008 年成立時規模最大、控股股東強大，而是這支基金的董事長兼 CEO 劉樂飛。劉樂飛之所以被知名，是因為他的父親劉雲山是時任中宣部長、現任政治局常委。

2010 年 4 月的新聞，吉林省委書記孫政才、省長王儒林與內蒙古自治區主席巴特爾舉行座談會，事由是積極推動吉林、內蒙古兩省共同發展，首要項目是交通設施建設合作，重點是共同構建中蒙國際鐵路，除了兩地官方，另一項目合作方即是中信產業投資基金。

在 2010 年 4 月那個時候，孫政才上任半年不到，一方面展開與內蒙古的深度合作，一方面引進中信產業投資基金參與吉蒙兩省重大合作項目。誰人不知，內蒙古是劉雲山的利益地盤，巴特爾是劉雲山家族在內蒙古利益的看門人，再加上中信產業投資基金劉樂飛是劉雲山的兒子，孫政才示好的目標人物太明顯了。

到了 2011 年，可以說是中信產業投資基金在吉林省的成熟期，除了參與省屬市屬國企改制之外，更多是以商業地產介入省內各地的城建，如吉林市上海路城市綜合體開發專案等。2012 年時，就有不具名的時任省委官員對海外媒體透露，孫政才拚命將

吉林一些項目輸送給劉樂飛，在孫政才親自干預下，中信產業基金在吉林省獲利頗豐。

按這名省委官員說法，孫政才與劉樂飛顯然是權錢交易，孫政才圖什麼。看履歷的變化，孫政才在吉林省委書記任上的 2012年 11 月 15 日「成功入局」——成為十八大政治局委員。僅這個因果關係，劉雲山與孫政才有錢、權交易之嫌。

在孫政才「成功入局」的五天後，2012 年 11 月 20 日，孫政才接替張德江任重慶市委書記。不過五年到頭終究一場空。也許孫政才可以搶在王儒林之前，當個污點證人，把吉林時期與劉樂飛、劉雲山父子之間的骯髒交易和盤託出，據悉那可不是一筆小數目。

第三節

孫政才被習痛罵
曾替江派造反

孫政才（下排中）2017 年 9
月 30 日晚被宣布雙開。圖為
官方宣傳展中的落馬老虎同
框出鏡。（網路圖片）

習近平政治局會議斥責孫政才

2017 年 9 月 30 日晚，新華社公布對孫政才的雙開通報，指孫政才的罪名包括毫無理想信念、嚴重踐踏政治紀律和政治規矩等六宗罪。大約三個小時後，新華社罕有地再次發稿，把原版中的「毫無理想信念」，改為「動搖理想信念」，把「嚴重踐踏」改為「嚴重違反」。

10 月 4 日，自由亞洲電台評論員高新披露，據在大陸的記者朋友透露，原始版的「毫無理想信念」幾個字是照抄習近平在政治局會議上痛批孫政才的原話，而「嚴重踐踏政治紀律和政治規矩」一句也基本是習的原話。

孫政才在十九大前夕被進一步處理，外界分析認為，當局對

其定罪，且通報用詞令人玩味，其罪行堪比周永康、令計劃、薄熙來等。

投票反對習 孫政才要造反

據香港《動向》雜誌 2017 年 8 月號爆料，原中共重慶市委書記孫政才倒台的主要原因，是他不想「死得罪」前一任重慶市委書記薄熙來的勢力。

在孫政才落馬前，曾經有隱祕消息傳出，指中共高層內部在 2017 年 5 月份搞「模擬選舉」，其結果對外高度保密，原因是在這次模擬投票中，全體現任中央政治局成員對下屆中共總書記進行模擬投票時，以江派常委「兩張一劉」為首的幾人對習投了棄權票，而孫政才和張春賢兩人則直接投了反對票。

報導稱，在模擬投票後的所謂「思想交流會」上，據傳孫對「核心」的表態相當冷淡，稱所謂的「民主集中制」更重要。此外，張春賢和孫政才還公開抨擊習近平「破壞黨章」云云。

時政評論員陳破空說，孫政才的罪名中有「洩露祕密」和「懶政」等。孫政才之所以懶政，是因為習近平不想設接班人，給孫斷了後。這讓孫不滿了，情緒化，撂挑子不想幹了。還有一個更嚴重的原因：應該是孫政才參與或圖謀了某種形式的政變——反習勢力集結，推孫政才為他們的龍頭，讓習近平與其決一死戰，拿下孫政才。這與過去五年不斷流傳的政變、軍變、暗殺、謀殺等等陰謀完全相關。

陳破空指出，孫政才 7 月 24 日落馬，7 月 26 日，習近平主持高層會議，無筆、無紙、無水杯、無橫幅。這種「四無」會議

在中共歷史上是罕見的。這種會議的召開，證明中共高層內部的權力鬥爭極為激烈。

當時就有評論人士指，該神祕會議與當年林彪出逃後相似，當時中共高層向全黨傳達事件時也是只許聽、不准記錄。

港媒籲挖出孫背後江派勢力

2017 年 9 月 29 日，孫政才被開除中共黨籍和公職及被移送司法處理。官方通報細數孫政才「庸懶無為、洩露祕密、搞權色交易」等六大罪狀。這之前官媒還點名他是「政治問題和經濟問題交織」的腐敗分子，並把他與周永康、薄熙來、郭伯雄、徐才厚、令計劃等列為同一類人。

重慶有 14 名官員被取消十九大代表資格，這等於是把孫政才的原班底幾乎「一鍋端」。

香港《東方日報》10 月 3 日的文章表示，孫政才與一般的省委書記不同，他作為一名政治明星，其權勢地位高高在上，也正因為此，其政治遺毒甚廣。

文章說，這個劣跡斑斑的人，為何能夠提拔為政治接班人，一路平步青雲呢？當年是誰發現孫政才，又是誰提名孫政才進入政治局的呢？……諸如此類的問題，說明孫政才並不是簡單的個人問題，而是背後有一大批政治勢力，企圖將其拱上最高層，代表他們的利益。

文章認為，僅僅清理孫政才遺毒是不夠的，還要深挖孫政才腐敗案件背後的毒源以及制度性失職的因素，將那些孫政才的「伯樂們」揪到陽光下曬曬。

中國政變大陰謀

第十二章

漏網政變高官名單

近年來，中共江澤民集團的各種政變罪行在海外被廣泛披露。十九大後，習當局料將進一步清洗涉政變的江派勢力。除了已落馬的「六人幫」外，至少還有十餘名正國級與副國級江派高官涉政變罪，面臨清算，其中包括政變元凶：江澤民與曾慶紅。

習近平當局在十九大期間首度公開提出周、薄等六虎涉「陰謀奪權」罪，即俗稱的「政變罪」，江澤民政變集團呼之欲出。（AFP）

第一節

十九大首提「周薄涉政變」
江派政變罪公開化

2012 年 2 月，王立軍出逃美領館後，江派薄熙來、周永康密謀政變的陰謀曝光：意圖另立中央，廢掉習近平，推薄熙來上位。（大紀元合成圖）

　　過去幾年來，江澤民集團的各種政變罪行在海外已被廣泛披露，包括軍隊、武警的軍事政變，經濟與文宣政變，以及恐怖襲擊、核恐嚇等另類政變。

　　2017 年 10 月 29 日，中共官媒全文刊發了十九大通過的中紀委工作報告。報告中明確點名批江派落馬「大老虎」周永康、孫政才、令計劃等是「野心家、陰謀家」，「政治野心膨脹，搞陰謀活動」。

　　此前，十九大召開的第二天，證監會主席劉士余點名批周永康、薄熙來、孫政才、令計劃、徐才厚、郭伯雄等人「陰謀篡黨奪權」，案件「令人不寒而慄、怵目驚心」等。

　　這是官方首次在 2000 多名的代表面前公開江派人馬陰謀「政

變」的罪行。過去幾年來，江澤民集團的各種政變、暗殺罪行在海外已被廣泛披露。

1. 薄周政變與「3‧19」政變

2012 年 2 月，重慶副市長王立軍出逃美領館事件發生後，薄熙來、周永康密謀政變的陰謀曝光。據悉，薄、周試圖政變是為了逃避江派血債幫因殘酷迫害法輪功包括活摘器官的罪行受到清算，政變計畫是由江澤民主導、曾慶紅主謀、周永康憑藉政法委第二權力中央負責實施，聯合江系軍中勢力，意圖另立中央，廢掉習近平，推薄熙來上位，江系人馬為此蓄謀已久。但因王立軍出逃美領館而全盤崩潰。

2012 年 2 月，重慶副市長王立軍出逃美領館後，江派薄熙來、周永康密謀政變的陰謀曝光：意圖另立中央，廢掉習近平，推薄熙來上位。（大紀元合成圖）

重慶事件發生後不久，2012 年 3 月 15 日，薄熙來被解除中共重慶市委書記職務。3 月 19 日深夜，據北京市民反映當晚長安街軍車如林，機場布控，中南海紅牆內傳出槍聲。外界紛傳「北京出大事了！」

當時有說法稱，周永康調動大規模的武警部隊，包圍新華門和天安門。胡錦濤急調 38 軍入京，38 軍士兵同政法委大樓外的武警發生對峙，武警對空鳴槍示警，但 38 軍的部隊迅速將眾武警繳械。當晚不少北京市民都聽到槍聲。

據報，「3.19」當晚發生的是一場未遂政變，政變主角正是當時的中共政法委書記周永康，目的是搶奪薄熙來案的關鍵證

人、大連實德富商徐明，並伺機行刺前國務院總理溫家寶。當時直接出面處理王、薄、周事件的高層檯面人物就是溫家寶。

2. 昆明血案與天津爆炸案 江派另類政變

從 2013 年開始，中國大陸不斷發生恐怖襲擊事件。2013 年 11 月三中全會前，發生天安門爆炸事件、山西省委連環爆炸案等。

2014 年 3 月 1 日，兩會前夕，昆明發生恐怖襲擊血案，一群戴著黑面罩統一著裝，且訓練有素的凶殘歹徒，手持長刀對平民大開殺戮，其血腥程度令人髮指。

3 月 7 日，《大紀元》獨家報導，江澤民集團精心策劃昆明恐怖襲擊事件。原本同時將在 5 個城市進行，但是出現意外之後，其餘 4 個城市並未有所動作。

據悉，江澤民集團精心策劃昆明恐怖襲擊事件。昆明血案實質是中共內部的江澤民集團通過買凶，妄圖以殺戮民眾的方式發動政變，一方面是想推習近平下台，另一方面則是脅迫習近平當局以貪腐罪名定性周永康案。

兩會期間，3 月 8 日發生了詭異的馬航飛機突然失蹤事件，這架班機上有 154 名中國人，該航班至今沒有確切下落。馬航失聯事件至今，越來越多的疑點和外界質疑指向中共江澤民集團。兩會結束後首日，長沙再發生血腥砍人案。

隨後，4 月 30 日晚，新疆烏魯木齊火車站發生恐怖爆炸案，官方稱 3 人死亡、79 人受傷。5 月 6 日上午，廣州火車站發生凶徒持刀砍人事件，造成 6 人受傷。5 月 22 日早晨，烏魯木齊市一早市發生恐怖爆炸案，官方稱 31 人死亡、94 人受傷。另外，大

陸各地砍人事件接連不斷；中國社會血腥恐怖氣氛彌漫。

2015 年 8 月 12 日的深夜時間，北戴河會議敏感期，天津濱海新區開發區發生強烈爆炸，10 公里內有震感，數公里外可見蘑菇雲。有網民估算，兩次爆炸相當於 21 噸 TNT 的威力，接近 50 枚戰斧式巡航導彈的量。

官方聲稱，事故共造成 165 人遇難、8 人失蹤，798 人受傷。但民間估算及外媒報導認為死亡人數超過千人。

消息稱，這次爆炸是江澤民集團針對習近平的破壞行動。江澤民集團利用這個爆炸事件向習當局表達了兩個「願望」，藉以討價還價：一、江澤民要在 9 月 3 日的閱兵上露面；二、要習近平停止清算、抓捕江澤民集團的人，尤其是江澤民本人。習本打算 2015 年下半年處理經濟和股市的問題，但天津大爆炸是個轉折點，把習、江矛盾公開了，雙方你死我活，現在江逼習近平下手。

消息稱，天津大爆炸後，習近平大怒，兩晚沒睡，立即對江澤民及其兩個兒子採取行動，暫時限制其行動自由，曾慶紅也被控制在家。

3. 鎮壓「雨傘運動」 企圖重演「六四」

成立於 2003 年的港澳小組，歷經曾慶紅、習近平、張德江三任組長。

2014 年 6 月 10 日，在張德江的運作下，中共「國新辦」發表香港白皮書，改動「一國兩制」的定義，引爆香港各界強烈反彈。8 月 31 日，張德江把持的中共人大常委會，通過關於香港政

改框架的決議，提前「連落三閘」，全面封殺香港真普選。人大決議激起港人怒火，最終觸發「雨傘運動」。

軍方高層消息稱，「雨傘運動」期間，警方施放催淚彈後，江派特首梁振英布署防暴隊配備殺人武器準備實彈鎮壓，但被習近平急電叫停，不准開槍鎮壓，說「香港不是北京」。

據悉，梁振英政府出動黑白兩道對「雨傘運動」的打壓，是江、曾兩年多來精密布署的結果，試圖讓香港陷入動亂，伺機提出讓人大動議軍隊進駐香港，重演「六四」事件，再以糾正習近平錯誤的方式將其拉下台，重奪最高權力。

4. 2015 年金融股災 江派經濟政變

從 2015 年初開始，兩市持續上升，勢頭猛烈，呈現失控狀態。上證綜指於 6 月 12 日一度到達 5178.19 點高位，之後急速下挫，並於 8 月 26 日低見 2850.71 點；滬深 300 指數亦由 6 月 9 日 5380.43 點高位，下跌至 8 月 26 日低見 2952.01 點，上證綜指及滬深 300 指數於兩個多月急跌 45%。

據多方報導，2015 年大陸 A 股股災是江澤民集團針對習近平的一場「經濟政變」；劉雲山父子是其中的操盤手。一方面，劉雲山掌控的新華網先後發布「救市無效」、「崩潰再現！」等言論，在輿論上打擊股民對股市的信心，另一方面，通過劉樂飛在中信證券的關係，利用救市內幕消息，惡意操控股市。

事後，包括劉樂飛馬仔、中信證券總經理程博明在內的 11 名中信證券高管被帶走調查，中信證券總裁王東明亦被迫退休，劉樂飛遭去職。

5. 無界新聞網事件 江派文宣政變

中共文宣系統曾長期被江派常委李長春、劉雲山等人操控，成為江澤民集團採用「高級黑」手法，乃至進行「文宣政變」，對抗習近平的一個重要平台。

2016 年 4 月 23 日，中共黨媒《人民日報》通稿中，竟把「習近平總書記」字樣寫為「新加坡總書記」。該稿被陸媒一字不差地轉載後，複製出一片「新加坡總書記」。

3 月 14 日，黨媒新華社報導中共兩會內容時，把習近平寫成了「中國最後領導人」。

3 月 4 日，由新疆自治區黨委宣傳部主管的無界新聞網，突然轉發一封要求習近平辭職的公開信，並威脅習近平注意「你和你家人自身安全」。

這一系列事件被視為劉雲山發動的「文宣政變」。

中共一名參與公開信事件調查的人士向媒體披露，北京當局已經傾向懷疑公開信後面有政治勢力操控，「可能幕後是一個巨大陰謀」；這封信意味著針對習近平的一場政變實際上已經在醞釀之中。

據報，參與公開信事件的有劉雲山父子，周永康的心腹、新疆書記張春賢等江派人馬。

6. 江澤民集團操控金氏政權 進行核恐嚇

北韓金氏政權得以延續，完全依靠中共政權扶持。近幾十年來，北韓金氏政權一直受中共江派操控，江派大員周永康、曾慶

紅、張德江、劉雲山與北韓金家的密切關係不斷被披露。一些報導與分析均指向江澤民集團要員涉及北韓核武發展。

而北韓歷次核試都是胡錦濤、習近平陣營與江澤民集團生死博弈之際。北韓核武實際上已成為江澤民集團進行核恐嚇、對抗習近平、進行反撲的「殺手鐧」。

北韓第一次核試爆是在 2006 年 10 月的背景為：胡錦濤險遭暗殺後，拿下江派接班人陳良宇。北韓 2009 年 5 月 25 日第二次核試爆，背景為：胡錦濤再次在青島險遭暗殺。

2013 年 2 月 12 日，北韓進行了第三次核爆試驗；當時習近平提出「憲法夢」與廢除勞教制度。2016 年 1 月 6 日，北韓進行第四次核爆試驗；當時，習近平批「太上皇」言論公開發表，將「打虎」目標指向江澤民。

2016 年 9 月 9 日，北韓進行第五次核爆試驗，在此之前，8 月底，習當局引爆遼寧賄選案與遼寧女商人馬曉紅涉北韓核武案。

2017 年 9 月 3 日，北韓進行第六次核爆試驗，時間點處在中共北戴河會議之後，十九大之前；當天習近平正在廈門主持召開金磚國家領導人會議開幕式。

2016 年 8 月，習近平、王岐山引爆遼寧賄選案；並與美韓聯手披露遼寧女商人馬曉紅涉北韓核武案。據接近中南海的消息人士透露，馬曉紅是張德江的情婦兼王牌特工，與中共江派和北韓高層都「淵源極深」，也是張德江疏通和北韓關係的重要樞紐。中共江澤民集團支持北韓發展核武，具體就是由劉雲山操控的中聯部安排馬曉紅執行。

第二節

11 名國級高官
涉政變罪尚未被捕

江澤民是江派所有政變罪
行的元凶。曾慶紅是江澤
民集團的二號人物、江澤
民的「大管家」與「軍師」。
（AFP）

　　過去五年來，習近平、王岐山以反腐名義拿下包括薄熙來、
周永康、令計劃、徐才厚、郭伯雄、孫政才「六人幫」等涉政變
高官。隨著十九大高層人事落定，習當局將江派政變罪行公開化
後，料將進一步清洗涉政變勢力。其中，一批江派國級高官處境
高危，或步「六人幫」落馬後塵。

◎ 江澤民

　　中共前黨魁江澤民是江派所有政變罪行的元凶。2015 年 9 月，
香港有軍方背景的雜誌詳述周永康、徐才厚等「新四人幫」的後
台就是江澤民。

　　只有公開抓捕江澤民，才能標誌江派政變罪行被徹底清算，才能證明習近平在對陣江澤民集團的博弈中取得最終的勝利。

　　十九大前後，江澤民老巢上海失守，清算行動已逼近江澤民家族。

◎ 曾慶紅

　　中共前常委、國家副主席曾慶紅是江澤民集團的二號人物、江澤民的「大管家」與「軍師」。江澤民集團的系列政變行動均是由其策劃、布署，深度涉入香港攪局事件、經濟政變、以及恐怖襲擊等另類政變。

　　近年來，曾慶紅的江西老家、香港窩點以及操控的國安特務系統持續被清洗。從 2017 年初開始不斷升級的金融反腐行動也已逼近曾慶紅家族。

◎ 張德江、劉雲山、張高麗

　　中共十八屆三常委張德江、劉雲山、張高麗是江澤民集團對抗習近平的前台人物。張德江與張高麗兩人都曾經留學北韓金日成綜合大學。三人都與北韓金家政權關係密切，與北韓核武發展及核恐嚇行徑難以撇清關聯。

　　張德江操控中共人大系統與香港江派窩點，頻頻製造事端，對抗習近平；是香港雨傘運動事態惡化的直接推手。

　　劉雲山及其家族還直接涉入經濟政變、文宣政變，以及香港雨傘運動。

張高麗則是江派天津幫掌門人，與天津大爆炸事件的關聯黑幕曾被曝光；另外，作為負責金融的常委副總理，張高麗在股災等江派經濟政變活動中充當的角色也令人關注。

中共十九大上，張德江、劉雲山、張高麗卸任常委，是否步周永康後塵，將是中國時局進展的重要看點。

◎ 張春賢、劉奇葆、李源潮

中共十九屆一中全會 10 月 25 日「選出」了新一屆政治局委員，中共十八屆三名政治局委員張春賢、劉奇葆、李源潮都未到 68 歲下台的年齡，提前出局。

張春賢是落馬的江派前常委周永康的心腹，曾先後在江派攬局窩點湖南與新疆主政。張春賢主政新疆期間，新疆接連發生恐怖襲擊，並發生公開信攻擊習近平事件，張春賢難脫干係。

中宣部長劉奇葆，曾是江派大員羅干的副手，羅干任國務院祕書長時，劉奇葆任副祕書長。

劉奇葆 2007 年開始在周永康的老巢四川主政，中共十八大出任政治局委員、中宣部部長；與江派主管文宣系統的常委劉雲山沆瀣一氣，不斷利用「筆桿子」與習近平對著幹，對習近平進行「高級黑」、「捧殺」等。

李源潮具有「太子黨」、「共青團」、「江蘇幫」等多重身分，政治背景複雜。他父親李幹成與江澤民的叔叔江上青關係密切；李源潮曾主政江澤民老家江蘇省多年。令計劃 2014 年落馬後，就傳出李源潮與令計劃相互勾結的消息。

近年來，張春賢、劉奇葆、李源潮三人出事、被調查的傳聞

不斷，三人提前出局後，是否能平安著陸，還是未知數。

◎ 房峰輝、張陽、梁光烈

9月初，現役上將、中共前總參謀長房峰輝和政治工作部主任張陽卸職的同時，傳出被調查的消息。二人被曝與郭伯雄或徐才厚關係密切。

消息人士稱，房峰輝、張陽被查，是由習近平親自下令的，將「全面徹底肅清郭伯雄、徐才厚流毒」推向高潮，為十九屆中央軍委調整鋪路。

港媒隨後的消息指，房峰輝和張陽對習近平軍改削權心懷不滿，曾密謀軍事政變。之前印媒暗示，房峰輝可能在中印對峙問題上與習近平作對。

十九大之後，房峰輝、張陽落馬的消息料將被當局公開。中共官媒11月28日報導，張陽2017年8月28日被當局「談話」，核實他涉郭伯雄、徐才厚等案問題線索。「談話」期間，張陽11月23日在家中自縊死亡。經調查核實，張陽涉嫌行賄受賄、巨額財產來源不明犯罪。

設在香港的中國人權民運信息中心5月30日消息稱，中共軍方高層都知道，梁光烈在郭、徐被調查時也已被調查，郭、徐有問題的事項他多數都有份。

消息稱，郭伯雄、徐才厚、梁光烈是並立軍隊十年之久的「三大巨頭」。而2016年當局對許多軍隊高級將領進行進一步調查後發現，梁光烈涉及的問題已越來越多。

現年76歲的梁光烈，2002年被江澤民從南京軍區司令提拔

為總參謀長，被視為江的心腹；2002 年至 2007 年任中共軍委委員、總參謀長；2008 年改任軍委委員兼國防部長；2012 年退休。

梁光烈的個人和家族腐敗問題早就在網上曝光過。而其最嚴重的罪行是涉及薄周政變。

2011 年 11 月胡錦濤出訪夏威夷期間，成都軍區在重慶舉行軍事演習，梁光烈以中央軍委委員和國防部長的身分到場力挺重慶市委書記薄熙來。

當時有分析說，這是一次不尋常的軍演，是具有政變預演的目的。梁光烈作為國防部長出席這次軍演，等於給它背書，所以被認為與薄熙來的政變計畫有曖昧關係。

另外，2016 年 11 月初，港媒消息稱，至少有五名現役或退役上將接受調查或被雙規。其中包括政治工作部副主任賈廷安。

賈廷安是中共前黨魁江澤民的心腹大祕。從未當過一天兵的賈廷安，2003 年起一直在中央軍委核心機構任職，相當於江澤民安插在軍隊中的「監軍」。

作為江澤民的心腹大祕與軍中「監軍」，賈廷安與江派軍中政變勢力的勾連可想而知。賈廷安雖然不是副國級的軍委委員級別，但其一旦落馬，引發的政治震盪效應將不亞於軍委委員乃至軍委副主席級別將領的落馬，將是習清算江澤民的一個標竿性事件。

第三節

習回收刀把子
政法委十九大後看衰

2017 年 11 月，習近平親信趙克志頂走江派公安部長郭聲琨的人事安排，掌管中共的「刀把子」，顯示此一周永康舊陣地已落入習近平手中。（Getty Images）

2017 年 10 月 31 日，中共公安部黨委（擴大）會議召開，新晉黨委書記趙克志主持會議並講話。趙克志稱，「堅決維護軍委主席負責制，以習核心的中央保持高度一致。」11 月 4 日，中共人大常委會任命趙克志為公安部長。習近平當局以親信趙克志頂走江派公安部長郭聲琨的人事安排，引發外界關注。

10 月 31 日，郭聲琨首次以中共政法委書記身分主持召開政法委全體會議，趙克志出席會議，排名在中共最高法院長周強、最高檢院長曹建明之後第三位，在政法委祕書長汪永清之前，汪永清之後是國安部長陳文清、司法部長張軍。

現年 64 歲的趙克志已快到 65 歲正部級退休年齡，沒有退居二線反而晉升公安部長，掌管中共的「刀把子」這一實權機構。

據《蘋果日報》分析，趙克志接掌公安部，顯示這個曾經的周永康陣地，已經落入習近平手中。

習收回武警控制權 分化管理

10 月 31 日，中共全國人大常委會審議《關於中共武警部隊改革期間暫時調整適用相關法律規定的決定（草案）》。武警部隊司令王寧就草案做出說明，稱武警部隊領導指揮體制和力量結構均將進行調整改革，重點在於強化中央和中央軍委對武警部隊的集中統一領導，地方政府不再擁有對武警部隊兵力指揮、調動權力；並以「軍是軍、警是警、民是民」原則，拆分武警部隊指揮管理體制和部隊編成等。

這是中共十九大後，習近平對「刀把子」率先做出的調整，原因也很明顯：百萬編制的中共武警部隊被稱為中共軍隊之外的「第二武裝」。在江澤民任內，武警部隊成了「江澤民的私家軍」，武警也成為迫害中國民眾的主要暴力武裝。

2007 年起，胡錦濤執政期間，武警部隊一直控制在時任政法委書記、政治局常委周永康手中。江派黨羽遍布公安、武警、政法系統。

武警部隊過去接受各省市政法委及公安部門管理，出現大量問題，甚至被周永康、薄熙來利用參與政變。2012 年北京發生未遂「3‧19 政變」，周永康動用的就是武警。

習近平上任後，不斷清洗中共武警部隊。2014 年底「紅二代」王寧被任命為武警司令，與周永康關係密切的原司令王建平被調離；2016 年 1 月，「紅二代」秦天出任武警參謀長。據悉，秦天

的父親、原國防部長秦基偉與江澤民不睦；5 月，第 14 集團軍長王兵調任武警部隊副司令。2017 年初，非武警出身的朱生嶺、楊光躍分別出任武警部隊政委、副司令。

2016 年至 2017 年，大陸過半省份武警總隊主官大換血。據陸媒披露，武警反腐形勢最為嚴峻，前司令王建平、副司令牛志忠及十多名武警高級將領先後被查。

中共武警部隊分三大類：國內保衛部隊、專業警種部隊（黃金、森林、水電、交通）、公安部管理指揮的現役部隊。公安現役部隊又分為三類：武警邊防、武警消防、武警警衛。

據分析，專業警種部隊未來將撥歸國務院直接管轄；邊防部隊將併入軍隊；消防部隊或歸民政部管理，警衛部隊應隸屬公安部。調整後武警各機關將被降級，為的是消除武裝力量失控的政治隱患。

公安率先換血 公檢法肅清「餘毒」

10 月 31 日中共公安部黨委（擴大）會議上，趙克志強調公安部要把政治建設擺在首位，要堅持政治建警，遵守「政治紀律和政治規矩，堅決肅清周永康流毒影響」。

11 月 2 日，趙克志主持公安部黨委理論中心組學習（擴大）會時又再次強調，公安部要嚴守「政治紀律和政治規矩」，「堅決肅清周永康流毒影響，確保絕對忠誠、絕對純潔、絕對可靠」。黃明、王小洪、孟宏偉、侍俊、李偉、鄧衛平、孟慶豐、劉躍進、孫力軍出席會議，但常務副部長傅政華缺席，引來外界揣測其是否有職位異動。

在出任公安部長前，趙克志三天兩提「堅決肅清周永康流毒影響」，說明周永康在公安部仍有殘餘勢力；趙要求公安部「絕對忠誠、絕對可靠」，說明公安部此前不「忠誠、可靠」。

《蘋果日報》報導說，中共公安部有 4 名中央委員，是國務院最多中委的部委，除趙克志外，還有副部長傅政華、黃明及王小洪。前「610」主任傅政華是周永康的親信。作為中共政治迫害的職業打手，從鎮壓法輪功起家，後又成為全國維權人士最凶殘的對頭。近年來，傅政華頻傳處境不妙的消息。

趙克志被指是胡錦濤、習近平人馬，先後得到胡、習重用。趙 2010 年任貴州省長，與時任貴州省委書記、現排名第三的政治局常委栗戰書是搭檔。

2012 年 7 月，栗戰書上調北京出任中辦主任，趙克志接任貴州省委書記，2015 年又接替落馬的周本順任河北省委書記，為習掌管京畿重地及北戴河會議所在地的河北省。

公檢法系統是中共統治中國大陸最倚仗也是最黑暗的系統。公安更是直接鎮壓大眾的最直接工具。江澤民集團曾長期掌握公、檢、法、司和武警部隊。中共前常委、政法委書記周永康的實際權力一度超過胡錦濤和溫家寶，形成由江、曾暗中操控的「第二權力中央」。前任政法委書記羅干、周永康、孟建柱，前任公安部長賈春旺、周永康、孟建柱、郭聲琨都是江派人馬。

中共十八大後，習近平對江派掌控的公、檢、法系統進行了大清洗。前公安部副部長、「610」辦公室主任李東生，政法委書記周永康，天津市公安局長武長順，河北省政法委書記張越等相繼落馬。十九大前夕又拿下策劃「709 案」的主要嫌疑人、司法部長吳愛英。

據中共官媒 2016 年 9 月報導，自 2014 年 7 月以來，已有三萬多名公檢法官員被開除或被責令自動離職。

2017 年 7 月 31 日，曾備受周永康重用的公安部前常務副部長楊煥寧被立案審查。據報，周永康落馬前，楊煥寧曾多次被約談，楊的妻子、司機和祕書也相繼接受詢問。

港媒披露，習近平浙江舊部、上海市長應勇可能出任最高法院長，接替周強；江派最高檢院長曹建明的職務，將被政法委祕書長汪永清取代。

據希望之聲報導，輿論注意到，上海東方電視台 10 月 18 日報導十九大上海代表團討論習近平工作報告時，曾出現一項異常。當時周強在上海代表團露面，坐在市委書記韓正左手，市長應勇坐在韓正右手。這一坐位排列符合三人的排名——周強級別僅次於韓正，應勇再次。

但東方台鏡頭顯示，韓正講完話後先是應勇，其後才是周強和其他人發言。更值得注意的是，十多分鐘的報導中，韓正占了五分多鐘，應勇占了近五分鐘，周強和其他人各只有幾秒鐘，感覺就是一帶而過。因此有猜測，周強十九大後的命運值得關注。

中共公、檢、法部門也是跟隨江澤民集團迫害法輪功最嚴重、最殘酷的部門，這些部門的大多官員都被列入海外「追查迫害法輪功國際組織」的追查名單。

習再推「依法治國」 政法委不妙

2017 年 6 月 2 日，隨著中共吉林省委常委、統戰部長姜治瑩接替金振吉出任吉林政法委書記，31 省政法委書記，沒到十九大

已被習近平當局全部換完。金振吉成為前朝最後一名下課者。

習近平上台後，對江派大員羅干和周永康把持逾十年的中共政法系統進行大清洗。期間先後拿下周永康、周本順、李東生、張越、朱明國、吳天君、蘇宏章、武長順等中央和地方的政法高官。

10 月 18 日十九大期間，黨媒新華視點微博披露：習近平說，成立中央全面依法治國領導小組，加強對法治中國建設的統一領導。

對此，大陸知名法學家、律師張贊寧認為，「依法治國」的阻力主要來自於政法委系統。習近平在十八大後強調依法治國，但邁進的步伐還是很小，受到的阻力非常大。

評論員李林一說，郭聲琨接替孟建柱出任中共政法委書記，可能出於各方妥協的結果，但習近平在十九大上要成立「依法治國小組」，應該是對此做出的應對方案。現在的政治局委員每年要向習近平匯報工作，如果習近平再兼任「依法治國小組」組長，同時習的人馬出任公安部長、最高法院長等，身處中間的郭聲琨不得不就範。

評論員周曉輝認為，習近平上台後提出「依法治國」，並針對公安、政法系統進行了清剿，弱化政法委書記地位，拿下周永康、李東生等高官，但盤踞在公安、政法系統多年的周永康馬仔以及慣性思維的各級警察，所為仍與「依法治國」背道而馳，引起巨大社會反響的惡性案子層出不窮，最為典型的是 2016 年的雷洋案和 2017 年的四川趙鑫案、山東辱母案。此外，這幾年公安部還督辦了不少迫害人權的案件，如 2013 年良心企業家王功權被刑拘、2014 年律師許志永被判刑、2014 年為法輪功學員辯

護的律師的「建三江案」、2015 年廣州維權人士郭飛雄被判刑 6 年以及天津「709 律師案」等。

周曉輝說，時任公安部長郭聲琨罪責難逃。身為江派成員，表面上喊著與習中央「保持高度一致」，但實際上卻利用公安部與習近平暗唱反調。2015 年維權律師和維權人士被大規模抓捕時，正值習近平即將訪美之際，其所引發的國際社會譴責，讓習訪美時頗為尷尬。

北京學者郭旭表示：「十八大多次呼籲、高喊依法治國，但是根本推不動。所以這個依法治國的領導小組的成立，意味著十九大過後，會加大力度去整頓政法系統。」

習近平成立「依法治國小組」，令外界猜測他仍未完全收歸權力，特別是政法系統的權力。希望之聲評論說：五年來，習近平通過不斷兼任小組「一把手」，一步步收回權力、建立核心地位。這與公檢法系統江派首腦仍未落馬有關，也因為習近平做「儲君」時未能建立足夠人馬，以致今天陷入人手不夠的困境。

自 2015 年起，習近平開始公開反復提出「依法治國」，督促中共最高法實施「有案必立，有訴必應」的登記制度，並準備推出司法體制改革。因應這一趨勢，海內外掀起一股實名起訴江澤民及朋黨迫害法輪功的浪潮，為法輪功學員做無罪辯護的律師也越來越多。然而，中共公檢法系統高官幾乎全部參與了迫害，面對這一局面則擔心被清算，於是這一年便發生了震驚海內外、上百名律師及人權活動人士被捕的「709 案」。

有分析認為，「709 案」既是對訴江潮的干擾，也是為了遏阻習近平反腐及司法體制改革，背後的主要推手均為江澤民派系核心，包括周強、曹建明、吳愛英、郭聲琨等人。

多重信號顯示，習近平的司法改革並不順利。中共前政法委書記孟建柱也曾在 2017 年 3 月底的一次會議上承認改革在中共高層遇阻，「導致難以落實」。

美國哥倫比亞大學政治學博士李天笑曾表示，「20 萬民眾在兩高訴訟江澤民，卻一直沒有立案。這個關鍵在於中共最高法、最高檢的主要官員周強和曹建明都是江派人物，在某種程度上拚命阻礙這些事情。這方面要取得民心，兩高的 20 萬訴狀確實不能拖著不辦，否則怎麼兌現依法治國呢？那麼必然要把司法界江派殘餘人物清理掉，十九大就是一個機會。」

評論員陳思敏分析：孟建柱在十八大是以政治局委員身分接任政法委書記，這是習近平上台後首先打破政治局常委兼任政法委書記此一長達十年的慣例。這個慣例，由 2002 年 16 大之後的政法委書記羅干，延續到 2007 年 17 大的周永康，被認為是主導者江澤民需要政法系統後繼有人、貫徹執行對法輪功的迫害政策，而最終演變成對全民的「維穩」大怪獸、冤案製造機。

周永康任公安部長時，就開啟了一個以迫害法輪功為相同目的的人事慣例即：2003 年以來，各級政法委書記兼公安廳局長的模式，因此衍生出一個個無法無天的地方「政法王」。

習近平十八大上台後開始削藩。至 2015 年 6 月，全國 31 省級政法委書記均不再兼任公安廳長。至 2017 年 6 月，全國政法委書記全部更新。2016 年 12 月，再有非正式的消息稱，地方機構改革將開始，相關方案已經出台，地方政法委將在 2017 年取消。

有消息指，當年趙紫陽已打算取消政法委，後來因發生「六四」，政法委非但沒取消，反而在江時期坐大成為第二權力中央，令中國法制大步倒退。

中國大變動系列 **061**

中國政變大陰謀

作者:王淨文/季達。**執行編輯**:張淑華/韋拓/余麗珠。**美術編輯**:吳姿瑤 。**出版**:新紀元周刊出版社有限公司。**地址**:香港荃灣白田壩街5-21號嘉力工業中心A座16樓03室。**電話**:886-2-2949-3258 (台灣) 852-2730-2380 (香港)。**傳真**:886-2-2949-3250 (台灣) / 852-2399-0060 (香港)。**Email**: newepochservice@gmail.com。**網址**: shop.epochweekly.com。**香港發行**:田園書屋。**地址**:九龍旺角西洋菜街56號2樓。**電話**:852-2394-8863。**規格**:21cm×14.8cm。**國際書號**:ISBN 978-988-77342-3-9。**定價**:HK$128/NT$400/KRW $20,000/US$29.98。**出版日期**:2017年12月。

新紀元
NEW EPOCH WEEKLY

www.ingramcontent.com/pod-product-compliance
Lightning Source LLC
Chambersburg PA
CBHW020456270326
41926CB00008B/624